21世纪经济管理新形态教材·会计学系列

# 高级财务会计

余冬根　李金茹 ◎ 主　编
高建来　赵　宇 ◎ 副主编

清华大学出版社
北京

## 内 容 简 介

本书的编写以最新修订的《企业会计准则》及各项税收规定为主要依据。在完整地阐述企业高级财务会计的基本理论、基本方法和基本技能的基础上，主要围绕财务会计的难点问题和特殊业务进行解读。本书共十三章，介绍了非货币性资产交换，外币折算，债务重组，或有事项，股份支付，所得税，会计政策、会计估计变更和前期差错更正，资产负债表日后事项，企业合并，合并财务报表，分支机构会计，企业破产清算会计，政府补助，同时在每章前后配备了案例引导、思考题、即测即练和拓展阅读等教学资源，旨在培养学生在财务会计方面的专业胜任能力和创造性思维。本书对《中级财务会计》的内容进行了补充、延伸和拓展，并注重内容的衔接性和连贯性。

本书封面贴有清华大学出版社防伪标签，无标签者不得销售。
版权所有，侵权必究。举报：010-62782989，beiqinquan@tup.tsinghua.edu.cn。

图书在版编目（CIP）数据

高级财务会计 / 余冬根，李金茹主编. -- 北京：清华大学出版社，2024.11. -- （21世纪经济管理新形态教材）.
ISBN 978-7-302-67501-3

Ⅰ. F234.4

中国国家版本馆 CIP 数据核字第 2024XB0563 号

责任编辑：付潭蛟
封面设计：汉风唐韵
责任校对：王荣静
责任印制：宋　林

出版发行：清华大学出版社
网　　址：https://www.tup.com.cn，https://www.wqxuetang.com
地　　址：北京清华大学学研大厦A座　　邮　编：100084
社 总 机：010-83470000　　邮　购：010-62786544
投稿与读者服务：010-62776969，c-service@tup.tsinghua.edu.cn
质 量 反 馈：010-62772015，zhiliang@tup.tsinghua.edu.cn
课 件 下 载：https://www.tup.com.cn，010-83470332

印 装 者：涿州汇美亿浓印刷有限公司
经　　销：全国新华书店
开　　本：185mm×260mm　　印　张：15.75　　字　数：326千字
版　　次：2024年11月第1版　　印　次：2024年11月第1次印刷
定　　价：52.00元

产品编号：083111-01

秉承立德树人的根本任务，本书在编写过程中正确处理教材建设与企业会计准则的关系，特别是在每章中将"课程思政"元素与专业知识进行了有机融合，引领读者关注国家高质量发展和会计宏观环境的变化，结合中国特色社会主义法治体系全面把握会计法规体系，深入理解会计规则的理论逻辑、历史逻辑和实践逻辑，从而培养读者的会计诚信精神和人文精神。

为进一步丰富本书内容，拓展读者的知识面，促进对本书内容的掌握，在每章中用二维码的形式增补了"案例引导""即测即练""拓展阅读"三部分内容，这些内容拓展了知识的广度和深度，有利于调动读者的积极性和学习兴趣，同时满足了立体化教材建设的需要。

本书可作为普通高等院校会计学、财务管理、审计学等财会类专业的本科及研究生教育教材，也可作为在职会计人员培训教材及财务与会计实务工作者的自学用书，对于经济学、管理学等领域的社会科学研究者也具有一定的参考价值。

本书由天津科技大学余冬根、李金茹担任主编，天津科技大学高建来、赵宇担任副主编。具体分工为：余冬根拟定编写大纲并编写第五、六、十三章；李金茹编写第七、八、九、十章；高建来编写第一、二、十一、十二章；赵宇编写第三、四章；全书由余冬根总纂、修改和定稿。本书编写过程中参考了中国注册会计师考试辅导教材、国内外高级财务会计方面的有关书籍，在此对原作者表示衷心感谢。

由于编者水平有限，书中难免有疏漏之处，敬请专家和读者批评指正。

编者

2024 年 1 月

## 第一章 非货币性资产交换 ······ 1

第一节 非货币性资产交换的概念 ······ 1
第二节 非货币性资产交换的确认和计量 ······ 3
第三节 非货币性资产交换的会计处理 ······ 8
思考题 ······ 21

## 第二章 外币折算 ······ 22

第一节 记账本位币的确定 ······ 22
第二节 外币交易的会计处理 ······ 24
第三节 外币财务报表折算 ······ 30
思考题 ······ 34

## 第三章 债务重组 ······ 35

第一节 债务重组的性质及重组方式 ······ 35
第二节 债务重组的会计处理 ······ 36
第三节 债务重组的信息披露 ······ 45
思考题 ······ 46

## 第四章 或有事项 ······ 47

第一节 或有事项概述 ······ 47
第二节 或有事项的确认和计量 ······ 49
第三节 或有事项会计的具体应用 ······ 54
第四节 或有事项的列报 ······ 59
思考题 ······ 60

## 第五章 股份支付 ······ 61

第一节 股份支付概述 ······ 61

第二节　股份支付的会计处理……………………………………………… 64
　　第三节　股份支付的特殊事项……………………………………………… 74
　　思考题…………………………………………………………………………… 78

## 第六章　所得税………………………………………………………………… 79

　　第一节　所得税核算的基本原理…………………………………………… 79
　　第二节　资产、负债的计税基础…………………………………………… 80
　　第三节　暂时性差异………………………………………………………… 89
　　第四节　递延所得税资产及负债的确认和计量…………………………… 91
　　第五节　所得税费用的确认和计量………………………………………… 99
　　第六节　所得税的列报……………………………………………………… 102
　　思考题…………………………………………………………………………… 103

## 第七章　会计政策、会计估计变更和前期差错更正……………………… 104

　　第一节　会计政策及其变更的会计处理…………………………………… 104
　　第二节　会计估计及其变更的会计处理…………………………………… 115
　　第三节　前期差错及其更正的会计处理…………………………………… 119
　　思考题…………………………………………………………………………… 122

## 第八章　资产负债表日后事项………………………………………………… 123

　　第一节　资产负债表日后事项概述………………………………………… 123
　　第二节　资产负债表日后调整事项的会计处理…………………………… 126
　　第三节　资产负债表日后非调整事项的会计处理………………………… 131
　　思考题…………………………………………………………………………… 134

## 第九章　企业合并……………………………………………………………… 135

　　第一节　企业合并概述……………………………………………………… 135
　　第二节　同一控制下企业合并的会计处理………………………………… 139
　　第三节　非同一控制下企业合并的会计处理……………………………… 145
　　第四节　反向购买的会计处理……………………………………………… 151
　　思考题…………………………………………………………………………… 155

## 第十章　合并财务报表 ·················································································· 156

第一节　合并财务报表概述 ········································································· 156

第二节　合并财务报表的合并范围 ································································· 159

第三节　合并财务报表的编制程序及调整与抵销原理 ·········································· 164

第四节　同一控制下合并日后长期股权投资的调整与抵销 ····································· 166

第五节　非同一控制下合并日后长期股权投资的调整与抵销 ·································· 168

第六节　内部交易的合并处理 ······································································ 173

第七节　其他合并处理 ··············································································· 184

思考题 ···································································································· 188

## 第十一章　分支机构会计 ············································································· 189

第一节　分支机构会计概述 ········································································· 189

第二节　分支机构会计的基本核算 ································································· 190

第三节　联合财务报表的编制 ······································································ 195

思考题 ···································································································· 201

## 第十二章　企业破产清算会计 ······································································· 203

第一节　企业破产清算概述 ········································································· 203

第二节　破产清算会计基本理论 ···································································· 206

第三节　破产清算的会计处理 ······································································ 213

第四节　破产清算会计报告 ········································································· 220

思考题 ···································································································· 224

## 第十三章　政府补助 ···················································································· 225

第一节　政府补助概述 ··············································································· 225

第二节　政府补助的会计处理 ······································································ 227

第三节　政府补助的列报 ············································································ 237

思考题 ···································································································· 238

## 参考文献 ·································································································· 240

# 第一章

# 非货币性资产交换

【学习目标】
1. 理解非货币性资产交换的认定。
2. 掌握非货币性资产交换的确认与计量原则。
3. 了解以公允价值为基础计量的会计处理。
4. 了解以账面价值为基础计量的会计处理。

案例引导：中国电建资产置换重组

## 第一节 非货币性资产交换的概念

### 一、非货币性资产交换的认定

#### （一）非货币性资产

企业资产按未来经济利益流入（表现为货币金额）是否固定或可确定，分为货币性资产和非货币性资产。

货币性资产，是指企业持有的货币资金和收取固定或可确定金额的货币资金的资产，包括现金、银行存款、应收账款、应收票据等。

非货币性资产，是指货币性资产以外的资产，包括存货（原材料、包装物、低值易耗品、库存商品等）、固定资产、在建工程、生产性生物资产、无形资产、投资性房地产、长期股权投资等。

非货币性资产有别于货币性资产的最基本特征是其在将来为企业带来的经济利益（即货币金额）是不固定的或不可确定的。如果资产在将来为企业带来的经济利益是固定的或可确定的，则该资产是货币性资产；反之，如果资产在将来为企业带来的经济利益是不固定的或不可确定的，则该资产是非货币性资产。例如，企业持有固定资产的主要目的是用于生产经营，通过折旧方式将其磨损价值转移到产品成本中，然后通过销售产品或提供服务获利，固定资产在将来为企业带来的经济利益是不固定的或不可确定的，因此固定资产属于非货币性资产。

#### （二）非货币性资产交换

非货币性资产交换，是指企业主要以固定资产、无形资产、投资性房地产和长期股权投资等非货币性资产进行的交换，该交换不涉及或只涉及少量的货币性资产（即补价）。非货币性资产交换具有如下特征：

第一，非货币性资产交换的交易对象主要是非货币性资产。企业通常用货币性资产（如现金、银行存款等）来交换非货币性资产（如存货、固定资产等），比如用现金购买存货、固定资产等；但是在有些情况下，企业为了满足各自生产经营的需要，同时减少使用货币性资产，而进行非货币性资产交换。比如A企业需要B企业闲置的生产设备，B企业需要A企业闲置的办公楼，在双方货币性资产短缺的情况下，可能会出现非货币性资产交换的交易行为。

第二，非货币性资产交换是非货币性资产的互惠转让行为。交换，通常是指一个企业和另一个企业之间的互惠转让，通过互惠转让，企业以让渡其他资产或劳务或者承担其他义务而取得资产或劳务（或偿还负债）。非互惠的非货币性资产转让不属于本章所述的非货币性资产交换，如企业捐赠非货币性资产等。

第三，非货币性资产交换一般不涉及货币性资产，但有时也可能涉及少量的货币性资产（即补价）。《〈企业会计准则第7号——非货币性资产交换〉应用指南》规定，认定涉及少量货币性资产的交换为非货币性资产交换，通常以补价占整个资产交换金额的比例是否低于25%作为参考比例。从支付补价的企业来说，支付的货币性资产占换出资产公允价值与支付的货币性资产之和（或换入资产公允价值）的比例低于25%的，视为非货币性资产交换；从收到补价的企业来说，收到的货币性资产占换出资产公允价值（或换入资产公允价值与收到的货币性资产之和）的比例低于25%的，视为非货币性资产交换；如果该比例高于25%（含25%），则不视为非货币性资产交换。

通常情况下，交易双方对某项交易是否为非货币性资产交换的判断标准是一致的。需要注意的是，企业应从自身的角度，根据交易的实质判断相关交易是否属于本章所定义的非货币性资产交换，不应基于交易双方的情况进行判断。例如，投资方以一项固定资产出资取得被投资方的权益性投资，对投资方来说，换出资产为固定资产，换入资产为长期股权投资，属于非货币性资产交换；对被投资方来说，则属于权益性投资，不属于非货币性资产交换。

## 二、非货币性资产交换不涉及的交易和事项

企业对于符合非货币性资产交换定义的交易，应当按照《企业会计准则第7号——非货币性资产交换》的要求进行会计处理，但下列各项交易或事项适用其他相关会计准则。

（1）企业以存货换取客户的非货币性资产（如固定资产、无形资产等）的，换出存货的企业相关会计处理适用《企业会计准则第14号——收入》。

（2）非货币性资产交换中涉及企业合并的，适用《企业会计准则第20号——企业合并》《企业会计准则第2号——长期股权投资》和《企业会计准则第33号——合并财务报表》。

（3）非货币性资产交换中涉及由《企业会计准则第22号——金融工具确认和计量》规范的金融资产的，金融资产的确认、终止确认和计量适用《企业会计准则第22号——金融

工具确认和计量》和《企业会计准则第 23 号——金融资产转移》。

（4）非货币性资产交换中涉及由《企业会计准则第 21 号——租赁》规范的使用权资产或应收融资租赁款的，相关资产的确认、终止确认和计量适用《企业会计准则第 21 号——租赁》。

（5）非货币性资产交换构成权益性交易的，应当适用权益性交易的有关会计处理规定。企业应当遵循实质重于形式的原则判断非货币性资产交换是否构成权益性交易。主要包括以下情形：①非货币性资产交换的一方直接或间接对另一方持股且以股东身份进行交易的；②非货币性资产交换的双方均受同一方或相同的多方最终控制，且该非货币性资产交换的交易实质是交换的一方向另一方进行了权益性分配或交换的一方接受了另一方权益性投入的。例如，集团重组中发生的非货币性资产划拨、划转行为，在股东或最终控制方的安排下，企业无代价或以明显不公平的代价将非货币性资产转让给其他企业或接受其他企业的非货币性资产，该类转让的实质是企业进行了权益性分配或接受了权益性投资，应当适用权益性交易的有关会计处理规定。

（6）其他不适用非货币性资产交换准则的交易和事项。

①企业从政府无偿取得非货币性资产（比如企业从政府无偿取得土地使用权等）的，适用《企业会计准则第 16 号——政府补助》。

②企业将非流动资产或处置组分配给所有者的，适用《企业会计准则第 42 号——持有待售的非流动资产、处置组和终止经营》。

③企业以非货币性资产向职工发放非货币性福利的，适用《企业会计准则第 9 号——职工薪酬》。

④企业以发行股票方式取得非货币性资产的，相当于以权益工具结算买入非货币性资产，适用《企业会计准则第 37 号——金融工具列报》。

⑤企业用于非货币性资产交换的非货币性资产应当符合资产的定义并满足资产的确认条件，且作为资产列报于企业的资产负债表上。企业用于交换的资产目前尚不存在或尚不属于本企业的，适用其他相关会计准则。例如，甲企业从乙企业取得一项土地使用权，承诺未来 3 年内在该地块上建造写字楼，待写字楼建造完工后向乙企业交付一栋写字楼。在这种情形下，由于甲企业用于交换的建筑物尚不存在，因此无论对甲企业还是对乙企业而言，该交易均不属于本章所定义的非货币性资产交换。

## 第二节　非货币性资产交换的确认和计量

### 一、非货币性资产交换的确认

#### （一）确认原则

企业应当分别按照下列原则对非货币性资产交换中的换入资产进行确认，对换出资产终止确认：①对于换入资产，企业应当在其符合资产定义并满足资产确认条件时予以确认；

②对于换出资产，企业应当在其满足资产终止确认条件时终止确认。

按照上述原则，对于非货币性资产交换，企业将换入的资产视为购买取得资产，并按照相关会计准则的规定进行初始确认；将换出的资产视为销售或处置资产，并按照相关会计准则的规定进行终止确认。例如，某企业在非货币性资产交换中的换入资产和换出资产均为固定资产，按照《企业会计准则第4号——固定资产》和《企业会计准则第14号——收入》的规定，换入的固定资产应当在与该固定资产有关的经济利益很可能流入企业，且成本能够可靠地计量时确认；换出的固定资产应当以换入企业取得该固定资产控制权时点作为处置时点终止确认。又如，在非货币性资产交换交易中，如果换入资产为对联营企业的长期股权投资，按照《企业会计准则第2号——长期股权投资》的规定，企业应当在能够对被投资单位实施重大影响时确认该换入的长期股权投资；如果换出资产为对联营企业的长期股权投资，企业应当在处置长期股权投资时点区分处置是否使企业丧失对被投资单位的重大影响，分别按照《企业会计准则第22号——金融工具确认和计量》和《企业会计准则第2号——长期股权投资》的规定进行会计处理。

### （二）换入资产的确认时点与换出资产的终止确认时点存在不一致的情形

非货币性资产交换中的资产应当符合资产的定义并满足资产的确认条件，且作为资产列报于企业的资产负债表上。通常情况下，换入资产的确认时点与换出资产的终止确认时点应当相同或相近，也就是说，作为非货币性资产交换的一方，企业取得换入资产的时点与其销售或处置换出资产的时点应当相同或相近。

在实务中，由于资产控制权转移所必需的运输或转移程序等方面的影响（如资产运输至对方地点所需的合理运输时间、办理股权或房产过户手续等），可能导致换入资产满足确认条件的时点与换出资产满足终止确认条件的时点存在短暂不一致，企业可以按照重要性原则，在换入资产满足确认条件和换出资产满足终止确认条件孰晚的时点进行会计处理。在换入资产的确认时点与换出资产的终止确认时点存在不一致的情形下，在资产负债表日，企业应当按照下列原则进行会计处理：①换入资产满足资产确认条件，换出资产尚未满足终止确认条件的，在确认换入资产的同时将交付换出资产的义务确认为一项负债（其他应付款）；②换入资产尚未满足资产确认条件，换出资产满足终止确认条件的，在终止确认换出资产的同时将取得换入资产的权利确认为一项资产（其他应收款）。

## 二、非货币性资产交换的计量

对于非货币性资产交换，不论是一项资产换入一项资产、一项资产换入多项资产、多项资产换入一项资产，还是多项资产换入多项资产，换入资产的成本都有两种计量基础。

### （一）以公允价值为基础计量

非货币性资产交换同时满足下列两个条件的，应当以公允价值为基础计量：①该项交换具有商业实质；②换入资产或换出资产的公允价值能够可靠地计量。

资产存在活跃的交易市场，是资产公允价值能够可靠计量的明显证据，但不是唯一要求。属于以下三种情形之一的，公允价值视为能够可靠计量：

（1）换入资产或换出资产存在活跃交易市场。

（2）换入资产或换出资产不存在活跃交易市场，但同类或类似资产存在活跃交易市场。

（3）换入资产或换出资产不存在同类或类似资产可比市场交易，可采用估值技术确定其公允价值。采用估值技术确定的公允价值符合以下条件之一的，视为能够可靠计量：

①采用估值技术确定的公允价值估计数的变动区间很小。这种情况是指虽然企业通过估值技术确定的资产的公允价值不是一个单一的数据，但是介于一个变动范围很小的区间内。在这种情况下可以认为资产的公允价值能够可靠计量。

②在公允价值估计数变动区间内，各种用于确定公允价值估计数的概率能够合理确定。这种情况是指采用估值技术确定的资产公允价值在一个变动区间内，区间内出现各种情况的概率或可能性能够合理确定，企业可以采用类似《企业会计准则第13号——或有事项》计算最佳估计数的方法，确定资产的公允价值，在这种情况下视为公允价值能够可靠计量。

换入资产和换出资产的公允价值均能够可靠计量的，应当以换出资产的公允价值确定换入资产的成本，换出资产的公允价值与账面价值之间的差额计入当期损益。一般来说，取得资产的成本应当按照所放弃资产的对价来确定，在非货币性资产交换中，换出资产就是放弃的对价，如果其公允价值能够可靠计量的，应当优先考虑按照换出资产的公允价值确定换入资产成本；如果换出资产的公允价值不能可靠计量或有确凿证据表明换入资产的公允价值更加可靠的，应当以换入资产公允价值为基础确定换入资产的成本，换入资产的公允价值与换出资产账面价值之间的差额计入当期损益。

### （二）以账面价值为基础计量

不具有商业实质或者交换涉及资产的公允价值均不能可靠计量的非货币性资产交换，应当以换出资产的账面价值为基础确定换入资产成本，无论是否支付补价，均不确认损益；收到或支付的补价作为确定换入资产成本的调整因素。其中，收到补价方应当以换出资产的账面价值减去补价作为换入资产的成本；支付补价方应当以换出资产的账面价值加上补价作为换入资产的成本。

## 三、商业实质的判断

企业发生的非货币性资产交换，满足下列条件之一的，视为具有商业实质：①换入资产的未来现金流量在风险、时间分布或金额方面与换出资产存在显著不同。②换入资产与换出资产的预计未来现金流量现值与继续使用换出资产不同，且其差额与换入资产和换出资产的公允价值相比是重大的。

在判断非货币性资产交换是否具有商业实质时，企业应当重点考虑发生该项资产交换后企业预计未来现金流量发生变动的程度。只有当换入资产的未来现金流量与换出资产的未来现金流量相比发生较大变化，或使用换入资产进行经营与继续使用换出资产进行经营所产生的预计未来现金流量现值之间的差额较大时,才表明交易的发生使企业经济状况发生了明显改变,非货币性资产交换才具有商业实质。

### (一) 判断条件

**1. 换入资产的未来现金流量在风险、时间分布或金额方面与换出资产存在显著不同**

企业应当对比考虑换入资产与换出资产的未来现金流量在风险、时间分布和金额三个方面的情况,以对非货币性资产交换是否具有商业实质进行综合判断。通常情况下,只要换入资产与换出资产的未来现金流量在风险、时间分布或金额中的某个方面存在显著不同,即表明满足商业实质的判断条件。

例如,企业以一批生产用的设备换入一批存货,设备作为固定资产能在较长的时间内为企业带来现金流量,而存货流动性强,能够在较短的时间内产生现金流量。两者产生现金流量的时间相差较大,即使假定两者产生未来现金流量的风险和总额均相同,也可以认为上述固定资产与存货的未来现金流量显著不同,因而交换具有商业实质。

又如,甲企业以其用于经营出租的一幢公寓楼,与乙企业同样用于经营出租的一幢公寓楼进行交换,两幢公寓楼的租期、每期租金总额均相同,但是甲企业的公寓楼是租给一家财务及信用状况良好的知名上市公司作为职工宿舍,乙企业的公寓楼则是租给多个个人租户。相比较而言,甲企业无法取得租金的风险较小,乙企业取得租金依赖于所有个人租户的财务和信用状况,两者现金流量流入的风险或不确定性程度存在明显差异,可以认为两幢公寓楼的未来现金流量显著不同,因而交换具有商业实质。

**2. 换入资产的预计未来现金流量现值与继续使用换出资产不同,且其差额与换入资产和换出资产的公允价值相比是重大的**

企业如果按照上述第一个判断条件难以判断非货币性资产交换是否具有商业实质,可以按照第二个判断条件,分别计算使用换入资产进行相关经营的预计未来现金流量现值和继续使用换出资产进行相关经营的预计未来现金流量现值,并通过二者比较来进行判断。

企业在计算预计未来现金流量现值时,应当按照资产在企业自身持续使用过程中和最终处置时产生的预计税后未来现金流量(使用企业自身的所得税税率),根据企业自身而不是市场参与者对资产特定风险的评价,选择恰当的折现率对预计未来现金流量折现后的金额加以确定,以体现资产对企业自身的特定价值。

从市场参与者的角度分析,换入资产和换出资产的未来现金流量在风险、时间分布或金额方面可能相同或相似。但是对于企业自身而言,鉴于换入资产的性质和换入企业经营活动的特征等因素,换入资产与换入企业其他现有资产相结合,能够比换出资产发挥更大的作用,使换入企业受该换入资产影响的经营活动产生的现金流量与换出资产明显不同,使用换入资产进行相关经营的预计未来现金流量现值与继续使用换出资产进行相关经营的预计未来现金流量现值存在重大差异,且其差额与换入资产和换出资产的公允价值相比是重大的,则表明交换具有商业实质。

例如,甲企业以持有的某非上市公司 A 企业 10%的股权换入乙企业拥有的一项专利权。

假定从市场参与者的角度来看,该股权与该项专利权的公允价值相同,两项资产未来现金流量的风险、时间分布和金额亦相似。通过第一个判断条件难以得出交换是否具有商业实质的结论。根据第二个判断条件,对换入专利权的甲企业来说,该项专利权能够解决其生产中的技术难题,使其未来的生产产量成倍增长,从而产生的预计未来现金流量现值与换出的股权投资有较大差异,且其差额与换入资产和换出资产的公允价值相比是重大的,因而认为该交换具有商业实质。对换入股权的乙企业来说,其取得甲公司换出的A企业10%的股权后,对A企业的投资关系由重大影响变为控制,从而产生的预计未来现金流量现值与换出的专利权有较大差异,且其差额与换入资产和换出资产的公允价值相比也是重大的,因而可认为该交换具有商业实质。

### (二)判断商业实质时对资产类别的考虑

企业在判断非货币性资产交换是否具有商业实质时,通常还可以从资产是否属于同一类别的角度来进行分析。同类别的资产是指在资产负债表中列示为同一报表项目的资产,不同类别的资产是指在资产负债表中列示为不同报表项目的资产,例如存货、固定资产、无形资产、投资性房地产、长期股权投资等。一般来说,不同类别的非货币性资产产生经济利益的方式不同,其产生的未来现金流量在风险、时间分布或金额方面也很可能不相同。不同类别非货币性资产之间的交换(如存货和固定资产之间的交换、固定资产和长期股权投资之间的交换等)是否具有商业实质,通常较易判断;而同类别非货币性资产之间的交换(如存货之间、固定资产之间、长期股权投资之间的交换等)是否具有商业实质,则通常较难判断,需要根据上述两个条件综合判断。

例如,企业将一项用于出租的投资性房地产,与另一企业的厂房进行交换,换入的厂房作为自用固定资产,这一交换属于不同类别的非货币性资产之间的交换。在该交换交易下,换出的投资性房地产的未来现金流量为每期的租金,换入的固定资产的未来现金流量为该厂房独立产生或包括该厂房的资产组协同产生的现金流量。通常情况下,定期租金带来的现金流量与用于生产经营的固定资产产生的现金流量在风险、时间分布或金额方面显著不同,因而两项资产的交换具有商业实质。

再如,企业将其拥有的一幢建筑物,与另一企业拥有的在同一地点的另一幢建筑物进行交换,两幢建筑物的建造时间、建造成本等均相同,这一交换属于同类别的非货币性资产之间的交换。在该交换交易下,两幢建筑物未来现金流量的风险、时间分布和金额可能相同,也可能不相同。如果其中一幢建筑物可以立即出售,企业管理层也打算将其立即出售,而另一幢建筑物难以出售或只能在一段较长的时间内出售,则可以表明两项资产所产生的未来现金流量的风险、时间分布或金额显著不同,因而这两项资产的交换具有商业实质。

此外,需要说明的是,从事相同经营业务的企业之间相互交换具有类似性质和相等价值的商品,以便在不同地区销售时,这种同类别的非货币性资产之间的交换不具有商业实质。在实务中,这种交换通常发生在某些特定商品上,常见的如石油或牛奶等。

## 第三节　非货币性资产交换的会计处理

### 一、以公允价值为基础计量的会计处理

非货币性资产交换具有商业实质，且换入资产和换出资产的公允价值均能够可靠计量的，企业应当以公允价值为基础计量。在实务中，企业在进行非货币性资产交换时，换入资产或换出资产的公允价值通常会在合同中约定；对于合同中没有约定的，应当按照合同开始日（合同生效日）的公允价值确定。

换入资产和换出资产的公允价值均能够可靠计量的，应当以换出资产的公允价值为基础计量；但有确凿证据表明换入资产的公允价值更加可靠的，应当以换入资产的公允价值为基础计量。

对于非货币性资产交换中换入资产和换出资产的公允价值均能够可靠计量的情形，企业在判断是否有确凿证据表明换入资产的公允价值更加可靠时，应当考虑确定公允价值所使用的输入值层次。企业可以参考以下情况：第一层次输入值为公允价值提供了最可靠的证据，第二层次直接或间接可观察的输入值比第三层次不可观察输入值为公允价值提供更确凿的证据。对于换入资产和换出资产的公允价值所使用的输入值层次相同的，企业应当以换出资产的公允价值为基础计量。实务中，在考虑了补价因素的调整后，正常交易中换入资产的公允价值和换出资产的公允价值通常是一致的。

根据《企业会计准则第 7 号——非货币性资产交换》的规定，以公允价值为基础计量的非货币性资产交换，换入资产与换出资产的计量分别按下列原则进行会计处理：

（1）对于换入资产，应当以换出资产的公允价值和应支付的相关税费作为换入资产的成本进行初始计量。换出资产的公允价值不能够可靠计量，或换入资产和换出资产的公允价值均能够可靠计量但有确凿证据表明换入资产的公允价值比换出资产的公允价值更加可靠的，应当以换入资产的公允价值和应支付的相关税费作为换入资产的初始计量金额。

其中，计入换入资产的应支付的相关税费应当符合相关会计准则对资产初始计量成本的规定。例如，换入资产为存货的，初始计量成本包括相关税费、使该资产达到目前场所和状态所发生的运输费、装卸费、保险费以及可归属于该资产的其他成本；换入资产为长期股权投资的，初始计量成本包括与取得该资产直接相关的费用、税金和其他必要支出；换入资产为投资性房地产的，初始计量成本包括相关税费和可直接归属于该资产的其他支出；换入资产为固定资产的，初始计量成本包括相关税费、使该资产达到预定可使用状态前所发生的可归属于该资产的运输费、装卸费、安装费和专业人员服务费等；换入资产为生产性生物资产的，初始计量成本包括相关税费、运输费、保险费以及可直接归属于该资产的其他支出；换入资产为无形资产的，初始计量成本包括相关税费以及可直接归属于使该资产达到预定用途所发生的其他支出。上述税费均不包括准予从增值税销项税额中抵扣的进项税额。

（2）对于换出资产，应当在终止确认时，将换出资产的公允价值与其账面价值之间的差额计入当期损益。换出资产的公允价值不能够可靠计量，或换入资产和换出资产的公允价值均能够可靠计量但有确凿证据表明换入资产的公允价值更加可靠的，应当在终止确认时，将换入资产的公允价值与换出资产账面价值之间的差额计入当期损益。

其中，计入当期损益的会计处理视换出资产类别的不同而有所区别：

①换出资产为固定资产、在建工程、生产性生物资产和无形资产的，换出资产的公允价值与其账面价值之间的差额，计入"资产处置损益"。

②换出资产为投资性房地产的，按换出资产（或换入资产）的公允价值确认"其他业务收入"，按换出资产账面价值结转"其他业务成本"，二者之间的差额计入当期损益。

③换出资产为长期股权投资的，换出资产的公允价值与其账面价值之间的差额，计入"投资收益"。

### （一）不涉及补价的情况

**【例1-1】** 2020年9月，A公司以生产经营过程中使用的一台设备交换B公司生产的一批打印机，换入的打印机作为固定资产管理。A、B公司均为增值税一般纳税人，适用的增值税税率为13%。设备的账面原价为150万元，在交换日的累计折旧为45万元，公允价值为90万元。打印机的账面价值为110万元，在交换日的市场价格为90万元，计税价格等于市场价格。B公司换入的A公司设备是生产打印机过程中需要使用的设备。

假设A公司此前没有为该项设备计提资产减值准备，整个交易过程中，除支付该项设备的运杂费15 000元外，没有发生其他相关税费。假设B公司此前也没有为库存打印机计提存货跌价准备，其在整个交易过程中没有发生除增值税以外的其他相关税费。

**分析：** 整个资产交换过程没有涉及收付货币性资产，因此该项交换属于非货币性资产交换。本例中，对A公司来讲，换入的打印机是经营过程中必需的资产，对B公司来讲，换入的设备是生产打印机过程中必须使用的设备，两项资产交换后对换入企业的特定价值显著不同，因而两项资产的交换具有商业实质；同时，两项资产的公允价值都能够可靠地计量，符合以公允价值为基础计量的两个条件，因此，A公司和B公司均应当以换出资产的公允价值为基础确定换入资产的成本，并确认产生的损益。

A公司的账务处理如下。

A公司换入资产的增值税进项税额=900 000×13%=117 000（元）

换出设备的增值税销项税额=900 000×13%=117 000（元）

借：固定资产清理　　　　　　　　　　　　　　　　1 050 000
　　累计折旧　　　　　　　　　　　　　　　　　　　450 000
　　　贷：固定资产——设备　　　　　　　　　　　　　　　　1 500 000
借：固定资产清理　　　　　　　　　　　　　　　　　15 000
　　　贷：银行存款　　　　　　　　　　　　　　　　　　　　　15 000
借：固定资产——打印机　　　　　　　　　　　　　900 000

| 应交税费——应交增值税（进项税额） | 117 000 |
| 资产处置损益 | 165 000 |
| 贷：固定资产清理 | 1 065 000 |
| 应交税费——应交增值税（销项税额） | 117 000 |

B公司的账务处理如下：

根据增值税的有关规定，企业以库存商品换入其他资产，视同销售行为发生，应计算增值税销项税额，缴纳增值税。

换出打印机的增值税销项税额 = 900 000×13% = 117 000（元）

换入设备的增值税进项税额 = 900 000×13% = 117 000（元）

| 借：固定资产——设备 | 900 000 |
| 应交税费——应交增值税（进项税额） | 117 000 |
| 贷：主营业务收入 | 900 000 |
| 应交税费——应交增值税（销项税额） | 117 000 |
| 借：主营业务成本 | 1 100 000 |
| 贷：库存商品——打印机 | 1 100 000 |

**【例 1-2】** 2020 年 6 月 15 日，甲公司为了提高产品质量，需要乙公司的一项专利权。经协商，甲公司与乙公司签订合同，甲公司以其持有的其联营企业丙公司 20%的股权作为对价购买乙公司的专利权。合同开始日，甲公司长期股权投资和乙公司专利权的公允价值均为 650 万元。专利权的过户手续于 2020 年 6 月 28 日完成，正式转移至甲公司。乙公司取得丙公司 20%的股权后，向丙公司派遣 1 名董事替代原甲公司派遣的董事，能够对丙公司实施重大影响，丙公司成为乙公司的联营企业。丙公司的股权过户、董事更换、相关董事会决议和章程修订于 2020 年 6 月 30 日完成并生效。2020 年 6 月 30 日，甲公司的长期股权投资的账面价值为 630 万元（其中投资成本为 670 万元，损益调整为–40 万元）；乙公司专利权的账面价值为 680 万元（其中账面原价为 800 万元，累计摊销额为 120 万元）。假设甲公司和乙公司此前均未对上述资产计提减值准备。丙公司自成立以来未发生其他综合收益变动。整个交易过程中未发生其他相关税费。

**分析：** 本例中，整个资产交换过程没有涉及收付货币性资产，交换的资产为长期股权投资和无形资产，属于非货币性资产交换。

对甲公司来说，换入的专利权能够大幅提高产品质量，通过生产高质量的产品并对外销售而产生现金流量，与通过换出的对丙公司的长期股权投资获得股利产生的现金流量相比，其预计未来现金流量的风险、时间分布和金额均不相同，因而交换具有商业实质；对乙公司来说，换入的对丙公司的长期股权投资，使丙公司成为其联营企业，可通过参与丙公司的财务管理和经营政策制定等方式，对其实施重大影响，由此从丙公司活动中获取现金流量，与换出的专利权预计产生的未来现金流量的风险、时间分布和金额均不相同，因而交换具有商业实质。同时，两项资产的公允价值都能够可靠地计量，符合以公允价值为基础计量的条件。假设均没有确凿证据表明换入资产的公允价值更加可靠，按照《企业会计准则第 7 号——非货币性资产交换》的规定，甲公司和乙公司均以换出资产的公允价值为基础确定换入资产的成本，并确认换出资产产生的损益。

因专利权和股权过户等导致换入资产和换出资产满足确认条件和终止确认条件的时点存在短暂不一致，甲公司和乙公司按照重要性原则在 2020 年 6 月 5 日进行会计处理。

甲公司的账务处理如下：

借：无形资产——专利权　　　　　　　　　　　　　　　6 500 000
　　长期股权投资——损益调整　　　　　　　　　　　　　 400 000
　　贷：长期股权投资——投资成本　　　　　　　　　　　6 700 000
　　　　投资收益　　　　　　　　　　　　　　　　　　　　200 000

乙公司的账务处理如下：

借：长期股权投资——投资成本　　　　　　　　　　　　　6 500 000
　　资产处置损益　　　　　　　　　　　　　　　　　　　　300 000
　　累计摊销　　　　　　　　　　　　　　　　　　　　　1 200 000
　　贷：无形资产——专利权　　　　　　　　　　　　　　8 000 000

### （二）涉及补价的情形

对于以公允价值为基础计量的非货币性资产交换，涉及补价的，支付补价方和收到补价方应当根据不同情况分别进行处理：

**1. 支付补价方**

（1）以换出资产的公允价值为基础计量的，应当以换出资产的公允价值，加上支付补价的公允价值和应支付的相关税费，作为换入资产的成本，换出资产的公允价值与其账面价值之间的差额计入当期损益。

（2）有确凿证据表明换入资产的公允价值更加可靠的，即以换入资产的公允价值为基础计量的，应当以换入资产的公允价值和应支付的相关税费作为换入资产的初始计量金额，换入资产的公允价值减去支付补价的公允价值，与换出资产账面价值之间的差额计入当期损益。

**2. 收到补价方**

（1）以换出资产的公允价值为基础计量的，应当以换出资产的公允价值，减去收到补价的公允价值，加上应支付的相关税费，作为换入资产的成本，换出资产的公允价值与其账面价值之间的差额计入当期损益。

（2）有确凿证据表明换入资产的公允价值更加可靠的，即以换入资产的公允价值为基础计量的，应当以换入资产的公允价值和应支付的相关税费作为换入资产的初始计量金额，换入资产的公允价值加上收到补价的公允价值，与换出资产账面价值之间的差额计入当期损益。

**【例 1-3】** 沿用【例 1-1】，假设其他条件不变，合同约定 A 公司用于交换的设备的公允价值为 90 万元，B 公司用于交换的打印机的公允价值为 100 万元，A 公司以银行存款形式向 B 公司支付补价 10 万元。A 公司开具的增值税专用发票注明的计税价格为 90 万元，增值税额为 11.7 万元；B 公司开具的增值税专用发票注明的计税价格为 100 万元，增值税额为 13 万元；A 公司以银行存款形式向 B 公司支付增值税差额 1.3 万元。

**分析：** 本例中，涉及收付补价，应当计算补价占整个资产交换的比例。对于 A 公司来说，其支付的补价 10 万元占换出资产公允价值 90 万元和支付的补价 10 万元之和（或换入资产公允价值 100 万元）的比例为 10%，小于 25%，属于非货币性资产交换；对于 B 公司来说，收到的补价 10 万元占换出资产公允价值 100 万元（或换入资产公允价值 90 万元和收到的补价 10 万元之和）的比例为 10%，小于 25%，属于非货币性资产交换。

A 公司的账务处理如下：

| | |
|---|---:|
| 借：固定资产清理 | 1 065 000 |
| 　　累计折旧 | 450 000 |
| 　贷：固定资产——设备 | 1 500 000 |
| 　　　银行存款 | 15 000 |
| 借：固定资产——打印机 | 1 000 000 |
| 　　应交税费——应交增值税（进项税额） | 130 000 |
| 　　资产处置损益 | 165 000 |
| 　贷：固定资产清理 | 1 065 000 |
| 　　　应交税费——应交增值税（销项税额） | 117 000 |
| 　　　银行存款 | 113 000 |

对于 B 公司来说，应当按照《企业会计准则第 14 号——收入》的相关规定进行会计处理：

| | |
|---|---:|
| 借：固定资产——设备 | 900 000 |
| 　　应交税费——应交增值税（进项税额） | 117 000 |
| 　　银行存款 | 113 000 |
| 　贷：主营业务收入 | 1 000 000 |
| 　　　应交税费——应交增值税（销项税额） | 130 000 |
| 借：主营业务成本 | 1 100 000 |
| 　贷：库存商品——打印机 | 1 100 000 |

**【例 1-4】** 沿用【例 1-2】，假设及其他条件不变，丙公司是上市公司，按照合同开始日的股票价格计算，丙公司 20% 股权的公允价值为 700 万元。乙公司专利权的公允价值为 650 万元，系第三方报价机构使用乙公司自身数据通过估值技术确定的。由于甲公司迫切需要该专利权来提高产品质量，同意乙公司以银行存款形式支付补价 40 万元。2020 年 6 月 30 日，丙公司可辨认净资产公允价值为 3 200 万元。

**分析：** 本例中，涉及收付货币性资产，应当计算货币性资产占整个资产交换的比例。补价 40 万元占整个资产交换金额的比例小于 25%，属于非货币性资产交换。

由于用于交换的两项资产的公允价值均能够可靠地计量，企业应当考虑是否有确凿证据表明换入资产的公允价值更加可靠。由于丙公司是上市公司，其 20% 的股权的公允价值是基于股票价格计算的，其公允价值输入值的层次为第一层次，即活跃市场上未经调整的报价。乙公司专利权的公允价值是基于估值技术的评估值,其公允价值输入值的层次为第三层次。因此,对于甲公司来说,应当以换出资产丙公司 20%股权的公允价值(700 万元)减去收到的补价(40 万元)作为换入资产专利权的成本(700-40=660 万元),换出资产的公允价值与其账面价值之间的差额计入当期损益(700-630=70 万元);对于乙公司来说,有确凿证据表明换入资产丙公司 20%股权的公允价值更加可靠,应当以换入资产丙公司 20%股权的公允价值(700 万元)作为其初始计量金额,换入资产的公允价值减去支付的补价,与换出资产专利权账面价值之间的差额计入当期损益(700-40-680=-20 万元)。

甲公司的账务处理如下:

借:无形资产——专利权 6 600 000
　　银行存款 400 000
　　长期股权投资——损益调整 400 000
　贷:长期股权投资——投资成本 6 700 000
　　　投资收益 700 000

乙公司的账务处理如下:

借:长期股权投资——投资成本 7 000 000
　　资产处置损益 200 000
　　累计摊销 1 200 000
　贷:无形资产——专利权 8 000 000
　　　银行存款 400 000

## 二、以换出资产账面价值计量的会计处理

非货币性资产交换不具有商业实质,或者虽然具有商业实质但换入资产和换出资产的公允价值均不能可靠计量的,应当以换出资产账面价值为基础确定换入资产成本,无论是否支付补价,均不确认损益。

在以账面价值为基础计量的情况下,对于换入资产,应当以换出资产的账面价值和应支付的相关税费作为换入资产的初始计量金额;对于换出资产,终止确认时不确认损益。

对于以账面价值为基础计量的非货币性资产交换,涉及补价的,应当将补价作为确定换入资产初始计量金额的调整因素,根据下列情况分别进行处理:

(1)支付补价的,以换出资产的账面价值,加上支付补价的账面价值和应支付的相关税费,作为换入资产的初始计量金额,不确认损益。

(2)收到补价的,以换出资产的账面价值,减去收到补价的公允价值,加上应支付的相关税费,作为换入资产的初始计量金额,不确认损益。

**【例 1-5】** 丙公司拥有一台专有设备,该设备账面原价为 450 万元,已计提折旧 330 万元,丁公司拥有一项长期股权投资,账面价值为 90 万元,两项资产均未计提减值准备。丙公司决定以其专有设备交换丁公司的长期股权投资,该专有设备是生产某种产品必需的设备。由于专有设备系当时专门制造、性质特殊,其公允价值不能可靠计量;丁公司拥有

的长期股权投资在活跃市场中没有报价，其公允价值也不能可靠计量。经双方商定，丁公司支付了 20 万元补价。假定交易不考虑相关税费。

**分析**：该项资产交换涉及收付货币性资产，即补价 20 万元。对丙公司而言，收到的补价 20 万元÷换出资产账面价值 120 万元＝16.7%，小于 25%。因此，该项交换属于非货币性资产交换，丁公司的情况也类似。由于两项资产的公允价值不能可靠计量，因此，丙、丁公司换入资产的成本均应当以换出资产的账面价值为基础确定。

丙公司的账务处理如下：

| | |
|---|---|
| 借：固定资产清理 | 1 200 000 |
| 　　累计折旧 | 3 300 000 |
| 　　贷：固定资产——专有设备 | 4 500 000 |
| 借：长期股权投资 | 1 000 000 |
| 　　银行存款 | 200 000 |
| 　　贷：固定资产清理 | 1 200 000 |

丁公司的账务处理如下：

| | |
|---|---|
| 借：固定资产——专有设备 | 1 100 000 |
| 　　贷：长期股权投资 | 900 000 |
| 　　　　银行存款 | 200 000 |

从上例可以看出，尽管丁公司支付了 20 万元补价，但由于整个非货币性资产交换是以账面价值为基础计量的，支付补价方和收到补价方均不确认损益。对丙公司而言，换入资产是长期股权投资和银行存款 20 万元，换出资产专有设备的账面价值为 120 万元（450－330＝120 万元），因此，长期股权投资的成本就是换出资产专有设备的账面价值减去货币性资产补价的差额，即 100 万元（120－20＝100 万元）；对丁公司而言，换出资产是长期股权投资和银行存款 20 万元，换入资产专有设备的成本等于换出资产的账面价值，即 110 万元（90＋20＝110 万元）。由此可见，在以账面价值为基础计量的情况下，发生的补价是用来调整换入资产成本的，不涉及确认损益问题。

## 三、涉及多项非货币性资产交换的会计处理

在非货币性资产交换中，企业可以以一项非货币性资产换入另一企业的多项非货币性资产，或以多项非货币性资产换入另一企业的一项非货币性资产，或以多项非货币性资产换入另一企业的多项非货币性资产，这些交换也可能涉及补价。

对于涉及多项资产的非货币性资产交换，企业同样应当首先判断交换是否符合以公允价值为基础计量的两个条件，再分情况确定各项换入资产的初始计量金额，以及各项换出资产终止确认的相关损益。

### （一）以公允价值为基础计量的情况

涉及多项资产的非货币性资产交换符合以公允价值为基础计量的，通常可以分为以下情形：

**1. 以换出资产的公允价值为基础计量的**

（1）对于同时换入的多项资产，由于通常无法将换入资产与换出的某项特定资产相对应，应当按照各项换入资产的公允价值的相对比例（换入资产的公允价值不能够可靠计量的，可以按照各项换入资产的原账面价值的相对比例或其他合理的比例），将换出资产公允价值总额（涉及补价的，加上支付补价的公允价值或减去收到补价的公允价值）分摊至各项换入资产，以分摊额和应支付的相关税费作为各项换入资产的成本进行初始计量。需要说明的是，如果同时换入的多项非货币性资产中包含由《企业会计准则第22号——金融工具确认和计量》规范的金融资产，应当按照《企业会计准则第22号——金融工具确认和计量》的规定进行会计处理，在确定换入的其他多项资产的初始计量金额时，应当将金融资产公允价值从换出资产公允价值总额中扣除。

（2）对于同时换出的多项资产，应当将各项换出资产的公允价值与其账面价值之间的差额，在各项换出资产终止确认时计入当期损益。

**2. 以换入资产的公允价值为基础计量的**

（1）对于同时换入的多项资产，应当以各项换入资产的公允价值和应支付的相关税费作为各项换入资产的初始计量金额。

（2）对于同时换出的多项资产，由于通常无法将换入资产与换出的某项特定资产相对应，应当按照各项换出资产的公允价值的相对比例（换出资产的公允价值不能够可靠计量的，可以按照各项换出资产的账面价值的相对比例），将换入资产的公允价值总额（涉及补价的，减去支付补价的公允价值或加上收到补价的公允价值）分摊至各项换出资产，分摊额与各项换出资产账面价值之间的差额，在各项换出资产终止确认时计入当期损益。需要说明的是，如果同时换出的多项非货币性资产中包含由《企业会计准则第22号——金融工具确认和计量》规范的金融资产，该金融资产应当按照《企业会计准则第22号——金融工具确认和计量》和《企业会计准则第23号——金融资产转移》的规定判断换出的金融资产是否满足终止确认条件并进行终止确认的会计处理，在确定其他各项换出资产终止确认的相关损益时，应当将终止确认的金融资产公允价值从换入资产公允价值总额中扣除。

**【例1-6】** 甲公司和乙公司均为增值税一般纳税人。经协商，甲公司和乙公司于2020年1月25日签订资产交换合同，当日生效。合同约定，甲公司用于交换的资产包括：一间生产用厂房，公允价值为110万元；一幢自购入时就全部用于经营出租的公寓楼，公允价值为390万元。乙公司用于交换的资产包括：一块土地的使用权，公允价值为240万元；经营过程中使用的10辆货车，公允价值为300万元。甲公司以银行存款形式向乙公司支付补价40万元。双方于2020年2月1日完成了资产交换手续。交换当日，甲公司厂房的账面价值为120万元（其中账面原价为150万元，已计提折旧30万元），作为采用成本模式计量的投资性房地产的公寓楼的账面价值为360万元（其中账面原价为420万元，已计提折旧60万元），乙公司的土地使用权的账面价值为210万元（其中成本为220万元，累计摊销额为10万元），10辆货车的账面价值为320万元（其中账面原价为400万元，已计提折旧 80 万元）。甲公司开具两张增值税专用发票，分别注明厂房的计税价格为 110 万元，增值税额为 9.9 万元；公寓楼的计税价格为 390 万元，增值税额为 35.1 万元。乙公司开具两张增值税专用发票，分别注明土地使用权的计税价格为 240 万元，增值税额为 21.6 万元；10 辆货车的计税价格为 300 万元、增值税额为 39 万元。

甲公司以银行存款形式向乙公司支付增值税差额 15.6 万元。在交易过程中，甲公司用银行存款支付了土地使用权的契税及过户费用 5 万元，乙公司用银行存款分别支付了厂房和公寓楼的契税及过户费用 3 万元和 10 万元。

假设甲公司和乙公司此前均未对上述资产计提减值准备，上述资产交换后的用途不发生改变。不考虑其他税费。

**分析：** 本例中，涉及收付货币性资产，应当计算货币性资产占整个资产交换金额的比例。补价 40 万元占整个资产交换金额 540 万元的比例为 7.41%，小于 25%，属于非货币性资产交换。

本例中用于交换的厂房是通过在使用寿命内与其他资产协同生产产品并对外销售而产生现金流量，公寓楼是通过经营出租并定期收取租金而产生稳定均衡的现金流量，土地使用权是通过在其上建造房屋后与房屋共同产生现金流量，货车是通过使用或提供服务而产生独立的现金流量，各项资产的未来现金流量在风险、时间分布和金额方面均明显不同，因而交换具有商业实质。同时，各项资产的公允价值都能够可靠地计量，符合以公允价值为基础计量的条件。假设均没有确凿证据表明换入资产的公允价值更加可靠，甲公司和乙公司均以换出资产的公允价值为基础确定各项换入资产的成本，并确认各项换出资产产生的损益。

甲公司的账务处理如下：

（1）确定各项换入资产的初始计量金额（见表 1-1）。

**表 1-1　换入资产的初始计量金额（1）**　　　　　　　　单位：元

| 换入资产 | 公允价值 | 换出资产公允价值 + 支付的补价 | 分摊额 | 相关税费 | 初始计量金额 |
| --- | --- | --- | --- | --- | --- |
| 土地使用权 | 2 400 000 | — | 2 400 000 | 50 000 | 2 450 000 |
| 货车 | 3 000 000 | — | 3 000 000 | 0 | 3 000 000 |
| 合计 | 5 400 000 | 5 400 000 | 5 400 000 | 50 000 | 5 450 000 |

（2）确定各项换出资产终止确认的相关损益（见表 1-2）。

**表 1-2　换出资产终止确认的相关损益（1）**　　　　　　　　单位：元

| 换出资产 | 账面价值 | 公允价值 | 处置损益 |
| --- | --- | --- | --- |
| 厂房 | 1 200 000 | 1 100 000 | −100 000 |
| 公寓楼 | 3 600 000 | 3 900 000 | 300 000 |
| 合计 | 4 800 000 | 5 000 000 | 200 000 |

（3）甲公司的会计分录。

①终止确认换出的厂房，转入固定资产清理：

| | |
|---|---:|
| 借：固定资产清理 | 1 200 000 |
| 　　累计折旧——厂房 | 300 000 |
| 　　　贷：固定资产——厂房 | 1 500 000 |

②确认换入的土地使用权和货车，同时确认换出资产相关损益：

| | |
|---|---:|
| 借：无形资产——土地使用权 | 2 400 000 |
| 　　固定资产——货车 | 3 000 000 |
| 　　应交税费——应交增值税（进项税额） | 606 000 |
| 　　资产处置损益 | 100 000 |
| 　　　贷：固定资产清理 | 1 200 000 |
| 　　　　其他业务收入 | 3 900 000 |
| 　　　　应交税费——应交增值税（销项税额） | 450 000 |
| 　　　　银行存款 | 556 000 |

③确认换入的土地使用权的相关税费：

| | |
|---|---:|
| 借：无形资产——土地使用权 | 50 000 |
| 　　　贷：银行存款 | 50 000 |

④终止确认换出的投资性房地产，结转其他业务成本：

| | |
|---|---:|
| 借：其他业务成本 | 3 600 000 |
| 　　投资性房地产累计折旧 | 600 000 |
| 　　　贷：投资性房地产 | 4 200 000 |

乙公司的账务处理如下：

（1）确定各项换入资产的初始计量金额（见表1-3）。

表1-3　换入资产的初始计量金额（2）　　　　　　　　　　　　单位：元

| 换入资产 | 公允价值 | 换出资产公允价值－收到的补价 | 分摊额 | 相关税费 | 初始计量金额 |
|---|---|---|---|---|---|
| 厂　房 | 1 100 000 | — | 1 100 000 | 30 000 | 1 130 000 |
| 公寓楼 | 3 900 000 | — | 3 900 000 | 100 000 | 4 000 000 |
| 合　计 | 5 000 000 | 5 000 000 | 5 000 000 | 130 000 | 5 130 000 |

（2）确定各项换出资产终止确认的相关损益（见表1-4）。

表1-4　换出资产终止确认的相关损益（2）　　　　　　　　　　单位：元

| 换出资产 | 账面价值 | 公允价值 | 处置损益 |
|---|---|---|---|
| 土地使用权 | 2 100 000 | 2 400 000 | 300 000 |
| 货　车 | 3 200 000 | 3 000 000 | −200 000 |
| 合　计 | 5 300 000 | 5 400 000 | 100 000 |

(3) 乙公司的会计分录。

① 终止确认换出的 10 辆货车，转入固定资产清理：

| | |
|---|---|
| 借：固定资产清理 | 3 200 000 |
| 　　累计折旧——货车 | 800 000 |
| 　　贷：固定资产——货车 | 4 000 000 |

② 确认换入的厂房和公寓楼，同时确认换出资产相关损益：

| | |
|---|---|
| 借：固定资产——厂房 | 1 100 000 |
| 　　投资性房地产——公寓楼 | 3 900 000 |
| 　　应交税费——应交增值税（进项税额） | 450 000 |
| 　　银行存款 | 556 000 |
| 　　累计摊销 | 100 000 |
| 　　贷：无形资产——土地使用权 | 2 200 000 |
| 　　　　固定资产清理 | 3 200 000 |
| 　　　　应交税费——应交增值税（销项税额） | 606 000 |
| 　　　　资产处置损益 | 100 000 |

③ 确认换入厂房和公寓楼的相关税费：

| | |
|---|---|
| 借：固定资产——厂房 | 30 000 |
| 　　投资性房地产——公寓楼 | 100 000 |
| 　　贷：银行存款 | 130 000 |

**【例 1-7】** 沿用【例 1-6】，假设其他条件不变，合同约定甲公司用于交换的资产还包括一项对 P 公司的股票投资，甲公司将该投资作为交易性金融资产核算。该股票投资在 2020 年 1 月 25 日的公允价值为 30 万元，账面价值为 25 万元。由于该股票有较好的前景，按合同约定甲公司向乙公司支付补价 8 万元。

**分析：** 本例中，甲公司和乙公司均以换出资产的公允价值为基础确定各项换入资产的成本，并确认各项换出资产产生的损益。另外，甲公司和乙公司用于交换的非货币性资产中包含交易性金融资产，属于由《企业会计准则第 22 号——金融工具确认和计量》规范的金融资产。甲公司和乙公司应按照《企业会计准则第 22 号——金融工具确认和计量》和《企业会计准则第 23 号——金融资产转移》的规定分别对换出和换入的交易性金融资产进行会计处理。

甲公司的账务处理如下：

（1）确定各项换入资产的初始计量金额（见表 1-5）。

表 1-5　换入资产的初始计量金额（3）　　　　　　　　　　　单位：元

| 换入资产 | 公允价值 | 换出资产公允价值+支付的补价 | 分摊额 | 相关税费 | 初始计量金额 |
|---|---|---|---|---|---|
| 土地使用权 | 2 400 000 | | 2 391 100 | 50 000 | 2 441 100 |
| 货车 | 3 000 000 | — | 2 988 900 | 0 | 2 988 900 |
| 合计 | 5 400 000 | 5 380 000 | 5 380 000 | 50 000 | 5 430 000 |

（2）确定各项换出资产终止确认的相关损益（见表1-6）。

表1-6 换出资产终止确认的相关损益（3） 单位：元

| 换出资产 | 账面价值 | 公允价值 | 处置损益 |
|---|---|---|---|
| 股票投资 | 250 000 | 300 000 | 50 000 |
| 厂房 | 1 200 000 | 1 100 000 | –100 000 |
| 公寓楼 | 3 600 000 | 3 900 000 | 300 000 |
| 合计 | 5 050 000 | 5 300 000 | 250 000 |

（3）甲公司的会计分录：（略）

乙公司的账务处理如下：

（1）确定各项换入资产的初始计量金额。

乙公司换入的多项资产中包含由《企业会计准则第22号——金融工具确认和计量》规范的交易性金融资产，应当按照《企业会计准则第22号——金融工具确认和计量》的规定进行会计处理。

乙公司在确定换入的其他多项资产的初始计量金额时，应当将该金融资产公允价值从换出资产公允价值总额（涉及补价的，加上支付补价的公允价值或减去收到补价的公允价值）中扣除（见表1-7）。

表1-7 换入资产的初始计量金额（4） 单位：元

| 换入资产 | 公允价值 | 用于分摊的金额 | 分摊额 | 相关税费 | 初始计量金额 |
|---|---|---|---|---|---|
| 厂房 | 1 100 000 | — | 1 104 400 | 30 000 | 1 134 400 |
| 公寓楼 | 3 900 000 | — | 3 915 600 | 100 000 | 4 015 600 |
| 合计 | 5 000 000 | 5 020 000 | 5 020 000 | 130 000 | 5 150 000 |
| 股票投资 | 300 000 | — | | | 300 000 |

注：用于分摊的金额＝（换出资产公允价值总额－收到的补价）－换入金融资产的公允价值
　　　　　　　　＝（2 400 000＋3 000 000－80 000）－300 000
　　　　　　　　＝5 020 000

（2）确定各项换出资产终止确认的相关损益：（略）

（3）乙公司的会计分录：（略）

### （二）以账面价值为基础计量的情况

对于以账面价值为基础计量的非货币性资产交换，如涉及换入多项资产或换出多项资产，或者同时换入和换出多项资产的，应当分别对换入的多项资产、换出的多项资产进行会计处理。

（1）对于换入的多项资产，由于通常无法将换出资产与换入的某项特定资产相对应，应当按照各项换入资产的公允价值的相对比例（换入资产的公允价值不能够可靠计量的，也可以按照各项换入资产的原账面价值的相对比例或其他合理的比例），将换出资产的账面价值总额（涉及补价的，加上支付补价的账面价值或减去收到补价的公允价值）分摊至各项换入资产，加上应支付的相关税费，作为各项换入资产的初始计量金额。

（2）对于同时换出的多项资产，各项换出资产终止确认时均不确认损益。

**【例 1-8】** 2020 年 5 月，甲公司因经营战略发生较大转变，产品结构发生较大调整，原生产产品的专有设备、专利技术等已不符合生产新产品的需要，经与乙公司协商，将该专用设备及专利技术与乙公司一幢在建的建筑物及一项对丙公司的长期股权投资进行交换。甲公司换出专有设备的账面原价为 1 200 万元，已提折旧 750 万元；专利技术账面原价为 450 万元，已摊销金额为 270 万元。乙公司在建工程截止到交换日的成本为 525 万元，对丙公司的长期股权投资账面余额为 150 万元。由于甲公司持有的专有设备和专利技术市场上已不多见，因此公允价值不能可靠计量。乙公司的在建工程因完工程度难以合理确定，其公允价值不能可靠计量，由于丙公司不是上市公司，乙公司对丙公司长期股权投资的公允价值也不能可靠计量。假定甲、乙公司均未对上述资产计提减值准备，假定不考虑相关税费等因素。

**分析：** 本例中不涉及收付货币性资产，属于非货币性资产交换。由于换入资产、换出资产的公允价值均不能可靠计量，甲公司和乙公司均应当以换出资产的账面价值为基础确定换入资产的初始计量金额，换出资产不确认损益。对于同时换入的多项资产，应当按照各项换入资产原账面价值的相对比例，将换出资产账面价值总额分摊至各项换入资产，作为各项换入资产的初始计量金额；换出资产终止确认时按照账面价值转销，不确认损益。

甲公司的账务处理如下：

（1）确定各项换入资产的初始计量金额（见表 1-8）。

表 1-8　各项换入资产的初始计量金额　　　　　　单位：元

| 换入资产 | 在换出方的原账面价值 | 换出资产账面价值 | 初始计量金额 |
| --- | --- | --- | --- |
| 在建工程 | 5 250 000 | — | 4 900 000 |
| 长期股权投资 | 1 500 000 | — | 1 400 000 |
| 合　计 | 6 750 000 | 6 300 000 | 6 300 000 |

（2）对于同时换出的多项资产，终止确认时按照账面价值转销，不确认损益。

（3）甲公司的会计分录：

借：固定资产清理　　　　　　　　　　　　　　　　　　4 500 000
　　累计折旧　　　　　　　　　　　　　　　　　　　　　7 500 000
　　贷：固定资产——专有设备　　　　　　　　　　　　　　　　12 000 000
借：在建工程　　　　　　　　　　　　　　　　　　　　4 900 000
　　长期股权投资　　　　　　　　　　　　　　　　　　　1 400 000
　　累计摊销　　　　　　　　　　　　　　　　　　　　　2 700 000
　　贷：无形资产——专利技术　　　　　　　　　　　　　　　　4 500 000
　　　　固定资产清理　　　　　　　　　　　　　　　　　　　　4 500 000

乙公司的账务处理如下：

（1）确定各项换入资产的初始计量金额（见表 1-9）。

表 1-9  各项换入资产的初始计量金额                  单位：元

| 换入资产 | 在换出方的原账面价值 | 换出资产账面价值 | 初始计量金额 |
|---|---|---|---|
| 专有设备 | 4 500 000 | — | 4 821 400 |
| 专利技术 | 1 800 000 | — | 1 928 600 |
| 合　计 | 6 300 000 | 6 750 000 | 6 750 000 |

（2）对于同时换出的多项资产，终止确认时按照账面价值转销，不确认损益。

（3）乙公司的会计分录：

借：固定资产——专有设备　　　　　　　　　　　　　4 821 400
　　无形资产——专利技术　　　　　　　　　　　　　1 928 600
　　贷：在建工程　　　　　　　　　　　　　　　　　　5 250 000
　　　　长期股权投资　　　　　　　　　　　　　　　　1 500 000

## 四、非货币性资产交换的信息披露

企业应当在财务报表附注中披露有关非货币性资产交换的下列信息：

1. 非货币性资产交换是否具有商业实质及其原因；
2. 换入资产、换出资产的类别；
3. 换入资产初始计量金额的确定方式；
4. 换入资产、换出资产的公允价值以及换出资产的账面价值；
5. 非货币性资产交换确认的损益。

**思考题**

1. 什么是货币性资产？什么是非货币性资产？两者的主要区别是什么？
2. 什么是非货币性资产交换？非货币性资产交换有哪些特征？
3. 如何判断某项资产公允价值是否能够可靠计量？
4. 如何判断非货币性资产交换是否具有商业实质？
5. 在以公允价值为基础计量的模式中如何对换入换出资产进行会计处理。
6. 在以账面价值为基础计量的模式中如何对换入换出资产进行会计处理。
7. 非货币性资产交换中发生补价对换入资产成本有何影响？
8. 在多项资产换多项资产情形下各项换入资产成本如何确定？

# 第二章 外币折算

【学习目标】
1. 理解确定记账本位币应当考虑的因素。
2. 掌握外币交易的会计处理方法。
3. 掌握外币财务报表的折算方法。

案例引导：TG 集团子公司外币报表折算

## 第一节 记账本位币的确定

### 一、记账本位币的确定

记账本位币，是指企业经营所处的主要经济环境中的货币。主要经济环境，是指企业主要产生和支出现金的环境，使用该环境中的货币最能反映企业主要交易的经济结果。例如，我国大多数企业主要产生和支出现金的环境在国内，因此，一般以人民币为记账本位币。

《中华人民共和国会计法》（以下简称《会计法》）规定，业务收支以人民币以外的货币为主的单位，可以选定其中一种货币作为记账本位币，但是编报的财务会计报告应当折算为人民币。企业记账本位币的选定，应当考虑下列因素：

一是从日常活动收入的角度看，所选择的货币能够对企业商品和劳务销售价格起主要作用，通常以该货币进行商品和劳务的计价和结算。

二是从日常活动支出的角度看，所选择的货币能够对商品和劳务所需人工、材料和其他费用产生主要影响，通常以该货币进行这些费用的计价和结算。

三是融资活动获得的资金以及保存从经营活动中收取款项时所使用的货币。即视融资活动获得的资金在其生产经营活动中的重要性，或者企业通常留存销售收入的货币而定。

【例 2-1】 国内 A 外商投资企业，该企业超过 80% 的营业收入来自向各国的出口，其商品销售价格一般以美元计价，主要受美元的影响，因此，从影响商品和劳务销售价格的角度看，A 企业应选择美元作为记账本位币。

如果 A 企业除厂房设施和 25% 的人工成本在国内以人民币采购之外，生产所需的原材料、机器设备及 75% 以上的人工成本都来自美国投资者以美元在国际市场的采购，则可进一步确定 A 企业的记账本位币应当是美元。

如果 A 企业的人工成本、原材料及相应的厂房设施、机器设备等 95% 以上在国内采购并以人民币计价，则难以确定 A 企业的记账本位币，需要考虑第三项因素。如果 A

企业取得的美元营业收入在汇回国内时可随时换成人民币存款，且 A 企业对所有以美元结算的资金往来的外币风险都进行了套期保值，则 A 企业应当选定人民币为其记账本位币。

在确定企业的记账本位币时，上述因素的重要程度因企业具体情况而不同，需要企业管理者根据实际情况进行判断。一般情况下，综合考虑前两项因素即可确定企业的记账本位币，第三项为参考因素，视其对企业收支现金的影响程度而定。在综合考虑前两项因素后仍不能确定企业记账本位币的情况下，第三项因素对企业记账本位币的确定起重要作用。

需要强调的是，企业管理者根据实际情况确定的记账本位币只有一种，该货币一经确定，不得改变，除非与确定记账本位币相关的企业经营所处的主要经济环境发生重大变化。

## 二、境外经营记账本位币的确定

### （一）境外经营的含义

境外经营通常是指企业在境外的子公司、合营企业、联营企业、分支机构。当企业在境内的子公司、合营企业、联营企业或者分支机构选定的记账本位币不同于企业的记账本位币时，应当视同境外经营。

判断某实体是否为该企业的境外经营的关键有两项：一是该实体与企业的关系，是否为企业的子公司、合营企业、联营企业、分支机构；二是该实体的记账本位币是否与企业的记账本位币相同，而不是以该实体是否在企业所在地的境外为标准。

### （二）境外经营记账本位币的确定

境外经营也是一个企业，在确定其记账本位币时应当考虑企业选择确定记账本位币的上述三项因素。同时，由于境外经营是企业的子公司、联营企业、合营企业或者分支机构，因此，境外经营记账本位币的选择还应当考虑该境外经营与企业的关系：

（1）境外经营对其所从事的活动是否拥有很强的自主性。如果境外经营所从事的活动被视同企业经营活动的延伸，该境外经营应当选择与企业记账本位币相同的货币作为记账本位币；如果境外经营对其所从事的活动拥有极大的自主性，应根据所处的主要经济环境选择记账本位币。

（2）境外经营活动中与企业的交易是否在境外经营活动中占有较大比重。如果境外经营活动中与企业的交易在境外经营活动中所占的比例较高，境外经营应当选择与企业记账本位币相同的货币作为记账本位币；反之，应根据所处的主要经济环境选择记账本位币。

（3）境外经营活动产生的现金流量是否直接影响企业的现金流量、是否可以随时汇回。如果境外经营活动产生的现金流量直接影响企业的现金流量，并可随时汇回，境外经营应当选择与企业记账本位币相同的货币作为记账本位币；反之，应根据所处的主要经济环境选择记账本位币。

（4）境外经营活动产生的现金流量是否足以偿还其现有债务和正常情况下可预期的债务。如果境外经营活动产生的现金流量在企业不提供资金的情况下，难以偿还其现有债务和正常情况下可预期的债务，境外经营应当选择与企业记账本位币相同的货币作为记账本位币；反之，应根据所处的主要经济环境选择记账本位币。

### 三、记账本位币变更的会计处理

企业因经营所处的主要经济环境发生重大变化，确需变更记账本位币的，应当采用变更当日的即期汇率将所有项目折算为变更后的记账本位币，折算后的金额作为新的记账本位币的历史成本。由于采用同一即期汇率进行折算，所以不会产生汇兑差额。当然，企业需要提供确凿的证据证明企业经营所处的主要经济环境确实发生了重大变化，并应当在附注中披露变更的理由。

企业记账本位币发生变更的，其比较财务报表时应当以可比当日的即期汇率折算所有资产负债表和利润表项目。

## 第二节 外币交易的会计处理

外币交易由于交易日与款项结算日的不同，所以折算所用的汇率可能不同，相同金额的外币折算为记账货币的金额可能不同，对此的处理有两种观点：一种是历史曾出现的一项交易观，另一种是目前普遍为我国及其他国家或地区所采用的两项交易观。

一项交易观认为，应当将交易的发生与以后相应款项的结算视为一项交易的两个阶段，从交易日至款项结算日汇率变动的影响作为对原已入账的销售收入或购货成本的调整。这样，企业的销售收入或购货成本不能在交易日确定，须待款项结算时根据当日的汇率确定。这与国际上所公认的销售收入应在销售成立时确认的原则相违背，且所提供的会计信息不能反映外币风险的程度。

两项交易观认为，交易的发生与相应款项的结算是两项独立的关联交易，交易产生的销售收入或购货成本在交易日根据当日的汇率确定，以后不再因汇率的变动而予以调整，汇率变动的风险由因交易而产生的应收或应付款承担。因交易日与款项结算日汇率不同而产生的应收或应付款的差额称为汇兑差额。当外币交易已完成，债权债务已结清，产生的汇兑差额为"已实现汇兑差额"；当外币交易已完成，但债权未收回或债务未偿付，产生的汇兑差额为"未实现汇兑差额"。对于"未实现汇兑差额"，有两种处理方法：一是当期不确认未实现汇兑差额，需递延至外币交易结算的当期确认；二是未实现汇兑差额与已实现汇兑差额均在当期确认。前者是考虑了汇率的反向变动情况，但将产生前后两期净利润的扭曲。而后者则认为，既然存在着会计分期，就应分期反映当期汇率变动的情况，这也与两项交易观的基础是一致的，因此，我国和大多数国家或地区均采用这一观点。

## 一、汇率

汇率是指两种货币相兑换的比率，是一种货币单位用另一种货币单位所表示的价格。我们通常在银行看到的汇率有三种表示方式：买入价、卖出价和中间价。买入价指银行买入其他货币的价格，卖出价指银行出售其他货币的价格，中间价是银行买入价与卖出价的平均价，银行的卖出价一般高于买入价，以获取其中的差价。

### （一）即期汇率的选择

即期汇率是相对于远期汇率而言的。远期汇率是在未来某一日交付时的结算价格。无论是买入价还是卖出价，均是立即交付的结算价格，都是即期汇率。为方便核算，《企业会计准则》中企业用于记账的即期汇率一般指当日中国人民银行公布的人民币汇率的中间价。但是，在企业发生单纯的货币兑换交易或涉及货币兑换的交易时，仅用中间价不能反映货币买卖的损益，需要使用买入价或卖出价折算。

企业发生的外币交易只涉及人民币与美元、欧元、日元、港元等之间折算的，可直接采用中国人民银行每日公布的人民币汇率的中间价作为即期汇率进行折算；发生的外币交易涉及人民币与其他货币之间折算的，应按照国家外汇管理局公布的各种货币对美元的折算率采用套算的方法进行折算；发生的外币交易涉及人民币以外的货币之间折算的，可直接采用国家外汇管理局公布的各种货币对美元的折算率进行折算。

### （二）即期汇率的近似汇率

当汇率变动不大时，为简化核算，企业在外币交易日或对外币报表的某些项目进行折算时，也可以选择即期汇率的近似汇率进行折算。即期汇率的近似汇率是"按照系统合理的方法确定的、与交易发生日即期汇率近似的汇率"，通常是指当期平均汇率或加权平均汇率等。加权平均汇率需要采用外币交易的外币金额作为权重进行计算。

确定即期汇率的近似汇率的方法应在前后各期保持一致。如果汇率波动使得采用即期汇率的近似汇率折算不适当时，应当采用交易发生日的即期汇率进行折算。至于何时不适当，需要企业根据汇率变动情况及计算近似汇率的方法等进行判断。

## 二、外币交易的记账方法

外币交易的记账方法有外币统账制和外币分账制两种。外币统账制是指企业在发生外币交易时，即折算为记账本位币入账。外币分账制是指企业在日常核算时分币种记账，在资产负债表日，分货币性项目和非货币性项目进行调整：货币性项目按资产负债表日即期汇率折算，非货币性项目按交易日即期汇率折算；产生的汇兑差额计入当期损益。

从我国目前的情况看，绝大多数企业采用外币统账制，只有银行等少数金融企业由于外币交易频繁、涉及外币币种较多，所以采用外币分账制记账方法进行日常核算。无论是采用外币分账制记账方法，还是采用外币统账制记账方法，产生的结果都相同，即计算出的汇兑差额相同；相应的会计处理也相同，即均计入当期损益。两种记账方法只是账务处理的程序不同。

## 三、外币交易的会计处理

外币是企业记账本位币以外的货币。外币交易是企业发生以外币计价或者结算的交易，包括：

（1）买入或者卖出以外币计价的商品或者劳务，例如，以人民币为记账本位币的国内A公司向国外B公司销售商品，货款以美元结算；A公司购买S公司发行的H股股票；A公司从境外以美元购买固定资产或生产用原材料等。

（2）借入或者借出外币资金，例如，以人民币为记账本位币的甲公司从中国银行借入欧元；经批准向海外发行美元债券等。

（3）其他以外币计价或者结算的交易，指除上述（1）、（2）外，以记账本位币以外的货币计价或结算的其他交易。例如，接受外币现金捐赠等。

### （一）初始确认

企业发生外币交易的，应在初始确认时采用交易日的即期汇率或即期汇率的近似汇率将外币金额折算为记账本位币金额。这里的即期汇率可以是外汇牌价的买入价或卖出价，也可以是中间价，在与银行不进行货币兑换的情况下，一般以中间价作为即期汇率。

【例2-2】甲股份有限公司的记账本位币为人民币，外币交易采用交易日的即期汇率折算。2020年3月3日，甲股份有限公司从境外R公司购入不需要安装的设备一台，设备价款为250 000美元，购入该设备当日的即期汇率为1美元＝6.95元人民币，适用的增值税率为13%，款项尚未支付，增值税以银行存款支付。

有关会计分录如下：

借：固定资产——机器设备　　　　　　　　　　（250 000×6.95）1 737 500
　　应交税费——应交增值税（进项税额）　　　　　　　　　　　　225 875
　　贷：应付账款——丙公司（美元）　　　　　　　　　　　　　　1 737 500
　　　　银行存款　　　　　　　　　　　　　　　　　　　　　　　　225 875

企业收到投资者以外币投入的资本，无论是否有合同约定汇率，均不采用合同约定汇率和即期汇率的近似汇率折算，而是采用交易日即期汇率折算，这样，外币投入资本与相应的货币性项目的记账本位币金额相等，不产生外币资本折算差额。

【例2-3】乙有限责任公司以人民币为记账本位币，2019年6月1日，乙公司与美国M公司签订投资合同，M公司将向乙公司出资2 000 000美元，占乙公司注册资本的25%；M公司的出资款将在合同签订后一年内分两次汇到乙公司账上；合同约定汇率为1美元＝6.5元人民币。2019年9月10日，乙公司收到M公司汇来的第一期出资款，当日的即期汇率为1美元＝7.1元人民币。

有关会计分录如下：

借：银行存款——美元　　　　　　　　　　　　　　（1 000 000×7.1）7 100 000
　　贷：实收资本　　　　　　　　　　　　　　　　　　　　　　　　　7 100 000

2020年5月25日，乙公司收到M公司汇来的第二期出资款，当日的即期汇率为1美元=7.12元人民币。

有关会计分录如下：

借：银行存款——美元　　　　　　　　　　　　　　（1 000 000×7.12）7 120 000
　　贷：实收资本　　　　　　　　　　　　　　　　　　　　　　　　　7 120 000

**【例2-4】** 丙股份有限公司以人民币为记账本位币，外币交易采用交易日的即期汇率折算。2020年6月1日，丙公司到银行将50 000美元兑换为人民币，银行当日的美元买入价为1美元=7.11元人民币，中间价为1美元=7.13元人民币。

本例中，企业与银行发生货币兑换，兑换所用汇率为银行的买入价，而通常记账所用的即期汇率为中间价，由于汇率变动而产生的汇兑差额计入当期财务费用。

有关会计分录如下：

借：银行存款——人民币　　　　　　　　　　　　　（50 000×7.11）355 500
　　财务费用——汇兑差额　　　　　　　　　　　　　　　　　　　　　　1 000
　　贷：银行存款——美元　　　　　　　　　　　　　（50 000×7.13）356 500

### （二）期末调整或结算

期末，企业应当分外币货币性项目和外币非货币性项目进行处理。

#### 1. 货币性项目

货币性项目是企业持有的货币和将以固定或可确定金额的货币收取的资产或者偿付的负债。货币性项目分为货币性资产和货币性负债，货币性资产包括现金、银行存款、应收账款、其他应收款、长期应收款等，货币性负债包括短期借款、应付账款、其他应付款、应付债券、长期借款、长期应付款等。

期末或结算货币性项目时，应以当日即期汇率折算外币货币性项目，该项目因当日即期汇率不同于该项目初始入账时或前一期末即期汇率而产生的汇兑差额计入当期损益。

企业为购建或生产符合资本化条件的资产而借入的专门借款为外币借款时，在借款费用资本化期间，由于外币借款在取得日、使用日及结算日的汇率不同而产生的汇兑差额，应当予以资本化，计入相关资产成本。

**【例2-5】** 国内丁公司的记账本位币为人民币。2019年1月1日，为建造某固定资产专门借入长期借款200万美元，期限为2年，年利率为5%，每年年初支付利息，到期还本。2019年1月1日的即期汇率为1美元=6.86元人民币，2019年12月31日的即期汇率为1美元=6.98元人民币。假定不考虑相关税费的影响。

2019年12月31日，该公司计提当年利息应作以下会计分录：

借：在建工程　　　　　　　　　　　　　　　（2 000 000×5%×6.98）698 000
　　贷：应付利息——美元　　　　　　　　　　　　　　　　　　　　　698 000

2019年12月31日，该公司美元借款本金由于汇率变动产生的汇兑差额应作以下会计分录：

借：在建工程　　　　　　　　　　　　［2 000 000×（6.98－6.86）］240 000
　　贷：长期借款——美元　　　　　　　　　　　　　　　　　　　　240 000

2020年1月1日，该公司支付2019年利息，该利息由于汇率变动产生的汇兑差额应当予以资本化，计入在建工程成本。2020年1月1日的即期汇率为1美元＝6.97元人民币，相应的会计分录为：

借：应付利息——美元　　　　　　　　　　　　　　　　　　　　　698 000
　　贷：银行存款　　　　　　　　　　　　　　　　　　　　　　　　697 000
　　　　在建工程　　　　　　　　　　　　［2 000 000×5%×（6.97－6.98）］1 000

### 2. 非货币性项目

非货币性项目是货币性项目以外的项目，如预付账款、预收账款、存货、长期股权投资、交易性金融资产（股票、基金）、固定资产、无形资产等。

（1）对于以历史成本计量的外币非货币性项目，已在交易发生日按当日即期汇率折算的，资产负债表日不应改变其原记账本位币金额，不产生汇兑差额。

（2）对于以成本与可变现净值孰低计量的存货，如果其可变现净值以外币确定的，则在确定存货的期末价值时，应先将可变现净值折算为记账本位币，再与以记账本位币反映的存货成本进行比较。

**【例2-6】** 国内P上市公司以人民币为记账本位币。2019年11月2日，P公司从英国W公司采购国内市场尚无的A商品10 000件，每件价格为1 000英镑，当日即期汇率为1英镑＝9.1元人民币。2019年12月31日，尚有1 000件A商品未销售出去，国内市场仍无A商品供应，A商品在国际市场的价格降至900英镑。12月31日的即期汇率是1英镑＝9.15元人民币。假定不考虑相关税费。

本例中，由于存货在资产负债表日采用成本与可变现净值孰低计量，因此，在以外币购入存货并且该存货在资产负债表日确定的可变现净值以外币反映时，计提存货跌价准备时应当考虑汇率变动的影响。因此，该公司应作会计分录如下：

2019年11月2日，购入A商品：

借：库存商品——A　　　　　　　　　　　　（10 000×1 000×9.1）91 000 000
　　贷：银行存款——英镑　　　　　　　　　　　　　　　　　　　　91 000 000

2019年12月31日，计提存货跌价准备：

借：资产减值损失　　　　　　　（1 000×1 000×9.1－1 000×900×9.15）865 000
　　贷：存货跌价准备　　　　　　　　　　　　　　　　　　　　　　865 000

（3）对于以公允价值计量的股票、基金等非货币性项目，如果期末的公允价值以外币反映，则应当先将该外币按照公允价值确定当日的即期汇率折算为记账本位币金额，再与原记账本位币金额进行比较,其差额作为公允价值变动损益,计入当期损益。

【例 2-7】 国内甲公司的记账本位币为人民币。2019 年 9 月 10 日,甲公司以每股 1.5 美元的价格购入乙公司 B 股 10 000 股作为交易性金融资产,当日汇率为 1 美元 = 7.08 元人民币,款项已付。2019 年 12 月 31 日,由于市价变动,购入的乙公司 B 股的市价变为每股 1 美元,当日汇率为 1 美元 = 6.98 元人民币。假定不考虑相关税费的影响。

2019 年 9 月 10 日,该公司对上述交易应作以下处理:

借:交易性金融资产　　　　　　　　　　　（1.5 × 10 000 × 7.08）106 200
　　贷:银行存款——美元　　　　　　　　　　　　　　　　　　　106 200

根据《企业会计准则第 22 号——金融工具确认和计量》,交易性金融资产以公允价值计量。由于该项交易性金融资产是以外币计价,所以在资产负债表日不仅要考虑股票市价的变动,还应一并考虑美元与人民币之间汇率变动的影响,上述交易性金融资产在资产负债表日的人民币金额为 69 800 元（1 × 10 000 × 6.98 = 69 800）,与原账面价值 106 200 元的差额为 -36 400 元人民币,作为公允价值变动损益计入当期损益。相应的会计分录为:

借:公允价值变动损益　　　　　　　　　　　　　　　　　　　36 400
　　贷:交易性金融资产　　　　　　　　　　　　　　　　　　　36 400

36 400 元人民币既包含了甲公司所购乙公司 B 股股票公允价值变动的影响,又包含了人民币与美元之间汇率变动的影响。

2020 年 1 月 10 日,甲公司将所购乙公司 B 股股票按当日市价每股 1.2 美元全部售出,所得价款为 12 000 美元,按当日汇率 1 美元 = 6.93 元人民币折算为人民币 83 160 元,与其原账面价值人民币金额 69 800 元的差额为 13 360 元,对于汇率的变动和股票市价的变动不进行区分,均作为投资收益进行处理。因此,售出当日,甲公司应作会计分录如下:

借:银行存款——美元　　　　　　　　　　　（1.2 × 10 000 × 6.93）83 160
　　贷:交易性金融资产　　　　　　　　　　　　　　　　　　　69 800
　　　　投资收益　　　　　　　　　　　　　　　　　　　　　　13 360

（4）以公允价值计量且其变动计入其他综合收益的外币货币性金融资产形成的汇兑差额,应当计入当期损益;外币非货币性金融资产形成的汇兑差额,与其公允价值变动一并计入其他综合收益。但是,采用实际利率法计算的金融资产的外币利息产生的汇兑差额,应当计入当期损益,非交易性权益工具投资的外币现金股利产生的汇兑差额,应当计入当期损益。

【例 2-8】 国内甲公司的记账本位币为人民币。2019 年 2 月 10 日,甲公司以每股 15 港元的价格购入乙公司 H 股 10 000 股作为以公允价值计量且其变动计入其他综合收益的金融资产,当日汇率为 1 港元 = 0.85 元人民币,款项已付。2019 年 12 月 31 日,由于市价变动,购入的乙公司 H 股的市价变为每股 18 港元,当日汇率为 1 港元 = 0.9 元人民币。假定不考虑相关税费的影响。

2019 年 2 月 10 日,该公司对上述交易应作以下处理:

借:其他权益工具投资　　　　　　　　　　　　　　（15×10 000×0.85）127 500
　　贷:银行存款——港元　　　　　　　　　　　　　　　　　　　　　127 500

根据《企业会计准则第 22 号——金融工具确认和计量》,以公允价值计量且其变动计入其他综合收益的金融资产,公允价值变动形成的利得或损失,除减值损失和外币货币性金融资产形成的汇兑差额外,应当直接计入其他综合收益,在该金融资产终止确认时转出,计入当期损益。由于该项金融资产是以外币计价,所以在资产负债表日不仅应考虑股票市价的变动,还应一并考虑港元与人民币之间汇率变动的影响,上述金融资产在资产负债表日的人民币金额为 162 000 元（18×10 000×0.9=162 000）,与原账面价值 127 500 元的差额为 34 500 元,计入其他综合收益。相应的会计分录为:

借:其他权益工具投资　　　　　　　　　　　　　　　　　　　　　34 500
　　贷:其他综合收益　　　　　　　　　　　　　　　　　　　　　　34 500

34 500 元既包含甲公司所购乙公司 H 股股票公允价值变动的影响,也包含人民币与港元之间汇率变动的影响。

## 第三节　外币财务报表折算

在将企业的境外经营通过合并、权益法核算等纳入企业的财务报表时,需要将企业境外经营的财务报表折算为以企业记账本位币反映的财务报表,这一过程就是外币财务报表的折算。

### 一、境外经营财务报表的折算

#### （一）外币财务报表的折算方法

对外币财务报表的折算,常见的方法一般有四种:流动和非流动法、货币性与非货币性法、时态法和现行汇率法。

**1. 流动和非流动法**

流动和非流动法即境外经营的资产负债表中的流动资产和流动负债项目按资产负债表日的现时汇率折算,非流动资产和非流动负债及实收资本等项目按取得时的历史汇率折算,留存收益项目为依资产负债表的平衡原理轧差计算而得。利润表上折旧与摊销费用按相应资产取得时的历史汇率折算,其他收入和费用项目按报告期的平均汇率折算,销货成本根据"期初存货+本期购货-期末存货"的关系确定。形成的折算损失,计入报告企业的合并损益中,形成的折算收益,已实现部分予以确认,未实现部分,须予递延,以抵销以后期间形成的损失。此方法的优点在于能够反映境外经营的营运资金的报告货币等值,不改变境外经营的流动性。缺点有两个:一是流动性与非流动性的划分与汇率的变动无关;二是对折算结果的处理,掩盖了汇率变动对合并净收益的影响,平滑了各期收益,与实际情况不符。

### 2. 货币性与非货币性法

货币性与非货币性法即货币性资产与负债按期末现时汇率折算，非货币性资产与负债按历史汇率折算。本方法的优点在于货币性与非货币性的分类恰当地考虑了汇率变动对资产和负债的影响，改正了流动性与非流动性法的缺点。缺点在于仍然是用分类来解决外币报表的折算，而没有考虑会计计量问题，结果使得有些项目分类未必与所选的汇率相关，如存货项目，根据此方法属非货币性项目，应采用历史汇率折算，但当存货采用成本与市价孰低计量时，对以市价计量的存货采用历史汇率折算显然不合适。

### 3. 时态法

时态法即资产负债表各项目以过去价值计量的，采用历史汇率，以现在价值计量的，采用现时汇率，产生的折算损益应计入当年的合并净收益。利润表各项目的折算与流动性与非流动性法下利润表的折算相同。此方法不仅考虑了会计计量基础，而且改正了上述货币性与非货币性法的缺点。但是，此方法是从报告企业的角度考虑问题，境外的子公司、分支机构等均被认为是报告企业经营活动在境外的延伸，与报告企业本身的外币交易原则相一致（有人将这一观点称为母公司货币观），这样，实际上却忽视了境外经营作为相对独立的实体的情况。另外，按此方法对外币报表进行折算，由于各项目使用的折算汇率不同，因而产生的折算结果不可能保持外币报表在折算前的原有比率关系。

### 4. 现行汇率法

现行汇率法即资产和负债项目均应按现时汇率折算，实收资本按历史汇率折算，利润表各项目按当期（年）平均汇率折算，产生的折算损益作为所有者权益的一个单独项目予以列示。这一折算方法考虑了境外经营作为相对独立的实体的情况（有人将这一观点称为子公司货币观），着重于汇率变动对报告企业在境外经营的投资净额的影响，境外经营的财务报表中原有的财务关系不因折算而改变，所改变的仅是其表现方式。该方法改正了时态法的缺点。但产生了另外的问题，即对所有的资产和负债均以现时汇率折算，若对以历史成本计价的固定资产等按现时汇率折算将显得不伦不类。

## （二）我国会计准则采用的折算方法

为与我国《企业会计准则第 33 号——合并财务报表》所采用的实体理论保持一致，我国外币折算基本采用了现行汇率法。

在对企业境外经营财务报表进行折算前，应当调整境外经营的会计期间和会计政策，使之与企业会计期间和会计政策相一致，根据调整后的会计政策及会计期间编制相应货币（记账本位币以外的货币）的财务报表，再按照以下方法进行折算。

（1）资产负债表中的资产和负债项目，采用资产负债表日的即期汇率折算，所有者权益项目除"未分配利润"项目外，其他项目均采用发生时的即期汇率折算。

（2）利润表中的收入和费用项目，采用交易发生日的即期汇率或即期汇率的近似汇率折算。

（3）产生的外币财务报表折算差额，在编制合并财务报表时，应在合并资产负债表中"其他综合收益"项目列示。

比较财务报表的折算比照上述规定处理。

**【例 2-9】** 国内甲公司的记账本位币为人民币，该公司在境外有一子公司乙公司，乙公司确定的记账本位币为美元。甲公司拥有乙公司 70%的股权，能够控制乙公司。甲公司采用当期平均汇率折算乙公司利润表项目。乙公司的有关资料如下：

2019 年 12 月 31 日的汇率为 1 美元＝6.9 元人民币，2019 年的平均汇率为 1 美元＝6.8 元人民币，实收资本、资本公积发生日的即期汇率为 1 美元＝7 元人民币，2019 年 12 月 31 日的股本为 500 万美元，折算为人民币 3 500 万元；累计盈余公积为 50 万美元，折算为人民币 345 万元，累计未分配利润为 120 万美元，折算为人民币 835 万元，甲、乙公司均在年末提取盈余公积，乙公司当年提取的盈余公积为 70 万美元。

财务报表折算过程见表 2-1、表 2-2 和表 2-3。

表 2-1 利润表

2019 年度 单位：万元

| 项目 | 期末数（美元） | 折算汇率 | 折算为人民币金额 |
|---|---|---|---|
| 一、营业收入 | 2 000 | 6.8 | 13 600 |
| 减：营业成本 | 1 500 | 6.8 | 10 200 |
| 营业税金及附加 | 40 | 6.8 | 272 |
| 管理费用 | 100 | 6.8 | 680 |
| 财务费用 | 10 | 6.8 | 68 |
| 加：投资收益 | 30 | 6.8 | 204 |
| 二、营业利润 | 380 | — | 2 584 |
| 加：营业外收入 | 40 | 6.8 | 272 |
| 减：营业外支出 | 20 | 6.8 | 136 |
| 三、利润总额 | 400 | — | 2 720 |
| 减：所得税费用 | 120 | 6.8 | 816 |
| 四、净利润 | 280 | — | 1 904 |
| 五、其他综合收益 | | | |
| 六、综合收益总额 | | | |

表 2-2 所有者权益变动表

2019 年度 单位：万元

| 项目 | 实收资本 | | | 盈余公积 | | | 未分配利润 | | 其他综合收益 | 股东权益合计 |
|---|---|---|---|---|---|---|---|---|---|---|
| | 美元 | 折算汇率 | 人民币 | 美元 | 折算汇率 | 人民币 | 美元 | 人民币 | | 人民币 |
| 一、本年年初余额 | 500 | 7 | 3 500 | 50 | | 345 | 120 | 835 | | 4 680 |
| 二、本年增减变动金额 | | | | | | | | | | |

续表

| 项目 | 实收资本 | | | 盈余公积 | | | 未分配利润 | | 其他综合收益 | 股东权益合计 |
|---|---|---|---|---|---|---|---|---|---|---|
| | 美元 | 折算汇率 | 人民币 | 美元 | 折算汇率 | 人民币 | 美元 | 人民币 | 收益 | 人民币 |
| （一）净利润 | | | | | | | 280 | 1 904 | | 1 904 |
| （二）其他综合收益 | | | | | | | | | | −29 |
| 其中：外币报表折算差额 | | | | | | | | | −29 | −29 |
| （三）利润分配 | | | | | | | | | | |
| 提取盈余公积 | | | | 70 | 6.9 | 483 | −70 | −483 | | 0 |
| 三、本年年末余额 | 500 | 7 | 3 500 | 120 | | 828 | 330 | 2 256 | −29 | 6 555 |

当期计提的盈余公积采用当期平均汇率折算，期初盈余公积为以前年度计提的盈余公积，按相应年度平均汇率折算后金额的累计，期初未分配利润记账本位币金额为以前年度未分配利润记账本位币金额的累计。

**表 2-3　资产负债表**

2019 年 12 月 31 日　　　　　　　　　　　　　　　　单位：万元

| 资产 | 期末数 | 折算汇率 | 折算为人民币金额 | 负债和股东权益 | 期末数 | 折算汇率 | 折算为人民币金额 |
|---|---|---|---|---|---|---|---|
| 货币资金 | 190 | 6.9 | 1 311 | 短期借款 | 50 | 6.9 | 345 |
| 应收账款 | 190 | 6.9 | 1 311 | 应付账款 | 280 | 6.9 | 1 932 |
| 存货 | 240 | 6.9 | 1 656 | 其他流动负债 | 110 | 6.9 | 759 |
| 其他流动资产 | 200 | 6.9 | 1 380 | **流动负债合计** | 440 | — | 3 036 |
| **流动资产合计** | 820 | — | 5 658 | 长期借款 | 140 | 6.9 | 966 |
| 长期应收款 | 120 | 6.9 | 828 | 应付债券 | 80 | 6.9 | 552 |
| 固定资产 | 550 | 6.9 | 3 795 | 其他非流动负债 | 90 | 6.9 | 621 |
| 在建工程 | 80 | 6.9 | 552 | **非流动负债合计** | 310 | — | 2 139 |
| 无形资产 | 100 | 6.9 | 690 | **负债合计** | 750 | — | 5 175 |
| 其他非流动资产 | 30 | 6.9 | 207 | 股本 | 500 | 7 | 3 500 |
| **非流动资产合计** | 880 | — | 6 072 | 盈余公积 | 120 | | 828 |
| | | | | 未分配利润 | 330 | | 2 256 |
| | | | | 外币报表折算差额 | | | −29 |
| | | | | **股东权益合计** | 950 | | 6 555 |
| **资产合计** | 1 700 | | 11 730 | **负债及股东权益合计** | 1 700 | | 11 730 |

外币报表折算差额为以记账本位币反映的净资产减去以记账本位币反映的实收资本、资本公积、累计盈余公积及累计未分配利润后的余额。

### （三）特殊项目的处理

（1）少数股东应分担的外币报表折算差额。在企业境外经营为其子公司的情况下，企业在编制合并财务报表时，应按少数股东在境外经营所有者权益中所享有的份额计算少数股东应分担的外币报表折算差额，并将少数股东权益列示于合并资产负债表。

（2）实质上构成对境外经营净投资的外币货币性项目产生的汇兑差额的处理。在母公司含有实质上构成对子公司（境外经营）净投资的外币货币性项目的情况下，在编制合并财务报表时，应分以下两种情况编制抵销分录：

①实质上构成对子公司净投资的外币货币性项目以母公司或子公司的记账本位币反映的，则应在抵销长期应收应付项目的同时，将其产生的汇兑差额转入"其他综合收益"项目。即借记或贷记"财务费用——汇兑差额"项目、贷记或借记"其他综合收益"项目。

②实质上构成对子公司净投资的外币货币性项目以母、子公司的记账本位币以外的货币反映的，则应将母、子公司此项外币货币性项目产生的汇兑差额相互抵销，差额转入"其他综合收益"项目。

如果合并财务报表中各子公司之间也存在实质上构成对另一子公司（境外经营）净投资的外币货币性项目，在编制合并财务报表时应比照上述方法编制相应的抵销分录。

## 二、境外经营的处置

企业可能通过出售、清算、返还股本或放弃全部或部分权益等方式处置其在境外经营中的利益。在境外经营为子公司的情况下，企业处置境外经营应当按照合并财务报表处置子公司的原则进行相应的会计处理。在包含境外经营的财务报表中，将已列入其他综合收益的外币报表折算差额中与该境外经营相关部分，自所有者权益项目中转入当期损益；如果是部分处置境外经营，应当按处置的比例计算处置部分的外币报表折算差额，转入处置当期损益；处置的境外经营为子公司的，将已列入其他综合收益的外币报表折算差额中归属于少数股东的部分，视全部处置或部分处置分别予以终止确认或转入少数股东权益。

### 思考题

1. 什么是记账本位币？如何确定企业的记账本位币？
2. 什么是汇率、即期汇率、即期汇率的近似汇率？
3. 什么是汇兑损益？它是如何产生的？
4. 企业外币交易的主要内容有哪些？
5. 什么是外币报表折算？什么是外币报表折算的现行汇率法？

拓展阅读　　　即测即练

# 第三章 债务重组

【学习目标】

1. 理解债务重组的基本概述和债务重组的方式。
2. 掌握各种债务重组方式下债务方和债权方的会计处理方法。
3. 了解债务重组会计信息的披露要求。

案例引导：三九集团债务重组之路

## 第一节 债务重组的性质及重组方式

### 一、债务重组的性质

在市场经济条件下，竞争日趋激烈，企业为此需要不断地根据环境的变化，调整经营策略，防范和控制经营及财务风险，促进企业高质量发展。企业可以根据内外部环境的变化，变更债权、债务的结算方式，债务重组业务应运而生。

债务重组涉及债权人和债务人，对债权人而言为"债权重组"，对债务人而言为"债务重组"，为了便于表述统称为"债务重组"。债务重组是指在不改变交易对手方的情况下，经债权人和债务人协定或法院裁定，就清偿债务的时间、金额或方式等重新达成协议的交易。债务重组涉及的债权和债务是指《企业会计准则第22号——金融工具确认和计量》规范的金融工具，不包括合同资产、合同负债、预计负债，但包括租赁应收款和租赁应付款。债务重组不强调在债务人发生财务困难的背景下进行，也不论债权人是否作出让步。即不论何种原因导致债务人未按照原定合同条款偿还债务，也不论债务人以低于、高于或等于债务的金额偿还债务，只要债权人和债务人就债务条款重新达成了协议，均属于债务重组。

### 二、债务重组的方式

债务重组主要有以下四种方式。

#### （一）债务人以资产清偿债务

债务人以资产清偿债务是指债务人转让其资产给债权人以清偿债务的债务重组方式。债务人通常用于偿债的资产主要有：现金、应收账款、存货、长期股权投资、投资性房地产、固定资产、在建工程、生物资产、无形资产。除上述已经在债务人资产负债表中确认的资产外，债务人也可以以不符合确认条件而未予确认的资产清偿债务。例如，债务人以未确认的内部产生的品牌清偿债务。在少数情况下，债务人还可能以处置组（即一组资产和与这些资产直接相关的负债）清偿债务。

### （二）债务人将债务转为权益工具

债务人将债务转为权益工具是指债务人将债务转为资本，同时债权人将债权转为股权的债务重组方式。债务转为资本时，对股份有限公司而言是将债务转为股本；对其他类型企业而言，是将债务转为实收资本。债务转为资本的结果是，债务人因此而增加股本（或实收资本），债权人因此而增加股权。实务中，有些债务重组名义上采用"债转股"的方式，但实质上不属于债务人将债务转为权益工具的债务重组方式。例如，债转股协议中约定债务人在未来某个时点有义务以某一金额回购股权，或债权人持有的股份享有强制分红权等；再如，债权人、债务人还可能协议以一项同时包含金融负债成分和权益工具成分的复合金融工具替换原债权债务。这些交易都不属于债务人将债务转为权益工具的债务重组。

### （三）修改其他条款

修改其他条款是指债务人不以资产清偿债务，也不将债务转为权益工具，而是采用调整债务本金、改变债务利息、变更还款期限等方式修改债权和债务的其他条款，形成重组债权和重组债务。

### （四）组合方式

组合方式是以上三种方式的组合，是指采用以上三种方式共同清偿债务的债务重组方式。主要包括以下可能的方式：

（1）债务的一部分以资产清偿，另一部分则转为权益工具；
（2）债务的一部分以资产清偿，另一部分则修改其他条款；
（3）债务的一部分转为权益工具，另一部分则修改其他条款；
（4）债务的一部分以资产清偿，一部分转为权益工具，另一部分则修改其他条款。

## 第二节 债务重组的会计处理

### 一、以资产清偿债务

在债务重组中，以资产清偿债务的，因资产类别不同，其会计处理也略有不同，可以分为以金融资产清偿债务和以非金融资产清偿债务两种情况。

#### （一）以金融资产清偿债务

**1. 债务人会计处理**

债务人以金融资产清偿债务的，应当将重组债务的账面价值与偿债金融资产账面价值之间的差额，计入"投资收益"科目。偿债金融资产已计提减值准备的，应结转已计提的减值准备。对于以分类为以公允价值计量且其变动计入其他综合收益的债务工具投资清偿债务的,之前计入其他综合收益的累计利得或损失应当从其他综合收益中转出,记入"投资收益"科目。对于以指定为以公允价值计量且其变动计入其他综合收益的非交易性投资工具投资清偿债务的,之前计入其他综合收益的累计利得或损失应当从其他综合收益中转出,计入"盈余公积""利润分配——未分配利润"等科目。

**2. 债权人会计处理**

债权人受让包括现金在内的单项或多项金融资产的,金融资产初始确认时应当以其公允价值计量。金融资产确认金额与债权终止确认日账面价值之间的差额,计入"投资收益"科目。

**【例 3-1】** 为及时履行债务人法定偿债义务,促进债务人、债权人高质量发展,乙公司 2×23 年 3 月 1 日就应收甲公司的债权 200 万元进行债务重组。双方约定,由甲公司以持有的 A 公司的股票抵债,甲公司将其按照交易性金融资产核算,债务重组当天该股票投资的账面余额为 120 万元,公允价值为 160 万元,乙公司已计提坏账准备 18 万元,此应收账款债务重组当日的公允价值为 170 万元,乙公司取得 A 公司股票后定义为其他权益工具投资。假定不考虑相关税费。

(1)债务人(甲公司)的会计处理。
①确认债务重组损益:

| | |
|---|---:|
| 应付账款账面价值 | 2 000 000 |
| 减:偿债交易性金融资产账面价值 | 1 200 000 |
| 债务重组收益 | 800 000 |

②编制会计分录:

| | | |
|---|---:|---:|
| 借:应付账款 | 2 000 000 | |
|     贷:交易性金融资产 | | 1 200 000 |
|         投资收益 | | 800 000 |

(2)债权人(乙公司)的会计处理。
①确认金融资产入账成本:
乙公司按照 2×23 年 3 月 1 日该金融资产的公允价值 1 600 000 元确认其他权益工具投资。

②确认债务重组损益:

| | |
|---|---:|
| 应收账款账面余额 | 2 000 000 |
| 减:已计提坏账准备 | 180 000 |
| 应收账款账面价值 | 1 820 000 |
| 减:受让金融资产入账成本 | 1 600 000 |
| 债务重组损失 | 220 000 |

③编制会计分录:

借：其他权益工具投资　　　　　　　　　　　　　　　1 600 000
　　坏账准备　　　　　　　　　　　　　　　　　　　　180 000
　　投资收益　　　　　　　　　　　　　　　　　　　　220 000
　　贷：应收账款　　　　　　　　　　　　　　　　　　　　2 000 000

### （二）以非金融资产清偿债务

**1. 债务人会计处理**

债务人以单项或多项非金融资产清偿债务，或者以包括金融资产和非金融资产在内的多项资产清偿债务的，无须区分资产处置损益和债务重组损益，也无须区分不同资产的处置损益，而应将所清偿债务账面价值与转让资产账面价值之间的差额，计入"其他收益——债务重组收益"科目。偿债资产已计提减值准备的，应结转已计提的减值准备。由于债务重组不属于企业的日常活动，债务重组中债务人以其产出的商品或服务清偿债务的，不应按照收入准则确认为商品或服务的销售处理，应当将所清偿债务账面价值与存货等相关资产账面价值之间的差额，计入"其他收益——债务重组收益"科目。

**2. 债权人会计处理**

债权人初始确认受让的金融资产以外的资产时，应当按照表 3-1 列示的原则以成本计量。放弃债权的公允价值与账面价值之间的差额，计入"投资收益"科目。

**表 3-1　债权人受让非金融资产成本计量原则**

| 受让资产类型 | 受让非金融资产的入账成本 |
| --- | --- |
| 存货 | 包括放弃债权的公允价值和使该资产达到当前位置和状态所发生的可直接归属于该资产的税金、运输费、装卸费、保险费等其他成本 |
| 对联营企业或合营企业投资 | 包括放弃债权的公允价值和可直接归属于该资产的税金等其他成本 |
| 投资性房地产 | 包括放弃债权的公允价值和可直接归属于该资产的税金等其他成本 |
| 固定资产 | 包括放弃债权的公允价值和使该资产达到预定可使用状态前所发生的可直接归属于该资产的税金、运输费、装卸费、安装费、专业人员服务费等其他成本 |
| 生物资产 | 包括放弃债权的公允价值和可直接归属于该资产的税金、运输费、保险费等其他成本 |
| 无形资产 | 包括放弃债权的公允价值和可直接归属于该资产达到预定用途所发生的税金等其他成本 |

债权人受让包括金融资产、非金融资产在内的多项资产的，应当按照《企业会计准则第 22 号——金融工具确认和计量》的规定确认和计量受让的金融资产；按照受让的金融资产以外的各项资产在债务重组合同生效日的公允价值比例，对放弃债权在合同生效日的公允价值扣除受让金融资产当日公允价值后的净额进行分配，并以此为基础分别确定各项受让非金融资产的成本。放弃债权的公允价值与账面价值之间的差额，计入"投资收益"科目。

**【例 3-2】** B 公司应收 A 公司材料款 800 万元，因 A 公司发生财务困难到期未予偿付，

B公司已就该项债权计提了160万元的坏账准备。2×23年6月10日,双方签订协议,约定以A公司生产的100件X产品抵偿该债务。A公司X产品市场售价为5.2万元/件(不含增值税),成本为4万元/件;6月20日,A公司将抵债的X产品运抵B公司并向B公司开具了增值税专用发票。B公司将取得的X产品当作存货。A、B公司均为增值税一般纳税人,适用的增值税税率均为13%。此应收账款在2×23年6月20日的公允价值为760万元。

(1)债务人(A公司)的会计处理。

①确认债务重组损益:

| | |
|---|---:|
| 应付账款账面价值 | 8 000 000 |
| 减:偿债X产品的账面价值 | (100×40 000)4 000 000 |
| 偿债X产品销项税 | (100×52 000×13%)676 000 |
| 债务重组收益 | 3 324 000 |

②编制会计分录:

| | |
|---|---:|
| 借:应付账款 | 8 000 000 |
|   贷:库存商品 | 4 000 000 |
|     应交税费——应交增值税(销项税额) | 676 000 |
|     其他收益——债务重组收益 | 3 324 000 |

(2)债权人(B公司)的会计处理。

①确认受让非金融资产入账成本:

| | |
|---|---:|
| 放弃债权的公允价值 | 7 600 000 |
| 减:受让X产品进项税 | 676 000 |
|   受让X产品入账成本 | 6 924 000 |

②确认债务重组损益:

| | |
|---|---:|
| 应收账款账面余额 | 8 000 000 |
| 减:已计提坏账准备 | 1 600 000 |
|   应收账款账面价值 | 6 400 000 |
| 减:受让非金融资产入账成本 | 6 924 000 |
|   受让非金融资产进项税 | 676 000 |
|   债务重组收益 | 1 200 000 |

③编制会计分录:

| | |
|---|---:|
| 借:库存商品 | 6 924 000 |
|   应交税费——应交增值税(进项税额) | 676 000 |
|   坏账准备 | 1 600 000 |
|   贷:应收账款 | 8 000 000 |
|     投资收益 | 1 200 000 |

## 二、债务转为权益工具

### (一)债务人会计处理

债务人将债务转为权益工具的,初始确认权益工具时,应当按照权益工具的公允价值计量,权益工具的公允价值不能可靠计量的,应当按照所清偿债务的公允价值计量。所清偿债务账面价值与权益工具确认金额之间的差额,记入"投资收益"科目。债务人因发行权益工具而支出的相关税费等,应当依次冲减资本溢价、盈余公积、未分配利润等项目。

### (二)债权人会计处理

对债权人而言,获得债务人股份比例达不到重大影响的,参照受让金融资产的会计处理;达到了重大影响或者共同控制的,参照受让非金融资产的会计处理;形成企业合并的,参照合并的相关准则进行处理。

【例3-3】 甲公司和乙公司均为股份有限公司,2×23年7月15日,甲公司从乙公司购买一批原材料,约定3个月后结清货款400万元(假定无重大融资成分)。乙公司将该应收款项分类为以公允价值计量且其变动计入当期损益的金融资产,甲公司将该应付款项分类为以摊余成本计量的金融负债。2×23年10月15日,甲公司因无法支付货款与乙公司协商进行债务重组,商定乙公司将该债权转为对甲公司的股权投资。12月25日,乙公司办理完成了对甲公司的增资手续,甲公司和乙公司分别支付手续费等相关费用6万元和4.8万元。债转股后甲公司总股本为400万元,乙公司持有的抵债股权占甲公司总股本的25%,对甲公司具有重大影响,甲公司股权公允价值不能可靠计量。

2×23年9月30日,应收款项和应付款项的公允价值均为340万元。

2×23年10月15日,应收款项和应付款项的公允价值均为304万元。

2×23年12月25日,应收款项和应付款项的公允价值仍为304万元。

(1)债务人(甲公司)的会计处理。

①初始确认权益工具:

由于甲公司股权的公允价值不能可靠计量,应当按照所清偿债务的公允价值304万元计量权益工具。应确认股本为400万元的25%,即100万元;其余204万元为资本溢价。甲公司发生的手续费为6万元,应冲减资本溢价,资本溢价最终应为198万元。

②确认债务重组损益:

| | |
|---|---:|
| 应付账款账面价值 | 4 000 000 |
| 减:权益工具确认金额 | 3 040 000 |
| 　　债务重组收益 | 960 000 |

③编制会计分录:

2×23年12月25日甲公司编制如下会计分录:

| | | |
|---|---:|---:|
| 借:应付账款 | 4 000 000 | |
| 　贷:股本 | | 1 000 000 |

| | |
|---|---:|
| 资本公积——股本溢价 | 1 980 000 |
| 银行存款 | 60 000 |
| 投资收益 | 960 000 |

（2）债权人（乙公司）的会计处理。

①确认受让债务人股权入账成本：

由于债转股后乙公司持有的甲公司的抵债股权占甲公司总股本的25%，对甲公司具有重大影响，且甲公司股权公允价值不能可靠计量，则乙公司应按照放弃债权的公允价值和可直接归属于该资产的税金等其他成本来确认甲公司股权的入账成本。

| | |
|---|---:|
| 2×23年12月25日放弃债权的公允价值 | 3 040 000 |
| 加：乙公司支付的手续费等相关费用 | 48 000 |
| 受让甲公司股权的入账成本 | 3 088 000 |

②确认债务重组损益：

| | |
|---|---:|
| 2×23年12月25日放弃债权的账面价值 | 3 040 000 |
| 加支付的手续费等相关费用 | 48 000 |
| 减：受让甲公司股权的入账成本 | 3 088 000 |
| 债务重组损益 | 0 |

③编制会计分录：

2×23年9月30日

| | |
|---|---:|
| 借：公允价值变动损益 | 600 000 |
| 　　贷：交易性金融资产——公允价值变动 | 600 000 |

2×23年10月15日

| | |
|---|---:|
| 借：公允价值变动损益 | 360 000 |
| 　　贷：交易性金融资产——公允价值变动 | 360 000 |

2×23年12月25日

| | |
|---|---:|
| 借：长期股权投资——甲公司 | 3 088 000 |
| 　　交易性金融资产——公允价值变动 | 960 000 |
| 　　贷：交易性金融资产——成本 | 4 000 000 |
| 　　　　银行存款 | 48 000 |

# 三、修改其他条款

## （一）债务人会计处理

采用修改其他条款方式进行债务重组的，债务人应当按照《企业会计准则第22号——金融工具确认和计量》和《企业会计准则第37号——金融工具列报》的规定，确认和计量重组债务。如果修改其他条款导致债务终止确认的，债务人应当按照公允价值计量重组债务，终止确认的债务账面价值与重组债务确认金额之间的差额，记入"投资收益"科目；

如果修改其他条款未导致债务终止确认的，或者仅导致部分债务终止确认的，对于未终止确认的部分债务，债务人应当根据其分类，继续以摊余成本、以公允价值计量且其变动计入当期损益或其他适当方法进行后续计量。其中对于以摊余成本计量的债务，债务人应当根据重新议定合同的现金流量变化情况，重新计算该重组债务的账面价值，并将相关损益记入"投资收益"科目。重新计算的该重组债务的账面价值，应当根据将重新议定或修改的合同现金流量按债务的原实际利率或按《企业会计准则第24号——套期会计》第二十三条规定的重新计算的实际利率（如适用）折现的现值确定。对于修改或重新议定合同所产生的成本或费用，债务人应当调整修改后的重组债务的账面价值，并在修改后重组债务的剩余期限内摊销。

### （二）债权人会计处理

采用修改其他条款方式进行债务重组的，债权人应当按照《企业会计准则第22号——金融工具确认和计量》的规定，确认和计量重组债权。如果修改其他条款导致全部债权终止确认的，债权人应当按照修改后的条款以公允价值初始计量新的金融资产，新的金融资产的确认金额与债权终止确认日账面价值之间的差额，记入"投资收益"科目；如果修改其他条款未导致债权终止确认的，债权人应当根据其分类，继续以摊余成本、以公允价值计量且其变动计入其他综合收益，或者以公允价值计量且其变动计入当期损益进行后续计量。其中对于以摊余成本计量的债权，债权人应当根据重新议定合同的现金流量变化情况，重新计算该重组债权的账面余额，并将相关利得或损失记入"投资收益"科目。重新计算的该重组债权的账面余额，应当根据将重新议定或修改的合同现金流量按债权原实际利率折现的现值确定，购买或源生的已发生信用减值的重组债权，应按经信用调整的实际利率折现。对于修改或重新议定合同所产生的成本或费用，债权人应当调整修改后的重组债权的账面价值，并在修改后重组债权的剩余期限内摊销。

## 四、组合方式

### （一）债务人会计处理

债务人债务重组采用组合方式进行的，对于权益工具，债务人应当在初始确认时按照权益工具的公允价值计量，权益工具的公允价值不能可靠计量的，应当按照所清偿债务的公允价值计量。对于修改其他条款形成的重组债务，债务人应当参照第三部分"修改其他条款"的内容，确认和计量重组债务。所清偿债务的账面价值与转让资产的账面价值以及权益工具和重组债务的确认金额之和的差额，记入"其他收益——债务重组收益"或"投资收益"（仅涉及金融工具偿债时）科目。另外，对于企业因破产重整而进行的债务重组交易，由于涉及破产重整的债务重组协议执行过程及结果存在重大不确定性，因此，企业通常应在破产重整协议履行完毕后确认债务重组收益，除非有确凿证据表明上述重大不确定性已经消除。

## （二）债权人会计处理

债权人债务重组采用组合方式进行的，一般可以认为对全部债权的合同条款作出了实质性修改，债权人应当按照修改后的条款，以公允价值初始计量新的金融资产和受让的新的金融资产，按照受让的金融资产以外的各项资产在债务重组合同生效日的公允价值比例，对放弃债权在合同生效日的公允价值扣除受让金融资产和重组债权当日公允价值后的净额进行分配，并以此为基础分别确定各项资产的成本。放弃债权的公允价值与账面价值之间的差额，记入"投资收益"科目。

【例3-4】2×22年8月31日，乙公司向甲公司销售一批钢材，价税合计为500万元，甲公司开出一张4个月到期、年利率为6%的商业承兑汇票。乙公司以摊余成本计量该应收款项，甲公司以摊余成本计量该项应付款项。2×22年12月31日，由于甲公司出现了严重的财务危机，无法偿还该票据的本金。当日，乙公司将无法按期收回的应收票据转到应收账款项目中核算，甲公司将该应付票据转到应付账款项目中核算。

2×23年1月1日，乙公司同意与甲公司就该项应收账款重新达成协议。甲公司将一台作为固定资产核算的机器设备转让给乙公司，用于抵偿债务中的100万元。该机器设备账面原值为120万元，累计折旧40万元，公允价值为100万元；甲公司向乙公司增发股票100万股，面值1元/股，占甲公司总股本的1.5%，用于抵偿部分债务200（100×2）万元，甲公司股票在2×23年1月1日的收盘价为2元/股；在甲公司履行上述偿债义务后，乙公司免除甲公司50万元债务，并将尚未偿还的150万元债务展期至2×23年12月31日，并按8%的年利率计息。如果甲公司未能履行利用固定资产偿还债务以及债转股这两项偿债义务，乙公司有权终止债务重组协议，尚未履行的债权调整承诺随之失效。

乙公司该应收账款于2×23年1月1日的公允价值为460万元，予以展期的应收账款的公允价值为150万元。已计提坏账准备30万元。2×23年2月27日，双方办理完成机器设备转让手续，乙公司将该设备作为固定资产核算。2×23年7月1日，双方办理完成股权转让手续，乙公司将该股权投资分类为以公允价值计量且其变动计入当期损益的金融资产，甲公司股票当日收盘价为2.01元/股。甲、乙公司适用的增值税税率均为13%。

（1）债务人（甲公司）的会计处理。

①2×23年2月27日会计处理：

因为2×23年2月27日甲公司履行了以固定资产清偿部分债务的义务，但没有完成协议中债转股的偿债要求，所以不能终止确认全部债务，暂时不能确认债务重组相关损益。

借：固定资产清理　　　　　　　　　　　　　　　800 000
　　累计折旧　　　　　　　　　　　　　　　　　400 000
　　　贷：固定资产　　　　　　　　　　　　　　　　　1 200 000
借：应付账款　　　　　　　　　　　　　　　　　930 000
　　贷：固定资产清理　　　　　　　　　　　　　　　　800 000
　　　　应交税费——应交增值税（销项税额）　　　　　130 000

②2×23年7月1日会计处理：

首先，明确2×23年7月1日，甲公司已履行了利用固定资产偿还债务以及债转股这两项偿债义务，该债务重组协议的不确定性于该日消除，债务人清偿该部分债务的现时义务已经解除，可以确认债务重组相关损益，并按照修改后的条款确认新的金融负债。

其次，通过对比重组债务（即未免除债务）未来现金流量现值与原债务的剩余期间现金流量（150万元本金）现值之间的差异是否超过10%，来判断未免除的150万元债务本金部分的合同条款的修改是否构成实质性修改。

未免除债务未来现金流量现值 = $150 \times (1+8\%)/(1+6\%) = 152.83$（万元）。

现金流变化 = $(152.83 - 150)/150 = 1.89\% < 10\%$。

因此，针对未免除的150万元债务本金部分的合同条款的修改不构成实质性修改，不终止确认该部分负债。

| | |
|---|---|
| 借：应付账款 | （5 000 000 - 800 000 - 130 000）4 070 000 |
| 　　贷：股本 | 1 000 000 |
| 　　　　资本公积 | （1 000 000×2.01 - 1 000 000）1 010 000 |
| 　　　　应付账款——债务重组 | 1 528 300 |
| 　　　　其他收益 | 531 700 |

（2）债权人（乙公司）的会计处理。

①2×23年2月27日会计处理：

由于2×23年2月27日甲公司未能全部履行债务重组协议中规定的义务，所以乙公司不能终止确认全部债权，暂时不能确认债务重组相关损益。由于该日已完成了机器设备的受让，应确认固定资产的入账成本。即固定资产成本 = 合同生效日（2×23年1月1日）放弃债权公允价值460 - 合同生效日（2×23年1月1日）受让甲公司股权公允价值200（100×2）- 合同生效日（2×23年1月1日）未免除重组债权公允价值150 - 受让固定资产增值税进项税额13 = 97（万元）

| | |
|---|---|
| 借：固定资产 | 970 000 |
| 　　应交税费——应交增值税（进项税额） | 130 000 |
| 　　贷：应收账款 | 1 100 000 |

②2×23年7月1日会计处理：

首先，明确2×23年7月1日，甲公司与乙公司以组合方式进行债务重组，可以认为对全部债权的合同条款做出了实质性修改，债权人在收取债权现金流量的合同权利终止时应当终止确认全部债权，即在2×23年7月1日该债务重组协议的执行过程和结果不确定性消除时，可以确认全部债务重组相关损益，并按照修改后的条款确认新的金融资产。

其次，计算债权人债务重组损益：

| | |
|---|---|
| 应收账款账面余额 | 5 000 000 |
| 减：已计提坏账准备 | 300 000 |
| 应收账款账面价值 | 4 700 000 |

| | | |
|---|---|---|
| 减：受让固定资产入账成本（2月27日已编分录） | | 970 000 |
| 　　受让固定资产进项税 | | 130 000 |
| 　　受让金融资产入账成本 | （1 000 000×2.01） | 2 010 000 |
| 　　未免除债务 | | 1 500 000 |
| 债务重组损失 | | 90 000 |
| 借：交易性金融资产 | | 2 010 000 |
| 　　应收账款——债务重组 | | 1 500 000 |
| 　　坏账准备 | | 300 000 |
| 　　投资收益 | | 90 000 |
| 　贷：应收账款 | （5 000 000－1 100 000） | 3 900 000 |

## 第三节　债务重组的信息披露

债务重组中涉及的债权、重组债权、债务、重组债务和其他金融工具的披露，应当按照《企业会计准则第37号——金融工具列报》的规定处理。此外，债权人和债务人还应当在附注中披露与债务重组有关的额外信息。

### 一、债权人债务重组信息披露

债权人应当在附注中披露与债务重组有关的下列信息：①根据债务重组方式，分组披露债权账面价值和债务重组相关损益。分组时，债权人可以按照以资产清偿债务方式、将债务转为权益工具方式、修改其他条款方式、组合方式的标准分组，也可以根据重要性原则以更细化的标准分组。②债务重组导致的对联营企业或合营企业的权益性投资增加额以及该投资占联营企业或合营企业股份总额的比例。

### 二、债务人债务重组信息披露

债务人应当在附注中披露与债务重组有关的下列信息：①根据债务重组方式，分组披露债务账面价值和债务重组相关损益。分组的标准与对债权人的要求类似。②债务重组导致的股本等所有者权益的增加额。

报表使用者可能关心与债务重组相关的其他信息，例如，债权人和债务人是否具有关联方关系；再如，如何确定债务转为权益工具方式中的权益工具以及修改其他条款方式中的重组债权或重组债务等的公允价值；又如，若存在与债务重组相关的或有关事项等，企业应当根据《企业会计准则第13号——或有事项》《企业会计准则第22号——金融工具确认和计量》《企业会计准则第36号——关联方披露》《企业会计准则第37号——金融工具列报》《企业会计准则第39号——公允价值计量》等准则规定，披露相关信息。

**思考题**

1. 《企业会计准则第2号——债务重组》是如何界定债务重组的？请对这种界定作出简要评价。

2. 你认为债务重组涉及的会计问题主要是什么？

3. 你认为企业会计准则允许债务方确认债务重组损益可能存在什么问题？

拓展阅读　　　即测即练

自学自测　扫描此码

# 第四章 或有事项

【学习目标】

1. 理解或有事项中可能形成的或有资产、或有负债。
2. 掌握或有事项的确认和计量，或有事项的具体应用。
3. 了解或有事项的列报。

案例引导：或有事项之判断

## 第一节 或有事项概述

### 一、或有事项的概念和特征

企业在经营活动中有时会面临一些具有较大不确定性的经济事项，这些不确定事项对企业的财务状况和经营成果可能会产生较大的影响，其最终结果须由某些未来事项的发生或不发生加以决定。比如，企业售出一批商品并对商品提供售后担保，承诺在商品发生质量问题时由企业无偿提供修理服务。销售商品并提供售后担保是企业过去发生的交易，由此形成的未来修理服务构成一项不确定事项，修理服务的费用是否会发生以及发生金额是多少将取决于未来是否发生修理请求以及修理工作量的大小、费用等。按照权责发生制原则，企业不能等到客户提出修理请求时，才确认因提供担保而发生的义务，而应当在资产负债表日对这一不确定事项作出判断，以决定是否在当期确认承担的修理义务。这种不确定事项在会计上被称为或有事项。

#### （一）或有事项的概念

或有事项，是指因企业过去的交易或者事项形成的，其结果须由某些未来事项的发生或不发生才能决定的不确定事项。常见的或有事项包括未决诉讼或未决仲裁、债务担保、产品质量保证（含产品安全保证）、亏损合同、重组义务、承诺、环境污染整治等。

#### （二）或有事项的特征

**1. 或有事项是因过去的交易或者事项形成的**

或有事项作为一种不确定事项，是因企业过去的交易或者事项形成的。因过去的交易或者事项形成，是指或有事项的现存状况是过去交易或者事项引起的客观存在。例如，未决诉讼是企业因过去的经济行为导致起诉其他单位或被其他单位起诉，是现存的一种状况，而不是未来将要发生的事项。又如，产品质量保证是企业对已售出商品或已提供劳务的质量提供的保证，不是为尚未出售商品或尚未提供劳务的质量提供的保证。基于这一特征，未来可能发生的自然灾害、交通事故、经营亏损等事项，都不属于或有事项。

**2. 或有事项的结果具有不确定性**

首先，或有事项的结果是否发生具有不确定性。例如，企业为其他单位提供债务担保，如果被担保方到期无力还款，担保方将负连带责任，担保所引起的可能发生的连带责任构成或有事项。但是，担保方在债务到期时是否一定承担和履行连带责任，需要根据被担保方能否按时还款决定，其结果在担保协议达成时具有不确定性。又如，有些未决诉讼，被起诉的一方是否会败诉，在案件审理过程中是难以确定的，需要根据法院判决情况加以确定。其次，或有事项的结果预计将会发生，但发生的具体时间或金额具有不确定性。例如，某企业因生产排污治理不力并对周围环境造成污染而被起诉，如无特殊情况，该企业很可能败诉。但是，在诉讼成立时，该企业因败诉将支出多少金额，或者何时将发生这些支出，可能是难以确定的。

**3. 或有事项的结果须由未来事项决定**

或有事项的结果只能由未来不确定事项的发生或不发生所决定。或有事项对企业会产生有利影响还是不利影响，或虽已知是有利影响或不利影响，但影响有多大，在或有事项发生时是难以确定的。这种不确定性的消失，只能由未来不确定事项的发生或不发生才能证实。例如，企业为其他单位提供债务担保，该担保事项最终是否会要求企业履行偿还债务的连带责任，一般只能看被担保方的未来经营情况和偿债能力。如果被担保方经营情况和财务状况良好且有较好的信用，能够按期还款，那么企业将不需要履行该连带责任。只有在被担保方到期无力还款时，担保方才承担偿还债务的连带责任。

在会计处理过程中存在不确定性的事项并不都是或有事项，企业应当按照或有事项的定义和特征进行判断。例如，对固定资产计提折旧虽然也涉及对固定资产预计净残值和使用寿命进行分析和判断，带有一定的不确定性，但是，固定资产折旧是已经发生的损耗，固定资产的原值是确定的，其价值最终会转移到成本或费用中也是确定的，该事项的结果是确定的，因此，对固定资产计提折旧不属于或有事项。

## 二、或有负债和或有资产

### （一）或有负债

或有负债是指过去的交易或事项形成的潜在义务，其存在须通过未来不确定事项的发生或不发生予以证实；或过去的交易或事项形成的现时义务，履行该义务不是很可能导致经济利益流出企业或该义务的金额不能可靠地计量。

或有负债涉及两类义务：一类是潜在义务；另一类是现时义务。其中，潜在义务是指结果取决于不确定未来事项的可能义务。也就是说，潜在义务最终是否转变为现时义务，由某些未来不确定事项的发生或不发生所决定。现时义务是指企业在现行条件下已承担的义务，该现时义务的履行不是很可能导致经济利益流出企业，或者该现时义务的金额不能可靠地计量。例如，长江公司涉及一桩诉讼案，根据以往的审判案例推断，长江公司很可能要败诉。但法院尚未判决，长江公司无法根据经验判断未来将要承担多少赔偿金额，因此该现时义务的金额不能可靠地计量，该诉讼案件即形成一项长江公司的或有负债。

履行或有事项相关义务导致经济利益流出的可能性，通常按照一定的概率区间加以判断。一般情况下，发生的概率分为以下几个层次：基本确定、很可能、可能、极小可能，具体如表4-1所示。

表4-1 或有事项发生概率层次划分

| 层次名称 | 概率 |
| --- | --- |
| 基本确定 | 大于95%但小于100% |
| 很可能 | 大于50%但小于或等于95% |
| 可能 | 大于5%但小于或等于50% |
| 极小可能 | 大于0但小于或等于5% |

### （二）或有资产

或有资产是指过去的交易或者事项形成的潜在资产，其存在须通过未来不确定事项的发生或不发生予以证实。或有资产作为一种潜在资产，其结果具有较大的不确定性，只有随着经济情况的变化，通过某些未来不确定事项的发生或不发生才能证实其是否会形成企业真正的资产。例如，甲企业向法院起诉乙企业侵犯了其专利权。法院尚未对该案件进行公开审理，甲企业是否胜诉尚难判断。对于甲企业而言，将来可能胜诉而获得的赔偿属于一项或有资产，但这项或有资产是否会转化为真正的资产，要由法院的判决结果确定。如果终审判决结果是甲企业胜诉，那么这项或有资产就转化为甲企业的一项资产。如果终审判决结果是甲企业败诉，那么这项或有资产就消失了，更不可能转化为甲企业的资产。

或有负债和或有资产不符合负债或资产的定义和确认条件，企业不应当确认或有负债和或有资产，而应当进行相应的披露。但是，影响或有负债和或有资产的多种因素处于不断变化之中，企业应当持续地对这些因素予以关注。随着时间的推移和事态的进展，或有负债对应的潜在义务可能转化为现时义务，原本不是很可能导致经济利益流出的现时义务也可能被证实将很可能导致经济利益流出企业，并且现时义务的金额也能够可靠计量。这时或有负债就转化为企业的负债，应当予以确认。或有资产也是一样，其对应的潜在资产最终是否能够流入企业会逐渐变得明确，如果某一时点企业基本确定能够收到这项潜在资产并且其金额能够可靠计量，则应当将其确认为企业的资产。

## 第二节 或有事项的确认和计量

### 一、或有事项的确认

或有事项形成的或有资产只有在企业基本确定能够收到的情况下，才会转变为真正的资产，从而予以确认。

与或有事项有关的义务应当在同时符合以下三个条件时确认为负债，作为预计负债进行确认和计量：该义务是企业承担的现时义务；履行该义务很可能导致经济利益流出企业；该义务的金额能够可靠地计量。

### （一）该义务是企业承担的现时义务

该义务是企业承担的现时义务，即与或有事项相关的义务是在企业当前条件下已承担的义务，企业没有其他现实的选择，只能履行该现时义务。

通常情况下，过去的交易或事项是否导致现时义务是比较明确的，但也存在极少情况，如法律诉讼，特定事项是否已发生或这些事项是否已产生了一项现时义务可能难以确定，企业应当考虑资产负债表日后所有可获得的证据、专家意见等，以此确定资产负债表日是否存在现时义务。如果据此判断，资产负债表日很可能存在现时义务，且符合预计负债确认条件的，应当确认一项负债；如果资产负债表日现时义务很可能不存在，企业应披露一项或有负债，除非含有经济利益的资源流出企业的可能性极小。

这里所指的义务包括法定义务和推定义务。法定义务，是指因合同、法规或其他司法解释等产生的义务，通常是企业在经济管理和经济协调中，依照经济法律法规的规定必须履行的责任。比如，企业与其他企业签订购货合同产生的义务就属于法定义务。推定义务，是指因企业的特定行为而产生的义务。企业的"特定行为"泛指企业以往的习惯做法、已公开的承诺或已公开宣布的经营政策。并且，由于以往的习惯做法，或通过这些承诺或公开的声明，企业向外界表明了它将承担特定的责任，从而使受影响的各方形成了其将履行那些责任的合理预期。例如，长江公司是一家化工企业，因扩大经营规模，到 A 国创办了一家分公司。假定 A 国尚未针对长江公司这类企业生产经营中可能产生的环境污染制定相关法律，因而长江公司的分公司对在 A 国生产经营中可能产生的环境污染不承担法定义务。但是，长江公司为在 A 国树立良好的形象，自行向社会公告，宣称将对生产经营中可能产生的环境污染进行治理。长江公司的分公司为此承担的义务就属于推定义务。义务通常涉及指向的另一方，但很多时候没有必要知道义务指向的另一方的身份，实际上义务可能是对公众承担的。通常情况下，义务总是涉及对另一方的承诺，但是管理层或董事会的决定在资产负债表日并不一定形成推定义务，除非该决定在资产负债日之前就已经以一种相当具体的方式传达给受影响的各方，使各方形成了企业将履行其责任的合理预期。

### （二）履行该义务很可能导致经济利益流出企业

履行该义务很可能导致经济利益流出企业，即履行与或有事项相关的现时义务时，导致经济利益流出企业的可能性超过 50%，但尚未达到基本确定的程度。

企业因或有事项承担了现时义务，并不说明该现时义务很可能导致经济利益流出企业。例如，2×23 年 7 月 10 日，长江公司与黄河公司签订协议，承诺为黄河公司的两年期银行借款提供全额担保。对于长江公司而言，因担保事项而承担了一项现时义务，但这项义务的履行是否很可能导致经济利益流出公司，需依据黄河公司的经营情况和财务状况等因素加以确定。假定 2×23 年末，黄河公司的财务状况恶化，且没有迹象表明可能发生好转。此种情况的出现，表明黄河公司很可能违约，从而长江公司履行承担的现时义务将很可能导致经济利益流出企业。反之，如果黄河公司财务状况良好，一般可以认定黄河公司不会违约，从而长江公司履行承担的现时义务不是很可能导致经济利益流出企业。

存在很多类似义务，如产品保证或类似合同，履行时经济利益流出的可能性应通过总体考虑才能确定。对于某个项目而言，虽然经济利益流出的可能性较小，但包括该项目的该类义务很可能导致经济利益流出的，应当视同该项目义务很可能导致经济利益流出企业。

### （三）该义务的金额能够可靠地计量

该义务的金额能够可靠地计量，即与或有事项相关的现时义务的金额能够合理地估计。

由于或有事项具有不确定性，所以因或有事项产生的现时义务的金额也具有不确定性，需要估计。要对或有事项确认一项负债，相关现时义务的金额应当能够可靠估计。只有在其金额能够可靠地估计，并同时满足其他两个条件时，企业才能加以确认。例如，黄河公司涉及一桩诉讼案。根据以往的审判结果判断，黄河公司很可能败诉，相关的赔偿金额也可以估算出一个区间。此时，就可以认为该公司因未决诉讼承担的现时义务的金额能够可靠地计量，如果同时满足其他两个条件，就可以将所形成的义务确认为一项负债。

预计负债应当与应付账款、应计项目等其他负债进行严格区分。因为与预计负债相关的未来支出的时间或金额具有一定的不确定性。应付账款是为已收到或已提供的，并已开出发票或已与供应商达成正式协议的货物或劳务支付的负债；应计项目是为已收到或已提供的，但还未支付、未开出发票或未与供应商达成正式协议的货物或劳务支付的负债，尽管有时需要估计应计项目的金额或时间，但是其不确定性通常远小于预计负债。应计项目经常作为应付账款和其他应付款的一部分进行列报，而预计负债则单独进行列报。

## 二、预计负债的计量

当与或有事项有关的义务符合确认为负债的条件时应当将其确认为预计负债，预计负债应当按照履行相关现时义务所需支出的最佳估计数进行初始计量。企业清偿预计负债所需支出还可能从第三方或其他方获得补偿。因此，或有事项的计量主要涉及两个问题：一是最佳估计数的确定；二是预期可获得补偿的处理。

### （一）最佳估计数的确定

预计负债应当按照履行相关现时义务所需支出的最佳估计数进行初始计量。最佳估计数的确定应当分两种情况处理：

第一种，所需支出存在一个连续范围（或区间，下同），且该范围内各种结果发生的可能性相同，则最佳估计数应当按照该范围内的中间值，即上下限金额的平均数确定。

第二种，所需支出不存在一个连续范围，或者虽然存在一个连续范围，但该范围内各种结果发生的可能性不相同。

如果或有事项涉及单个项目,最佳估计数按照最可能发生金额确定。"涉及单个项目"指或有事项涉及的项目只有一个,如一项未决诉讼、一项未决仲裁或一项债务担保等。例如,2×23年9月15日,黄河公司涉及一桩诉讼案,2×23年底,黄河公司尚未接到法院的判决。在咨询了法律顾问后,黄河公司认为胜诉的可能性为40%,败诉的可能性为60%,如果败诉,需要赔偿500万元,则黄河公司在资产负债表中确认的预计负债金额应为最可能发生的金额,即500万元。

如果或有事项涉及多个项目,最佳估计数按照各种可能结果及相关概率计算确定。"涉及多个项目"指或有事项涉及的项目不止一个,如产品质量保证。在产品质量保证中,提出产品保修要求的可能有许多客户,相应地,企业对这些客户负有保修义务。例如,长江公司是生产并销售甲产品的企业,2×23年共销售甲产品30 000件,销售收入为18 000万元。根据公司的产品质量保证条款,该产品售出后一年内,若发生正常质量问题,公司将负责免费维修。根据以前年度的维修记录,如果发生较小的质量问题,发生的维修费用为销售收入的1%;如果发生较大的质量问题,发生的维修费用为销售收入的2%。根据公司技术部门的预测,本季度销售的产品中,80%不会发生质量问题;15%可能发生较小质量问题;5%可能发生较大质量问题。据此,2×23年,长江公司应在资产负债表中确认的负债金额为:18 000×(0×80%+1%×15%+2%×5%)=45万元。

### (二)预期可获得补偿的处理

如果企业清偿因或有事项而确认的负债所需支出全部或部分预期由第三方或其他方补偿,则此补偿金额只有在基本确定能收到时,才能作为资产单独确认,确认的补偿金额不能超过所确认负债的账面价值。预期可获得补偿的情况通常有:发生交通事故等情况时,企业通常可从保险公司获得合理的赔偿;在某些索赔诉讼中,企业可对索赔人或第三方另行提出赔偿要求;在债务担保业务中,企业在履行担保义务的同时,通常可向被担保企业提出追偿要求。

企业预期从第三方获得的补偿是一种潜在资产,其最终是否真的会转化为企业真正的资产具有较大的不确定性,企业只有在基本确定能够收到补偿时才能对其进行确认。根据资产和负债不能随意抵销的原则,预期可获得的补偿在基本确定能够收到时应当确认为一项资产,而不能作为预计负债金额的扣减。例如,2×23年底,黄河公司因或有事项而确认了一笔金额为200万元的负债;同时,公司因该或有事项,基本确定可从长江公司获得60万元的赔偿。黄河公司应分别确认一项金额为200万元的负债和一项金额为60万元的资产,而不能只确认一项金额为二者差额140万元的负债。同时,黄河公司所确认的补偿金额60万元不能超过所确认的负债的账面价值200万元。

### (三)预计负债的计量需要考虑的其他因素

企业在确定最佳估计数时,应当综合考虑与或有事项有关的风险和不确定性、货币时间价值和未来事项。

**1. 风险和不确定性**

风险是对交易或事项结果的变化可能性的一种描述。企业在不确定的情况下进行判断需要谨慎，以使收益或资产不会被高估，费用或负债不会被低估。企业应当充分考虑与或有事项有关的风险和不确定性，既不能忽略风险和不确定性对或有事项计量的影响，也需要避免对风险和不确定性进行重复调整，从而在低估和高估预计负债金额之间寻找平衡点。

**2. 货币时间价值**

预计负债的金额通常应当等于未来应支付的金额。但是，因货币时间价值的影响，资产负债表日后不久发生的现金流出，要比一段时间之后发生的同样金额的现金流出负有更大的义务。因此，如果预计负债的确认时点距离实际清偿有较长的时间跨度，货币时间价值的影响重大，那么在确定预计负债的确认金额时，应考虑采用现值计量，即通过对相关未来现金流出进行折现后确定最佳估计数。

将未来现金流出折算为现值时，需要注意以下三点：

（1）用来计算现值的折现率，应当是反映货币时间价值的当前市场估计和相关负债特有风险的税前利率。

（2）风险和不确定性既可以在计量未来现金流出时作为调整因素，也可以在确定折现率时予以考虑，但不能重复反映。

（3）随着时间的推移，即使在未来现金流出和折现率均不改变的情况下，预计负债的现值将逐渐增长。企业应当在资产负债表日，对预计负债的现值进行重新计量。

**3. 未来事项**

企业应当考虑可能影响履行现时义务所需金额的相关未来事项。对于这些未来事项，如果有足够的客观证据表明它们将发生，如未来技术进步、相关法规出台等，则应当在预计负债计量中考虑相关未来事项的影响，但不应考虑预期处置相关资产形成的利得。

## 三、对预计负债账面价值的复核

企业应当在资产负债表日对预计负债的账面价值进行复核。有确凿证据表明该账面价值不能真实反映当前最佳估计数的，应当按照当前最佳估计数对该账面价值进行调整。例如，某化工企业对环境造成了污染，按照当时的法律规定，只需要对污染进行清理。随着国家对环境保护越来越重视，按照现在的法律规定，该企业不但需要对污染进行清理，还很可能要对居民进行赔偿。这种法律规定的变化，会对企业预计负债的计量产生影响。企业应当在资产负债表日对为此确认的预计负债金额进行复核，相关因素发生变化表明预计负债金额不再能反映真实情况时，需要按照当前情况下企业清理和赔偿支出的最佳估计数对预计负债的账面价值进行相应的调整。

## 第三节 或有事项会计的具体应用

### 一、未决诉讼或未决仲裁

诉讼，是指当事人不能通过协商解决争议，因而在人民法院起诉、应诉，请求人民法院通过审判程序解决纠纷的一种活动。诉讼尚未裁决之前，对于被告来说，可能形成一项或有负债或者预计负债；对于原告来说，则可能形成一项或有资产。

仲裁，是指经济法的各方当事人依照事先约定或事后达成的书面仲裁协议，共同选定仲裁机构并由其对争议依法作出具有约束力裁决的一种活动。作为当事人一方，仲裁的结果在仲裁决定公布以前是不确定的，会构成一项潜在义务或现时义务，或者潜在资产。

【例4-1】 2×23年9月25日，黄河公司因合同违约而被A公司起诉。2×23年12月31日，公司尚未接到法院的判决书。黄河公司在咨询了本公司的法律顾问后，认为最终的法律判决很可能对公司不利，预计将要支付的赔偿金额在320万元至400万元之间，而且这个区间内每个金额的可能性都大致相同，另外还需支付诉讼费6万元。A公司预计，如无特殊情况很可能在诉讼中获胜，假定A公司估计将来很可能获得赔偿380万元。

（1）黄河公司或有事项会计处理。

由于黄河公司认为最终的法律判决很可能对公司不利，故黄河公司应在资产负债表中确认一项预计负债，金额为：

$$(3\,200\,000 + 4\,000\,000) \div 2 + 60\,000 = 3\,660\,000（元）$$

同时在2×23年12月31日的报表附注中进行披露。

黄河公司的有关账务处理如下：

借：管理费用——诉讼费　　　　　　　　　　　　　　　　60 000
　　营业外支出　　　　　　　　　　　　　　　　　　　3 600 000
　　贷：预计负债——未决诉讼　　　　　　　　　　　　3 660 000

（2）A公司或有事项会计处理。

由于A公司预计将来很可能获得赔偿380万元，即获得赔偿的概率未达到基本确定的要求，故A公司不应当确认或有资产，而应当在2×23年12月31日的报表附注中披露或有资产3 800 000元。

应当注意的是，对于未决诉讼，企业当期实际发生的诉讼损失金额与已计提的相关预计负债之间的差额，应分情况处理：

第一，企业在前期资产负债表日，依据当时实际情况和所掌握的证据合理预计了预计负债时，应当将当期实际发生的诉讼损失金额与已计提的相关预计负债之间的差额，直接计入或冲减当期营业外支出。

第二，企业在前期资产负债表日，依据当时实际情况和所掌握的证据，原本应当能够合理估计诉讼损失，但企业所作的估计却与当时的事实严重不符（如未合理预计损失或不恰当地多计或少计损失）时，应当按照重大会计差错更正的方法进行处理。

第三，企业在前期资产负债表日，依据当时实际情况和所掌握的证据，确实无法合理预计诉讼损失，因而未确认预计负债时，应在该项损失实际发生的当期，直接计入当期营业外支出。

第四，资产负债表日后至财务报告批准报出日之间发生的需要调整或说明的未决诉讼，按照资产负债表日后事项的有关规定进行会计处理。

## 二、债务担保

债务担保在企业中是较为普遍的现象。作为提供担保的一方，在被担保方无法履行合同的情况下，常常承担连带责任。从保护投资者、债权人的利益出发，客观、充分地反映企业因担保义务而承担的潜在风险是十分必要的。

**【例 4-2】** 甲公司持有乙公司 40%的股权，将乙公司作为联营企业核算。2×20 年，乙公司为开发数字化平台，实现高质量发展，计划向丙银行借款 1.5 亿元，期限为 3 年。丙银行本着"居安思危、未雨绸缪"的忧患意识，要求甲公司为其提供担保。甲公司于 2×20 年 8 月 5 日为乙公司向银行取得的 1.5 亿元贷款提供了担保。2×23 年，乙公司因财务困难，未能按期履行全部还本付息义务，该贷款及担保形成诉讼事项，甲公司需要确认预计负债。X 公司是甲公司的控股股东，X 公司在 2×23 年末出具承诺函，承诺甲公司如果因该贷款担保发生任何损失，X 公司将全部承担。截至 2×23 年 12 月 31 日，甲公司预计全部担保损失为 1.23 亿元。假定 2×24 年 4 月 5 日，法院要求甲公司承担担保损失 1.24 亿元，X 公司代甲公司实际支付了该款项。

（1）2×23 年 12 月 31 日甲公司会计处理：

借：营业外支出　　　　　　　　　　　　　　　　　　　123 000 000
　　贷：预计负债　　　　　　　　　　　　　　　　　　　123 000 000

（2）2×24 年 4 月 5 日甲公司会计处理：

X 公司作为控股股东代甲公司实际支付了担保款项，这是控股股东对甲公司的捐赠，属于资本性投入，甲公司应该将其计入资本公积。

借：预计负债　　　　　　　　　　　　　　　　　　　　123 000 000
　　营业外支出　　　　　　　　　　　　　　　　　　　　　1 000 000
　　贷：资本公积　　　　　　　　　　　　　　　　　　　124 000 000

## 三、产品质量保证

产品质量保证，通常指销售商或制造商在销售产品或提供劳务后，对客户提供服务的一种承诺。在约定期内（或终身保修），若产品或劳务在正常使用过程中出现质量或与之相关的其他属于正常范围的问题，企业负有更换产品、免费或只收成本价进行修理等责任。为此，企业应当在符合确认条件的情况下，于销售成立时确认预计负债，记入"预计负债——

产品质量保证"科目。另外，在对产品质量保证确认预计负债时，还需要注意：如果发现产品质量保证费用的实际发生额与预计数相差较大时，应及时对预计比例进行调整；如果企业针对特定批次产品确认预计负债，则在保修期结束时，应将"预计负债——产品质量保证"科目余额冲销，不留余额；已对其确认预计负债的产品，如果企业不再生产了，那么应在相应的产品质量保证期满后，将"预计负债——产品质量保证"科目余额冲销，不留余额。

【例4-3】2×23年初，长江公司"预计负债——产品质量保证"科目余额为500万元。对购买其产品的消费者，长江公司作出如下承诺：产品售出后3年内若出现质量问题，长江公司免费负责保修。根据以前年度的该产品的维修记录，如果发生较小的质量问题，发生的维修费用为销售收入的1%；如果发生较大的质量问题，发生的维修费用为销售收入的2%。长江公司2×23年实际发生的维修费为250万元（其中200万元为职工薪酬，50万元为银行存款支付）。根据公司技术部门的预测，本年度销售的产品中，80%不会发生质量问题；15%可能发生较小质量问题；5%可能发生较大质量问题。2×23年，长江公司销售产品100 000台，每台售价为1.8万元。

（1）长江公司实际发生产品维修费用：

借：预计负债——产品质量保证　　　　　　　　　　　　　2 500 000
　　贷：应付职工薪酬　　　　　　　　　　　　　　　　　　2 000 000
　　　　银行存款　　　　　　　　　　　　　　　　　　　　　 500 000

（2）确认与产品质量保证有关的预计负债：

产品质量保证金额 = $100\,000 \times 1.8 \times (0 \times 80\% + 1\% \times 15\% + 2\% \times 5\%) = 450$（万元）。

借：销售费用——产品质量保证　　　　　　　　　　　　　4 500 000
　　贷：预计负债——产品质量保证　　　　　　　　　　　　4 500 000

2×23年末，"预计负债——产品质量保证"科目余额 = 500 - 250 + 450 = 700（万元）。

## 四、亏损合同

亏损合同是指履行合同义务时不可避免会发生的成本超过预期经济利益的合同。其中，"履行合同义务不可避免会发生的成本"应当反映退出该合同的最低净成本，即履行该合同的成本与未能履行该合同而发生的补偿或处罚两者之间的较低者。企业履行该合同的成本包括履行合同的增量成本和与履行合同直接相关的其他成本的分摊金额。其中，履行合同的增量成本包括直接人工、直接材料等；与履行合同直接相关的其他成本的分摊金额包括用于履行合同的固定资产的折旧费用分摊金额等。

待执行合同变为亏损合同，同时该亏损合同产生的义务满足预计负债的确认条件的，应当确认为预计负债。其中，待执行合同，是指合同各方未履行任何合同义务，或部分履行了同等义务的合同。企业与其他企业签订的商品销售合同、劳务提供合同、租赁合同等，均属于待执行合同，待执行合同不属于或有事项。但是，待执行合同变为亏损合同的，应当作为或有事项。

企业对亏损合同进行会计处理，需要遵循以下两点原则：

第一，如果与亏损合同相关的义务不需支付任何补偿即可撤销，企业通常就不存在现时义务，不应确认预计负债；如果与亏损合同相关的义务不可撤销，企业就存在了现时义务，同时满足该义务很可能导致经济利益流出企业且金额能够可靠地计量的，应当确认预计负债。

第二，待执行合同变为亏损合同时，合同存在标的资产的，应当对标的资产进行减值测试并按规定确认减值损失，在这种情况下，企业通常不需确认预计负债，如果预计亏损超过该减值损失，应将超过部分确认为预计负债；合同不存在标的资产的，亏损合同相关义务满足预计负债确认条件时，应当确认预计负债。

**【例4-4】** 2×23年12月5日，A公司与B公司签订一项不可撤销的销售合同，合同约定A公司于5个月后交付B公司一批产品，合同价格（不含增值税额）为750万元，若A公司违约，将支付违约金375万元。因生产该产品的原材料价格上涨，A公司预计生产该批产品的总成本为1 000万元，截至2×23年12月31日，A公司生产该批产品已发生成本150万元。

（1）A公司判断是否执行合同：

不执行合同损失=375（万元）

执行合同损失=1 000（成本）-750（可变现净值）=250（万元）

通过对比，应选择对A公司来说亏损较小的方案，即选择执行合同。

（2）执行合同的会计处理：

执行合同损失250万元，由于生产产品已发生成本150万元，因此应计提存货跌价准备150万元，应确认预计负债100万元。

借：资产减值损失　　　　　　　　　　　　　　　　1 500 000
　　贷：存货跌价准备　　　　　　　　　　　　　　　　　1 500 000
借：营业外支出　　　　　　　　　　　　　　　　　1 000 000
　　贷：预计负债　　　　　　　　　　　　　　　　　　　1 000 000

## 五、重组义务

### （一）重组义务的确认

重组是指企业制定和控制的，将显著改变企业组织形式、经营范围或经营方式的计划实施行为。属于重组的事项主要包括：

（1）出售或终止企业的部分业务；

（2）对企业的组织结构进行较大调整；

（3）关闭企业的部分营业场所，或将营业活动由一个国家或地区迁移到其他国家或地区。

企业应当将重组与企业合并、债务重组区别开。因为重组通常是企业内部资源的调整和组合，谋求现有资产效能的最大化；企业合并是在不同企业之间的资本重组和规模扩张；

而债务重组是指在不改变交易对手方的情况下，经债权人和债务人协定或法院裁定，就清偿债务的时间、金额或方式等重新达成协议的交易。

企业因重组而承担了重组义务，并且同时满足预计负债的三个确认条件时，才能确认预计负债。

首先，同时存在下列情况的，表明企业承担了重组义务：

（1）有详细、正式的重组计划，包括重组涉及的业务、主要地点、需要补偿的职工人数及其岗位性质、预计重组支出、计划实施时间等；

（2）该重组计划已对外公告。

其次，需要判断重组义务是否同时满足预计负债的三个确认条件，即判断其承担的重组义务是否是现时义务、履行重组义务是否很可能导致经济利益流出企业、重组义务的金额是否能够可靠计量。只有同时满足这三个确认条件，才能将重组义务确认为预计负债。

### （二）重组义务的计量

企业应当按照与重组有关的直接支出确定预计负债金额，计入当期损益。其中，直接支出是企业重组必须承担的直接支出，不包括留用职工岗前培训、市场推广、新系统和营销网络投入等支出。由于企业在计量预计负债时不应当考虑预期处置相关资产的利得或损失，在计量与重组义务相关的预计负债时，也不考虑处置相关资产可能形成的利得或损失，即使资产的出售构成重组的一部分也是如此，这些利得或损失应当单独确认。

企业可以参照表 4-2、表 4-3 判断某项支出是否属于与重组有关的直接支出。

表 4-2　与重组有关的支出

| 有关支出项目 | 会计处理 |
| --- | --- |
| 自愿遣散 | 借：管理费用<br>贷：应付职工薪酬 |
| 强制遣散（如果自愿遣散目标未满足） | 借：管理费用<br>贷：应付职工薪酬 |
| 将不再使用的厂房的租赁撤销费 | 借：营业外支出<br>贷：预计负债 |

表 4-3　与重组无关的支出

| 无关支出项目 | 无关的原因 | 会计处理 |
| --- | --- | --- |
| 将职工和设备从拟关闭的工厂转移到继续使用的工厂 | 支出与继续进行的活动相关 | 实际发生时计入相关成本费用 |
| 剩余职工的再培训 | | |
| 新经理的招募成本 | | |
| 推广公司新形象的营销成本 | | |
| 对新分销网络的投资 | | |
| 重组的未来可辨认经营损失（最新预计值） | | |

续表

| 无关支出项目 | 无关的原因 | 会计处理 |
|---|---|---|
| 特定不动产、厂地和设备的减值损失 | 减值准备应当按照《企业会计准则第 8 号——资产减值》进行评估，并作为资产的抵减项 | 借：资产减值损失<br>　贷：固定资产减值准备 |

# 第四节　或有事项的列报

## 一、预计负债的列报

在资产负债表中，因或有事项而确认的负债（预计负债）应与其他负债项目区别开来，单独反映。如果企业因多项或有事项确认了预计负债，在资产负债表上一般只需通过"预计负债"项目进行总括反映。在将或有事项确认为负债的同时，应确认一项支出或费用。这项费用或支出在利润表中不应单列项目反映，而应与其他费用或支出项目（如"销售费用""管理费用""营业外支出"等）合并反映。比如，企业因产品质量保证确认负债时所确认的费用，在利润表中应作为"销售费用"的组成部分予以反映；又如，企业因对其他单位提供债务担保确认负债时所确认的费用，在利润表中应作为"营业外支出"的组成部分予以反映。

同时，为了使会计报表使用者获得充分、详细的有关或有事项的信息，企业应在会计报表附注中披露有关信息，具体包括预计负债的种类、形成原因，以及经济利益流出不确定性的说明；各类预计负债的期初、期末余额和本期变动情况；与预计负债有关的预期补偿金额和本期已确认的预期补偿金额。

## 二、或有负债的披露

或有负债无论是作为潜在义务还是现时义务，均不符合负债的确认条件，因而不予确认。但是，除非或有负债极小可能导致经济利益流出企业，否则企业应当在附注中披露有关信息，具体包括或有负债的种类及其形成原因，包括已贴现商业承兑汇票、未决诉讼、未决仲裁、对外提供担保等形成的或有负债；经济利益流出不确定性的说明；或有负债预计产生的财务影响，以及获得补偿的可能性；无法预计的，应当说明原因。

需要注意的是，在涉及未决诉讼、未决仲裁的情况下，如果披露全部或部分信息预期对企业会造成重大不利影响时，企业无须披露这些信息，但应当披露该未决诉讼、未决仲裁的性质，以及没有披露这些信息的事实和原因。

## 三、或有资产的披露

或有资产作为一种潜在资产，不符合资产确认的条件，因而不予确认。企业通常不应当披露或有资产，但或有资产很可能会给企业带来经济利益的，应当披露其形成的原因、预计产生的财务影响等。

**思考题**

1. 预计负债确认的条件有哪些？
2. 企业负债与或有负债的共同点和区别有哪些？
3. 企业资产与或有资产的共同点和区别有哪些？

拓展阅读　　　　　即测即练

自学自测　　　　　扫描此码

# 第五章 股份支付

【学习目标】
1. 理解股份支付的概念、环节、类型、可行权条件。
2. 掌握股份支付的会计处理。
3. 了解股份支付特殊事项的会计处理。

案例引导：股份支付准则应用案例

## 第一节 股份支付概述

### 一、股份支付的概念及特征

股份支付，是"以股份为基础的支付"的简称，是指企业为获取职工和其他方提供服务而授予权益工具或者承担以权益工具为基础确定的负债的交易。股份支付具有以下特征：

**1. 股份支付是企业与其职工或其他方之间发生的交易**

以股份为基础的支付可能发生在企业与股东之间、合并交易中的合并方与被合并方之间或者企业与其职工之间，只有发生在企业与其职工或向企业提供服务的其他方之间的交易，才可能符合股份支付的定义。

**2. 股份支付是以获取职工或其他方服务为目的的交易**

企业在股份支付交易中旨在获取其职工或其他方提供的服务（费用）或取得这些服务的权利（资产）。企业获取这些服务或权利的目的是用于其正常生产经营，不是转手获利等。

**3. 股份支付交易的对价或其定价与企业自身权益工具未来的价值密切相关**

股份支付交易与企业与其职工间其他类型交易的最大不同是交易对价或其定价与企业自身权益工具未来的价值密切相关。在股份支付中，企业要么向职工支付其自身权益工具，要么向职工支付一笔现金，而其金额高低取决于结算时企业自身权益工具的公允价值。对价的特殊性可以说是股份支付定义中最突出的特征。企业自身权益工具包括会计主体本身、母公司和同一集团内的其他会计主体的权益工具。

### 二、股份支付的主要环节

以薪酬性股票期权为例，典型的股份支付通常涉及四个主要环节：授予、可行权、行权和出售，具体如图5-1所示。

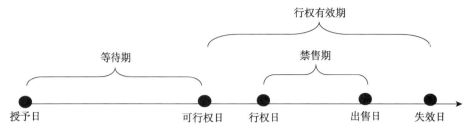

图 5-1 典型的股份支付交易环节示意图

在股份支付的四个主要环节中,需要重点关注以下四个概念。

**1. 授予日**

授予日是指股份支付协议获得批准的日期。其中"获得批准",是指企业与其职工或其他方就股份支付的协议条款和条件已达成一致,该协议获得股东大会或类似机构的批准。这里的"达成一致"是指,在双方对该计划或协议内容充分形成一致理解的基础上,均接受其条款和条件。如果按照相关法规的规定,在提交股东大会或类似机构之前存在必要程序或要求,则应履行该程序或满足该要求。实务中,常见上市公司股东大会审议通过股权激励方案,并确定了授予价格,但未确定拟授予股份的激励对象及股份数量,股东大会授权董事会后续确定具体激励对象及股份数量。在此情况下,授予日为董事会后续确定具体激励对象及股份数量,并将经批准的股权激励方案的具体条款或条件与职工进行沟通并达成一致。

【例 5-1】为促进公司实现高质量发展,甲上市公司通过二级市场回购股份的方式实施股权激励计划。2×23 年 7 月 20 日,甲公司股东大会审议通过股权激励方案,方案明确了股权激励的可行权条件,主要包括股票市场价格、财务绩效、绿色发展及社会责任等方面,并确定了授予价格。但在此次股东大会上未确定拟授予股份的具体激励对象及股份数量,为此股东大会授权董事会确定具体激励对象及股份数量。2×23 年 8 月 28 日,甲公司董事会确定了具体激励对象及股份数量,并将经批准的股权激励方案与职工进行了沟通并达成一致。

甲公司股权激励方案虽于 2×23 年 7 月 20 日获得股东大会批准,但该日并未确定拟授予股份的具体激励对象及股份数量,不满足授予日定义中"获得批准"的要求,即"企业与职工就股份支付的协议条款或条件已达成一致"。2×23 年 8 月 28 日,甲公司董事会确定了股份具体激励对象及股份数量,该日企业与职工就股份支付的协议条款或条件达成一致。因此,该股份支付交易的授予日应为 2×23 年 8 月 28 日。

**2. 可行权日**

可行权日是指可行权条件得到满足、职工或其他方具有从企业取得权益工具或现金权利的日期。有的股份支付协议是一次性可行权,有的则是分批可行权。只有已经有可行权的股票期权,才是职工真正拥有的"财产",才能去择机行权。从授予日至可行权日的时段,是可行权条件得到满足的期间,因此被称为"等待期",又称"行权限制期"。

### 3. 行权日

行权日是指职工和其他方行使权利、获取现金或权益工具的日期。例如，持有股票期权的职工行使了以特定价格购买一定数量本公司股票的权利，该日期即为行权日。行权是按期权的约定价格实际购买股票，一般是在可行权日之后至期权到期日之前的可选时段内行权。

### 4. 出售日

出售日是指股票的持有人将行使期权所取得的期权股票出售的日期。按照我国法规规定，用于期权激励的股份支付协议，应在行权日与出售日之间设立禁售期，其中国有控股上市公司的禁售期不得低于两年。

"一次授予、分期行权"，即在授予日一次授予员工若干权益工具，之后每年分批达到可行权条件。每个批次是否可行权的结果通常是相对独立的，即每一期是否达到可行权条件并不会直接影响其他几期是否能够达到可行权条件。在会计处理时应将其作为同时授予的几个独立的股份支付计划。

## 三、股份支付工具的主要类型

按照股份支付的方式和工具类型，股份支付主要可划分为以权益结算的股份支付和以现金结算的股份支付两大类。

### （一）以权益结算的股份支付

以权益结算的股份支付，是指企业为获取服务而以股份或其他权益工具作为对价进行结算的交易。以权益结算的股份支付最常用的工具有两类：限制性股票和股票期权。

限制性股票是指职工或其他方按照股份支付协议规定的条款和条件，从企业获得一定数量的本企业股票。企业授予职工一定数量的股票，在一个确定的等待期内或在满足特定业绩指标之前，职工出售股票要受到持续服务期限条款或业绩条件的限制。股票期权是指企业授予职工或其他方在未来一定期限内以预先确定的价格和条件购买本企业一定数量股票的权利。

### （二）以现金结算的股份支付

以现金结算的股份支付，是指企业为获取服务而承担的以股份或其他权益工具为基础计算的交付现金或其他资产义务的交易。以现金结算的股份支付最常用的工具有两类：模拟股票和现金股票增值权。

模拟股票和现金股票增值权，是用现金支付模拟的股权激励机制，即与股票价值挂钩，但用现金支付。除不需实际授予股票和持有股票之外，模拟股票的运作原理与限制性股票是一样的。除不需实际认购和持有股票之外，现金股票增值权的运作原理与股票期权是一样的，都是一种增值权形式的与股票价值挂钩的薪酬工具。

## 四、可行权条件

股份支付中通常涉及可行权条件。可行权条件是指能够确定企业是否得到职工或其他方提供的服务,且该服务使职工或其他方具有获取股份支付协议规定的权益工具或现金等权利的条件。反之,为非可行权条件。可行权条件包括服务期限条件和业绩条件。在满足这些条件之前,职工或其他方无法获得股份。

### (一)服务期限条件

服务期限条件是指职工完成规定服务期限才可行权的条件。例如经股东大会批准,甲公司实施股权激励计划,向其 50 名高管人员每人授予 5 万份股票期权。可行权条件为连续为甲公司服务 3 年,如果满足可行权条件,高管人员即可按低于市价的价格购买一定数量的本公司股票。此处的"可行权条件为连续为甲公司服务 3 年"属于服务期限条件,等待期为 3 年。

### (二)业绩条件

业绩条件是指职工或其他方完成规定服务期限且企业已达到特定业绩目标才可行权的条件,具体包括市场条件和非市场条件。

**1. 市场条件**

市场条件是指行权价格、可行权条件以及行权可能性与权益工具的市场价格相关的业绩条件,如股份支付协议中关于股价上升至何种水平职工或其他方可相应取得多少股份的规定。企业在确定权益工具在授予日的公允价值时,应考虑股份支付协议中规定的市场条件和非可行权条件的影响,市场条件和非可行权条件是否得到满足,不影响企业对预计可行权情况的估计。

**2. 非市场条件**

非市场条件是指除市场条件之外的其他业绩条件,如股份支付协议中关于达到最低盈利目标或销售目标才可行权的规定。对于可行权条件为业绩条件的股份支付,在确定权益工具的公允价值时,应考虑市场条件的影响,只要职工满足了其他所有非市场条件,企业就应当确认已取得的服务。

# 第二节  股份支付的会计处理

## 一、股份支付的确认和计量

### (一)权益结算的股份支付的确认和计量

**1. 换取职工服务的股份支付的确认和计量原则**

对于换取职工服务的股份支付,企业应当以股份支付所授予的权益工具的公允价值计量。企业应在等待期内的每个资产负债表日，以对可行权权益工具数量的最佳估计数为基础，按照权益工具在授予日的公允价值，将当期取得的服务计入相关资产成本或当期费用，同时计入资本公积中的其他资本公积。

对于授予后立即可行权的换取职工提供服务的权益结算的股份支付（例如授予限制性股票的股份支付），应在授予日按照权益工具的公允价值，将取得的服务计入相关资产成本或当期费用，同时计入资本公积中的股本溢价。

**2. 换取其他方服务的股份支付的确认和计量原则**

对于换取其他方服务的股份支付，企业应当以股份支付所换取的服务的公允价值计量。企业应当按照其他方服务在取得日的公允价值，将取得的服务计入相关资产成本或费用。

如果其他方服务的公允价值不能可靠计量，但权益工具的公允价值能够可靠计量时，企业应当按照权益工具在服务取得日的公允价值，将取得的服务计入相关资产成本或费用。

**3. 权益工具的公允价值的确定**

股份支付中权益工具的公允价值的确定，应当以市场价格为基础。一些股份和股票期权并没有一个活跃的交易市场，在这种情况下，应当考虑估值技术。通常情况下，企业应当按照《企业会计准则第22号——金融工具确认和计量》的有关规定确定权益工具的公允价值，并根据股份支付协议的条款的条件进行调整。

1）股份

对于授予职工的股份，企业应按照其股份的市场价格计量。如果其股份未公开交易，则应考虑其条款和条件估计其市场价格。有些授予条款和条件规定职工无权在等待期内取得股份的，则在估计所授予股份的公允价值时就应予以考虑。有些授予条款和条件规定股份的转让在可行权日后受到限制，则在估计所授予股份的公允价值时，也应考虑此因素，但不应超出熟悉情况并自愿的市场参与者愿意为该股份支付的价格受到可行权限制的影响程度。在估计所授予股份在授予日的公允价值时，不应考虑在等待期内转让的限制和其他限制，因为这些限制是可行权条件中的非市场条件规定的。

2）股票期权

对于授予职工的股票期权，因其通常受到一些不同于交易期权的条款和条件的限制，因而在许多情况下难以获得其市场价格。如果不存在条款和条件相似的交易期权，就应通过期权定价模型来估计所授予的期权的公允价值。

在选择适用的期权定价模型时，企业应考虑熟悉情况并自愿的市场参与者将会考虑的因素。所有适用于估计授予职工期权的定价模型至少应考虑以下因素：期权的行权价格；期权期限；基础股份的现行价格；股价的预计波动率；股份的预计股利；期权期限内的无风险利率。

此外，企业选择的期权定价模型还应考虑熟悉情况并自愿的市场参与者在确定期权价格时会考虑的其他因素，但不包括那些在确定期权公允价值时不考虑的可行权条件和再授予特征因素。确定授予职工的股票期权的公允价值，还需要考虑提早行权的可能性。

#### 4. 权益工具的公允价值无法可靠确定时的处理

在极少数情况下，授予权益工具的公允价值无法可靠计量，企业应在获取服务的时点、后续的每个资产负债表日和结算日，以内在价值计量该权益工具，内在价值的变动应计入当期损益。同时，企业应以最终可行权或实际行权的权益工具数量为基础，确认取得服务的金额。内在价值是指交易对方有权认购或取得的股份的公允价值，与其按照股份支付协议应当支付的价格间的差额。

企业对上述以内在价值计量的已授予权益工具进行结算，应当遵循以下要求：结算发生在等待期内的，企业应当将结算作为加速可行权处理，即立即确认本应于剩余等待期内确认的服务金额；结算时支付的款项应当作为回购该权益工具处理，即减少所有者权益。结算支付的款项高于该权益工具在回购日内在价值的部分，计入当期损益。

### （二）现金结算的股份支付的确认和计量原则

企业应当在等待期内的每个资产负债表日，以对可行权情况的最佳估计为基础，按照企业承担负债的公允价值，将当期取得的服务计入相关资产成本或当期费用，同时计入负债，并在结算前的每个资产负债表日和结算日对负债的公允价值重新计量，将其变动计入损益。

对于授予后立即可行权的现金结算的股份支付（例如授予虚拟股票或业绩股票的股份支付），企业应当在授予日按照企业承担负债的公允价值计入相关资产成本或费用，同时计入负债，并在结算前的每个资产负债表日和结算日对负债的公允价值重新计量，将其变动计入损益。

## 二、股份支付的处理

股份支付的会计处理必须以完整、有效的股份支付协议为基础。

### （一）授予日

除立即可行权的股份支付外，无论是权益结算的股份支付还是现金结算的股份支付，企业在授予日均不做会计处理。

【例5-2】长江公司为一家生产家用电器的上市公司，2×22年11月20日，经股东会批准，向其100名销售人员每人授予10万股股票期权，这些激励对象从2×23年1月1日起在该公司连续服务3年且3年后，即2×25年12月31日股价达到30元/股，即可以以每股4元的价格购买10万股长江公司普通股股票（面值为1元）；如果2×25年12月31日公司股票未达到30元/股的价格，则股份支付协议作废。2×22年11月20日，公司估计该股票期权的公允价值为15元/股。2×22年12月31日，长江公司股票的收盘价为每股18元。

本案例中可行权条件有两个：一是连续服务3年为服务期限条件，二是3年后股价达到30元/股为市场条件。2×22年11月20日为授予日，不进行会计处理。2×22年12月31日也无须进行会计处理，因为股权激励计划从2×23年1月1日开始执行。

## （二）等待期内每个资产负债表日

企业应当在等待期内的每个资产负债表日，将取得职工或其他方提供的服务计入成本费用，同时确认所有者权益或负债。对于附有市场条件的股份支付，只要职工满足了其他所有非市场条件，企业就应当确认已取得的服务。

在等待期内，业绩条件为非市场条件的，如果后续信息表明需要调整对可行权情况的估计的，应对前期估计进行修改。

在等待期内每个资产负债表日，企业应将取得的职工提供的服务计入成本费用，计入成本费用的金额应当按照权益工具的公允价值计量。

对于权益结算的涉及职工的股份支付的，应当按照授予日权益工具的公允价值计入成本费用和资本公积（其他资本公积），不确认其后续公允价值变动；对于现金结算的涉及职工的股份支付的，应当按照每个资产负债表日权益工具的公允价值重新计量，确定成本费用和应付职工薪酬。

对于授予的存在活跃市场的期权等权益工具，应当按照活跃市场中的报价确定其公允价值。对于授予的不存在活跃市场的期权等权益工具，应当采用期权定价模型等估值技术确定其公允价值。

在等待期内每个资产负债表日，企业应当根据最新取得的可行权职工人数变动等后续信息作出最佳估计，修正预计可行权的权益工具数量。在可行权日，最终预计可行权权益工具的数量应当与实际可行权工具的数量一致。

根据上述权益工具的公允价值和预计可行权的权益工具数量，计算截至当期累计应确认的成本费用金额，再减去前期累计已确认金额，作为当期应确认的成本费用金额。

接【例5-2】 2×23年12月31日，有12名激励对象离开长江公司，长江公司估计未来两年将有8人离开公司。2×23年12月31日该期权的公允价值为21元/股，长江公司股票的收盘价为每股25元，预计两年后股价将达到30元/股。

2×24年12月31日，本年又有3名激励对象离开公司，长江公司估计未来一年将不会有人离开公司。2×24年12月31日该期权的公允价值为26元/股，长江公司股票的收盘价为每股31元，预计一年后股价超过30元/股。

2×25年12月31日，本年又有5名激励对象离开公司。2×25年12月31日该股票的收盘价为32元/股。

（1）2×23年12月31日会计处理：

计入销售费用金额＝（100－12－8）×10×15×1/3＝4 000万元

借：销售费用　　　　　　　　　　　　　　　　　　　　40 000 000
　　贷：资本公积——其他资本公积　　　　　　　　　　　　40 000 000

（2）2×24年12月31日会计处理：

计入销售费用金额＝（100－12－3－0）×10×15×2/3－4 000＝4 500（万元）

借：销售费用　　　　　　　　　　　　　　　　　　　　　　　　45 000 000
　　贷：资本公积——其他资本公积　　　　　　　　　　　　　　　　45 000 000

（3）2×25年12月31日会计处理：

计入销售费用金额=(100-12-3-5)×10×15-4 000-4 500=3 500万元

借：销售费用　　　　　　　　　　　　　　　　　　　　　　　　35 000 000
　　贷：资本公积——其他资本公积　　　　　　　　　　　　　　　　35 000 000

### （三）可行权日之后

对于权益结算的股份支付，在可行权日之后不再对已确认的成本费用和所有者权益总额进行调整。企业应在行权日根据行权情况，确认股本和股本溢价，同时结转等待期内确认的资本公积（其他资本公积）。

对于现金结算的股份支付，企业在可行权日之后不再确认成本费用，负债（应付职工薪酬）公允价值的变动应当计入当期损益（公允价值变动损益）。

接【例5-2】假设留在长江公司的80名激励对象都在2×26年行权。

借：银行存款　　　　　　　　　　　（80×10×4=3 200万元）32 000 000
　　资本公积——其他资本公积（4 000+4 500+3 500=12 000万元）120 000 000
　　贷：股本　　　　　　　　　　　　（80×10×1=800万元）8 000 000
　　　　资本公积——股本溢价　　　　　　　　　　　　　　　　　　140 000 000

【例5-3】2×21年初，黄河公司对其中层以上的120名员工每人授予10万股现金股票增值权，具体资料如下：

激励对象从2×21年1月1日起必须在该公司连续服务3年，同时3年的净资产收益率分别达到10%、11%、15%，即可自2×23年12月31日起根据黄河公司股价的增长幅度获得现金，该增值权应在2×25年12月31日之前行使完毕。

2×21年12月31日每份现金股票增值权的公允价值为6元。本年有20名管理人员离开黄河公司，黄河公司估计三年中离开的激励对象的比例将达到25%。2×21年实际净资产收益率为10.73%，且预计未来两年净资产收益率能够达到行权条件。

2×22年12月31日每份现金股票增值权的公允价值为7.5元。本年又有10名管理人员离开公司，黄河公司将估计三年中激励对象离开公司的比例修正为30%。2×22年实际净资产收益率为13.44%，且预计未来一年净资产收益率能够达到行权条件。

2×23年12月31日有50人行使了股票增值权取得了现金，每份增值权现金支出额为8元。2×23年12月31日每份现金股票增值权的公允价值为9元。本年又有3名管理人员离开公司。2×23年实际净资产收益率为18.06%。

2×24年12月31日，有27人行使了股票增值权取得了现金，每份增值权现金支出额为10元。2×24年12月31日每份现金股票增值权的公允价值为10.5元。

2×25年12月31日，剩余激励对象全部行使了股票增值权取得了现金，每份增值权现金支出额为12.5元。

（1）行权条件分析。

本案例中可行权条件有两个：一是连续服务3年为服务期限条件，二是3年的净资产收益率分别达到10%、11%、15%的非市场业绩条件。2×21年1月1日为授予日，不进行会计处理。

（2）应付职工薪酬和管理费用计算过程如表5-1所示。

表 5-1 　 应付职工薪酬和管理费用计算　　　　　　　　金额：万元

| 年份 | 负债① | 支付现金② | 当期费用③ |
| --- | --- | --- | --- |
| 2×21 | 120×（1−25%）×10×6×1/3 = 1 800 | | 1 800 |
| 2×22 | 120×（1−30%）×10×7.5×2/3 = 4 200 | | 2 400 |
| 2×23 | （120−20−10−3−50）×10×9 = 3 330 | 50×10×8 = 4 000 | 3 130 |
| 2×24 | （120−20−10−3−50−27）×10×10.5 = 1 050 | 27×10×10 = 2 700 | 420 |
| 2×25 | | 10×10×12.5 = 1 250 | 200 |
| 合计 | | 7 950 | 7 950 |

注：③ = 当期① − 前一期① + 当期②

（3）2×21年12月31日会计处理：

借：管理费用　　　　　　　　　　　　　　　　　　　　　　　18 000 000

　　贷：应付职工薪酬　　　　　　　　　　　　　　　　　　　　　　18 000 000

（4）2×22年12月31日会计处理：

借：管理费用　　　　　　　　　　　　　　　　　　　　　　　24 000 000

　　贷：应付职工薪酬　　　　　　　　　　　　　　　　　　　　　　24 000 000

（5）2×23年12月31日会计处理：

借：应付职工薪酬　　　　　　　　　　　　　　　　　　　　　40 000 000

　　贷：银行存款　　　　　　　　　　　　　　　　　　　　　　　　40 000 000

借：管理费用　　　　　　　　　　　　　　　　　　　　　　　31 300 000

　　贷：应付职工薪酬　　　　　　　　　　　　　　　　　　　　　　31 300 000

（6）2×24年12月31日会计处理：

借：应付职工薪酬　　　　　　　　　　　　　　　　　　　　　27 000 000

　　贷：银行存款　　　　　　　　　　　　　　　　　　　　　　　　27 000 000

借：公允价值变动损益　　　　　　　　　　　　　　　　　　　 4 200 000

　　贷：应付职工薪酬　　　　　　　　　　　　　　　　　　　　　　 4 200 000

（7）2×25年12月31日会计处理：

借：应付职工薪酬　　　　　　　　　　　　　　　　　　　　　12 500 000

　　贷：银行存款　　　　　　　　　　　　　　　　　　　　　　　　12 500 000

借：公允价值变动损益　　　　　　　　　　　　　　　　　　　 2 000 000

　　贷：应付职工薪酬　　　　　　　　　　　　　　　　　　　　　　 2 000 000

### （四）回购股份进行职工期权激励

企业以回购股份形式奖励本企业职工的，属于权益结算的股份支付。企业回购股份时，应按回购股份的全部支出作为库存股处理，同时进行备查登记。按照权益结算股份支付的规定，企业应当在等待期内每个资产负债表日按照权益工具在授予日的公允价值，将取得的职工服务计入成本费用，同时增加资本公积（其他资本公积）。在职工行权购买本企业股份时，企业应转销交付职工的库存股成本和等待期内资本公积（其他资本公积）累计金额，同时，按照其差额调整资本公积（股本溢价）。

### （五）授予限制性股票进行股权激励

实务中，上市公司实施限制性股票的股权激励安排中，常见做法是上市公司以非公开发行的方式向激励对象授予一定数量的公司股票，并规定锁定期和解锁期，在锁定期和解锁期内，不得上市流通及转让。达到解锁条件，可以解锁；如果全部或部分股票未被解锁而失效或作废，通常由上市公司按照事先约定的价格立即进行回购。

对于此类授予限制性股票的股权激励计划，向职工发行的限制性股票按有关规定履行了注册登记等增资手续的，上市公司应当根据收到的职工缴纳的认股款确认股本和资本公积（股本溢价），按照职工缴纳的认股款，借记"银行存款"等科目，按照股本金额，贷记"股本"科目，按照其差额，贷记"资本公积——股本溢价"科目；同时，就回购义务确认负债（作收购库存股处理），按照发行限制性股票的数量以及相应的回购价格计算确定的金额，借记"库存股"科目，贷记"其他应付款——限制性股票回购义务"（包括未满足条件而须立即回购的部分）等科目。

上市公司应当综合考虑限制性股票锁定期和解锁期等相关条款，按照《企业会计准则第 11 号——股份支付》相关规定判断等待期，进行与股份支付相关的会计处理。对于因回购而产生的义务确认的负债，应当按照《企业会计准则第 22 号——金融工具确认和计量》相关规定进行会计处理。对上市公司未达到限制性股票解锁条件而需回购的股票，按照应支付的金额，借记"其他应付款——限制性股票回购义务"等科目，贷记"银行存款"等科目；同时，按照注销的限制性股票数量相对应的股本金额，借记"股本"科目，按照注销的限制性股票数量相对应的库存股的账面价值，贷记"库存股"科目，按其差额，借记"资本公积——股本溢价"科目。对上市公司达到限制性股票解锁条件而无需回购的股票，按照解锁股票相对应的负债的账面价值，借记"其他应付款——限制性股票回购义务"等科目，按照解锁股票相对应的库存股的账面价值，贷记"库存股"科目，如有差额，则借记或贷记"资本公积——股本溢价"科目。

上市公司在等待期内发放现金股利的会计处理，应视其发放的现金股利是否可撤销采取不同的方法。

**1. 现金股利可撤销**

现金股利可撤销即一旦未达到解锁条件，被回购限制性股票的持有者将无法获得（或需要退回）其在等待期内应收（或已收）的现金股利。等待期内，上市公司在核算应分配给限制性股票持有者的现金股利时，应合理估计未来解锁条件的满足情况，该估计与进行股份支付会计处理时在等待期内每个资产负债表日对可行权权益工具数量进行的估计应当保持一致。对于预计未来可解锁限制性股票，上市公司应分配给限制性股票持有者的现金股利应当作为利润分配进行会计处理，借记"利润分配——应付现金股利或利润"科目，贷记"应付股利——限制性股票股利"科目；同时，按分配的现金股利金额，借记"其他应付款——限制性股票回购义务"等科目，贷记"库存股"科目；实际支付时，借记"应付股利——限制性股票股利"科目，贷记"银行存款"等科目。对于预计未来不可解锁限制性股票，上市公司应分配给限制性股票持有者的现金股利应当冲减相关的负债，借记"其他应付款——限制性股票回购义务"等科目，贷记"应付股利——限制性股票股利"科目；实际支付时，借记"应付股利——限制性股票股利"科目，贷记"银行存款"等科目。后续信息表明不可解锁限制性股票的数量与以前估计不同的，应当作为会计估计变更处理，直到解锁日预计不可解锁限制性股票的数量与实际未解锁限制性股票的数量一致。

**2. 现金股利不可撤销**

现金股利不可撤销即不论是否达到解锁条件，限制性股票持有者都有权获得（或不得被要求退回）其在等待期内应收（或已收）的现金股利。等待期内，上市公司在核算应分配给限制性股票持有者的现金股利时，应合理估计未来解锁条件的满足情况，该估计与进行股份支付会计处理时在等待期内每个资产负债表日对可行权权益工具数量进行的估计应当保持一致。对于预计未来可解锁限制性股票持有者，上市公司应分配给限制性股票持有者的现金股利应当作为利润分配进行会计处理，借记"利润分配——应付现金股利或利润"科目，贷记"应付股利——限制性股票股利"科目，实际支付时，借记"应付股利——限制性股票股利"科目，贷记"银行存款"等科目。对于预计未来不可解锁限制性股票持有者，上市公司应分配给限制性股票持有者的现金股利应当计入当期成本费用，借记"管理费用"等科目，贷记"应付股利——应付限制性股票股利"科目；实际支付时，借记"应付股利——限制性股票股利"科目，贷记"银行存款"等科目。后续信息表明不可解锁限制性股票的数量与以前估计不同的，应当作为会计估计变更处理，直到解锁日预计不可解锁限制性股票的数量与实际未解锁限制性股票的数量一致。

**【例 5-4】** 甲公司为促进公司实现高质量发展，通过授予职工限制性股票的形式实施股权激励计划。2×22 年 1 月 1 日以非公开发行（即定向增发）的方式向 100 名管理人员每人授予 10 万股甲公司股票，授予价格为 8 元/股，每股面值 1 元。2×22 年 1 月 1 日，100 名管理人员全部认购，认购款项为 8 000 万元，甲公司发行前的股本为 40 000 万元，增资后股份变为 41 000 万元，甲公司办理了相关增资手续。该股票在授予日的公允价值为 18 元/股。

该股权激励计划规定，授予对象从 2×22 年 1 月 1 日起在本公司连续服务满 3 年的，所授予股票将于 2×25 年 1 月 1 日全部解锁；在锁定期内离职的，甲公司将按照原授予价格 8 元/股回购。至 2×25 年 1 月 1 日，所授予股票不得流通或转让，激励对象取得的现金股利暂由公司管理，作为应付股利在解锁时向激励对象支付；对于未能解锁的限制性股票，按照授予价格予以回购，相应的股利不予支付。

截至 2×22 年 12 月 31 日，甲公司有 4 名受激励的管理人员离职，估计未来两年将有 6 名管理人员离职，即估计 3 年中离职的管理人员为 10 名。当年宣告发放现金股利，以包括上述限制性股票在内的股份 41 000 万股为基数，每股分配现金股利 2 元，共计分配现金股利 82 000 万元，当年以银行存款实际支付现金股利 80 000 万元。甲公司对不符合解锁条件的限制性股票 40 万股按照授予价格予以回购，并办理完成相关注销手续。回购限制性股票的款项已用银行存款支付给相关管理人员。

2×23 年度，甲公司有 9 名受激励的管理人员离职，估计未来 1 年不会再有管理人员离职。当年宣告发放现金股利，以包括上述限制性股票在内的股份 40 960 万股为基数，每股分配现金股利 2.5 元，共计分配现金股利 102 400 万元，当年以银行存款实际支付现金股利 100 000 万元。甲公司对不符合解锁条件的限制性股票 90 万股按照授予价格予以回购，并办理完成相关注销手续。回购限制性股票的款项已用银行存款支付给相关管理人员。

2×24 年度，甲公司没有激励对象离职，与 2×23 年预计一致。

（1）行权条件分析。

本案例中可行权条件只有 1 个：连续服务 3 年的服务期限条件。

（2）2×22 年会计处理。

①2×22 年 1 月 1 日。

甲公司收到职工缴纳的认股款 = $100 \times 10 \times 8 = 8\,000$ 万元

| 借：银行存款 | 80 000 000 |
| 　　贷：股本 | 10 000 000 |
| 　　　　资本公积——股本溢价 | 70 000 000 |
| 借：库存股 | 80 000 000 |
| 　　贷：其他应付款——限制性股票回购义务 | 80 000 000 |

②2×22 年 12 月 31 日。

a. 确认 2×22 年管理费用。

甲公司应以限制性股票授予日公司股票的市价减去授予价格后的金额来确定限制性股票在授予日的公允价值，公允价值为 10 元/股。

计入管理费用金额 = $(100-4-6) \times 10 \times 10 \times 1/3 = 3\,000$（万元）。

| 借：管理费用 | 30 000 000 |
| 　　贷：资本公积——其他资本公积 | 30 000 000 |

b. 2×21 年现金股利的处理。

对于预计未来不可解锁限制性股票的 10 名持有者，甲公司应分配给限制性股票持有者的现金股利冲减"其他应付款——限制性股票回购义务"科目，冲减金额为 $10 \times 10 \times 2 = 200$ 万元。

对于预计未来可解锁限制性股票的 90 名持有者，应分配给限制性股票持有者的现金股

利应当作为利润分配进行会计处理，金额为（40 000＋90×10）×2＝81 800万元。

借：利润分配——应付现金股利或利润 818 000 000
　　其他应付款——限制性股票回购义务 2 000 000
　　贷：应付股利——限制性股票股利 820 000 000
借：其他应付款——限制性股票回购义务 （90×10×2＝1 800万元）18 000 000
　　贷：库存股 18 000 000
借：应付股利—限制性股票股利 800 000 000
　　贷：银行存款 800 000 000

c. 向离职人员回购股票。

应向4名离职人员支付股票回购金额为4×10×8＝320万元。由于现金股利可撤销，还应冲减相应的应付股利4×10×2＝80万元。

借：其他应付款——限制性股票回购义务 2 400 000
　　应付股利——限制性股票股利 800 000
　　贷：银行存款 3 200 000
借：股本 400 000
　　资本公积——股本溢价 2 800 000
　　贷：库存股 3 200 000

（3）2×23年12月31日会计处理。

①确认2×23年管理费用。

计入管理费用金额＝（100－4－9）×10×10×2/3－3 000＝2 800（万元）。

借：管理费用 28 000 000
　　贷：资本公积——其他资本公积 28 000 000

②2×23年现金股利的处理。

2×23年在上年剩余的96名限制性股票持有者中，又预计未来有9名（9＋0＝9）持有者不可解锁，甲公司应分配给这些限制性股票持有者的现金股利冲减"其他应付款——限制性股票回购义务"科目，冲减金额为9×10×2.5＝225万元。另外，还需要考虑对2×22年与2×23年不可解锁限制性股票持有者估计误差的影响：2×22年预计有10（4＋6＝10）人不可解锁，2×23年预计有13（4＋9＋0＝13）人不可解锁，相当于按照最新的估计，2×22年少考虑了3名不可解锁限制性股票持有者的股利分配影响，该影响应在2×23年进行调整，即冲减"其他应付款——限制性股票回购义务"科目，冲减金额为3×10×2＝60万元。

对于预计未来可解锁限制性股票的87名持有者，应分配给限制性股票持有者的现金股利应当作为利润分配进行会计处理，在此处也应调整2×22年人数估计误差的影响。利润分配金额＝（40 000＋87×10）×2.5－3×10×2＝102 115万元。

借：利润分配——应付现金股利或利润 1 021 150 000
　　其他应付款——限制性股票回购义务 2 850 000
　　贷：应付股利——限制性股票股利 1 024 000 000

借：其他应付款——限制性股票回购义务

（87×10×2.5－3×10×2＝2 115万元）21 150 000

  贷：库存股 21 150 000

借：应付股利——限制性股票股利 1 000 000 000

  贷：银行存款 1 000 000 000

c. 向离职人员回购股票。

应向 9 名离职人员支付股票回购金额为 9×10×8＝720 万元。由于现金股利可撤销，还应冲减相应的应付股利 9×10×（2＋2.5）＝405 万元。

借：其他应付款——限制性股票回购义务 3 150 000

  应付股利——限制性股票股利 4 050 000

  贷：银行存款 7 200 000

借：股本 900 000

  资本公积——股本溢价 6 300 000

  贷：库存股 7 200 000

（4）2×24 年 12 月 31 日会计处理。

① 确认 2×24 年管理费用。

计入管理费用金额＝（100－4－9）×10×10－3 000－2 800＝2 900（万元）。

借：管理费用 29 000 000

  贷：资本公积——其他资本公积 29 000 000

② 2×24 年 12 月 31 日解锁的处理。

2×24 年 12 月 31 日最终有 87 名激励对象解锁股票。

借：资本公积——其他资本公积 （88×10×10＝8 800万元）88 000 000

  贷：资本公积——股本溢价 88 000 000

借：其他应付款——限制性股票回购义务 30 450 000

  贷：库存股 30 450 000

借：应付股利——限制性股票股利 39 150 000

  贷：银行存款 39 150 000

## 第三节　股份支付的特殊事项

### 一、可行权条件的修改

  通常情况下，股份支付协议生效后，不应对其条款和条件随意修改。但在某些情况下，可能需要修改授予权益工具的股份支付协议中的条款和条件。例如，股票除权、除息或其他原因需要调整行权价格或股票期权数量。此外，为取得更佳的激励效果，有关法规也允许企业依据股份支付协议的规定，调整行权价格或股票期权数量，但应当由董事会作出决议并经股东大会审议批准，或者由股东大会授权董事会决定。《上市公司股权激励管理办法》

对此作出了严格的限定,必须按照批准股份支付计划的原则和方式进行调整。

在会计核算上,无论已授予的权益工具的条款和条件如何修改,甚至取消权益工具的授予或结算该权益工具,企业都应至少确认按照所授予的权益工具在授予日的公允价值来计量获取的相应服务,除非因不能满足权益工具的可行权条件(除市场条件外)而无法可行权。

### (一)条件的有利修改

企业应当分以下情况,确认导致股份支付公允价值总额升高以及其他对职工有利的修改的影响:

(1)如果修改增加了所授予的权益工具的公允价值,企业应按照权益工具公允价值的增加相应地确认取得服务的增加。权益工具公允价值的增加,是指修改前后的权益工具在修改日的公允价值之间的差额。

(2)如果修改增加了所授予的权益工具的数量,企业应将增加的权益工具的公允价值相应地确认为取得服务的增加。

(3)如果企业按照有利于职工的方式修改可行权条件,如缩短等待期、变更或取消业绩条件(非市场条件),企业在处理可行权条件时,应当考虑修改后的可行权条件。

【例5-5】长江公司为一家空调制造上市公司。2×23年2月1日,公司向其100名研发人员每人授予10万股股票期权,这些研发人员从2×23年2月1日起在该公司连续服务满3年的,即可以6元每股的价格购买10万股长江公司股票。长江公司估计该期权在授予日的公允价值为18元。

2×23年末,长江公司有3名研发人员离职,长江公司估计剩余等待期内还将有7名研发人员离职。

假定公司2×24年1月1日将授予日权益工具的公允价值由每股18元修改为每股20元。2×24年末,公司有5名研发人员离职,公司估计未来还将有1名研发人员离职。

2×25年末,公司有1名研发人员离职,公司估计未来1个月没有研发人员离职。

(1)2×23年会计处理。

2×23年应确认的研发支出=(100-3-7)×10×18×11/36=4 950(万元)。

借:研发支出——费用化支出　　　　　　　　　　49 500 000
　　贷:资本公积——其他资本公积　　　　　　　　　　49 500 000
借:管理费用　　　　　　　　　　　　　　　　　49 500 000
　　贷:研发支出——费用化支出　　　　　　　　　　49 500 000

(2)2×24年会计处理。

2×24年应确认的研发支出=(100-3-5-1)×10×(18×23/36+2×12/25)-4 950=6 388.6(万元)。

借:研发支出——费用化支出　　　　　　　　　　63 886 000
　　贷:资本公积——其他资本公积　　　　　　　　　　63 886 000

| 借：管理费用 | 63 886 000 |
|---|---|
|   贷：研发支出——费用化支出 | 63 886 000 |

（3）2×25年会计处理。

2×25 年应确认的研发支出＝（100－3－5－1－0）×10×（18×35/36＋2×24/25）－4 950－6 388.6＝6 333.6（万元）。

| 借：研发支出——费用化支出 | 63 336 000 |
|---|---|
|   贷：资本公积——其他资本公积 | 63 336 000 |
| 借：管理费用 | 63 336 000 |
|   贷：研发支出——费用化支出 | 63 336 000 |

### （二）条件的不利修改

如果企业以减少股份支付公允价值总额的方式或其他不利于职工的方式修改条款和条件，企业仍应继续对取得的服务进行会计处理，如同该变更从未发生，除非企业取消了部分或全部已授予的权益工具。具体包括如下三种情况：

（1）如果修改减少了授予的权益工具的公允价值，企业应当继续以权益工具在授予日的公允价值为基础，确认取得服务的金额，而不应考虑权益工具公允价值的减少。

（2）如果修改减少了授予的权益工具的数量，企业应当将减少部分作为已授予的权益工具的取消来进行处理。

（3）如果企业以不利于职工的方式修改了可行权条件，如延长等待期、增加或变更业绩条件（非市场条件），企业在处理可行权条件时，不应考虑修改后的可行权条件。

### （三）取消或结算

如果企业在等待期内取消了所授予的权益工具或结算了所授予的权益工具（因未满足可行权条件而被取消的除外），企业应当：

（1）将取消或结算作为加速可行权处理，立即确认原本应在剩余等待期内确认的金额。

（2）在取消或结算时支付给职工的所有款项均应作为权益的回购处理，回购支付的金额高于该权益工具在回购日公允价值的部分，计入当期费用。

（3）如果向职工授予新的权益工具，并在新权益工具授予日认定所授予的新权益工具是用于替代被取消的权益工具的，企业应以与处理原权益工具条款和条件修改相同的方式，对所授予的替代权益工具进行处理。权益工具公允价值的增加，是指在替代权益工具的授予日，替代权益工具公允价值与被取消的权益工具净公允价值之间的差额。被取消的权益工具的净公允价值，是指其在取消前立即计量的公允价值减去因取消原权益工具而作为权益回购支付给职工的款项。如果企业未将新授予的权益工具认定为替代权益工具，则应将其作为一项新授予的股份支付进行处理。

企业如果回购其职工已可行权的权益工具，应当借记所有者权益，回购支付的金额高于该权益工具在回购日公允价值的部分，计入当期费用。

## 二、企业将以现金结算的股份支付改为以权益结算的股份支付

企业修改以现金结算的股份支付协议中的条款和条件,使其成为以权益结算的股份支付的,在修改日,企业应当按照所授予权益工具当日的公允价值计量以权益结算的股份支付,将已取得的服务计入资本公积,同时终止确认以现金结算的股份支付在修改日已确认的负债,两者之间的差额计入当期损益。上述规定同样适用于修改发生在等待期结束后的情形。如果由于修改延长或缩短了等待期,企业应当按照修改后的等待期进行上述会计处理(无须考虑不利修改的有关会计处理规定)。如果企业取消一项以现金结算的股份支付,授予一项以权益结算的股份支付,并在授予权益工具日认定其是用来替代已取消的以现金结算的股份支付(因未满足可行权条件而被取消的除外)的,按上述原则处理。

## 三、集团股份支付的处理

企业集团(由母公司和其全部子公司构成)内发生的股份支付交易,应当按照以下规定进行会计处理:

(1)结算企业以其本身权益工具结算的,应当将该股份支付交易作为权益结算的股份支付处理;除此之外,应当作为现金结算的股份支付处理。

结算企业是接受服务企业的投资者的,应当按照授予日权益工具的公允价值或应承担负债的公允价值确认为对接受服务企业的长期股权投资,同时确认资本公积(其他资本公积)或负债。

(2)接受服务企业没有结算义务或授予本企业职工的是其本身权益工具的,应当将该股份支付交易作为权益结算的股份支付处理;接受服务企业具有结算义务且授予本企业职工的是企业集团内其他企业权益工具的,应当将该股份支付交易作为现金结算的股份支付处理。

母公司向子公司高管授予股份支付,在合并财务报表中计算子公司少数股东损益时,虽然子公司的股权激励全部由母公司结算,但子公司少数股东损益中应包含按照少数股东持股比例分享的子公司股权激励费用。

如果受到激励的高管在集团内调动导致接受服务的企业变更,但高管人员应取得的股权激励并未发生实质性变化,则应根据受益情况,在等待期内按照合理的标准(例如服务时间)在原接受服务的企业与新接受服务的企业间分摊该高管的股权激励费用。即谁受益,谁确认费用。

集团内股份支付,包括集团内任何主体的任何股东,并未限定结算的主体为控股股东;非控股股东授予职工公司的权益工具满足股份支付条件时,也应当视同集团内股份支付进行处理。

**思考题**

1. 股份支付的确认和计量原则有哪些？
2. 股份支付的方式有哪些？
3. 授予限制性股票分配现金股利时应如何进行会计处理？
4. 行权条件的有利修改与不利修改在会计处理上有何区别？

拓展阅读

即测即练

自学自测

扫描此码

# 第六章 所得税

【学习目标】

1. 理解所得税核算的基本原理和暂时性差异。
2. 掌握资产、负债的计税基础。
3. 掌握递延所得税资产和递延所得税负债的确认和计量。
4. 了解所得税的列报。

案例引导：南钢股份所得税会计案例分析

## 第一节 所得税核算的基本原理

我国所得税会计核算采用了资产负债表债务法，要求企业从资产负债表出发，比较资产负债表上列示的资产、负债按照会计准则规定确定的账面价值与按照税法规定确定的计税基础，将两者之间的差异分为应纳税暂时性差异与可抵扣暂时性差异，从此确认相关的递延所得税负债与递延所得税资产，在综合考虑当期应交所得税的基础上，确定每一会计期间利润表中的所得税费用。税收是国家财政收入的主要来源，通过本章的学习，让学生理解"企业会计准则"中的"会计利润"与国家"税法"中的"税收利润"的区别和联系，从而深刻领悟"公平"是社会主义核心价值观之一，税收公平是实现平等竞争的重要条件。

### 一、资产负债表债务法

资产负债表债务法在所得税的会计核算方面遵循了资产、负债的界定。从资产负债角度考虑，资产的账面价值代表的是某项资产在持续持有及最终处置的一定期间内为企业带来未来经济利益的总额，而其计税基础代表的是该期间内按照税法规定就该项资产可以税前扣除的总额。资产的账面价值小于其计税基础的，表明该项资产于未来期间产生的经济利益流入低于按照税法规定允许税前扣除的金额，产生可抵减未来期间应纳税所得额的因素，减少未来期间以所得税税款的方式流出企业的经济利益，应确认为递延所得税资产。反之，一项资产的账面价值大于其计税基础的，两者之间的差额会增加企业于未来期间的应纳税所得额及应交所得税，对企业形成经济利益流出的义务，应确认为递延所得税负债。

资产负债表债务法是基于资产负债表中所列示的资产、负债账面价值和计税基础经济含义，分析按照会计原则列报的账面价值与税法规定的差异，并就有关差异确定相关所得税影响的会计方法。相较于仅将当期实际应交所得税作为利润表中所得税费用的核算方法，资产负债表债务法除能够反映企业已经持有的资产、负债及其变动对当期利润的影响外，还能够反映有关资产、负债对未来期间的所得税影响，在所得税核算领域贯彻了资产负债观。

## 二、所得税会计的一般程序

在采用资产负债表债务法核算所得税的情况下，企业一般应于每一资产负债表日进行所得税的核算。企业合并等特殊交易或事项发生时，在确认因交易或事项取得的资产、负债时即应同时确认相关的所得税影响。企业进行所得税核算一般应遵循以下程序：

（1）按照相关会计准则规定确定资产负债表中除递延所得税资产和递延所得税负债以外的其他资产和负债项目的账面价值。资产、负债的账面价值，是指企业按照相关会计准则的规定进行核算后在资产负债表中列示的金额。对于计提了减值准备的各项资产，其账面价值是指其账面余额减去已计提的减值准备后的金额。例如，企业持有的应收账款账面余额为1 000万元，企业对该应收账款计提了 50 万元的坏账准备，其账面价值为 950 万元。

（2）按照会计准则中对于资产和负债计税基础的确定方法，以适用的税收法规为基础，确定资产负债表中有关资产、负债项目的计税基础。

（3）比较资产、负债的账面价值与其计税基础，对于两者之间存在差异的，分析其性质，除会计准则中规定的特殊情况外，分为应纳税暂时性差异与可抵扣暂时性差异，确定资产负债表日递延所得税负债和递延所得税资产的应有金额，并与期初递延所得税资产和递延所得税负债的余额相比，确定当期应予进一步确认的递延所得税资产和递延所得税负债金额或应予转销的金额，作为递延所得税。

（4）就企业当期发生的交易或事项，按照适用的税法规定计算确定当期应纳税所得额，将应纳税所得额与适用的所得税税率计算的结果确认为当期应交所得税，作为当期所得税。

（5）确定利润表中的所得税费用。利润表中的所得税费用包括当期所得税（当期应交所得税）和递延所得税，企业在计算确定了当期所得税和递延所得税后，两者之和（或之差），是利润表中的所得税费用。

## 第二节　资产、负债的计税基础

所得税会计的关键在于确定资产、负债的计税基础。在确定资产、负债的计税基础时，应严格遵循税收法规中对于资产的税务处理以及可税前扣除的费用等的规定进行。

### 一、资产的计税基础

资产的计税基础，是指企业收回资产账面价值过程中，计算应纳税所得额时按照税法规定可以自应税经济利益中抵扣的金额，即某一项资产在未来期间计税时按照税法规定可以税前扣除的总金额。

资产在初始确认时，其计税基础一般为取得成本，即企业为取得某项资产支付的成本在未来期间准予税前扣除。在资产持续持有的过程中，其计税基础是指资产的取得成本减去以前期间按照税法规定已经税前扣除的金额后的余额。如固定资产、无形资产等长期资产在某一资产负债表日的计税基础是指其成本扣除按照税法规定已在以前期间税前扣除的累计折旧额或累计摊销额后的金额。

现举例说明部分资产项目计税基础的确定。

## （一）固定资产

以各种方式取得的固定资产，初始确认时按照会计准则规定确定的入账价值基本上是被税法认可的，即取得时其账面价值一般等于计税基础。

固定资产在持有期间进行后续计量时，由于会计与税法规定的对折旧方法、折旧年限以及固定资产减值准备的提取等的处理不同，可能造成固定资产的账面价值与计税基础的差异。

（1）折旧方法、折旧年限的差异。会计准则规定，企业应当根据与固定资产有关的经济利益的预期实现方式合理选择折旧方法，如可以按照年限平均法计提折旧，也可以按照双倍余额递减法、年数总和法等计提折旧，前提是企业选用的有关折旧方法反映相关固定资产包含经济利益的实现方式。税法中除某些按照规定可以加速折旧的情况下，基本上可以税前扣除的是按照年限平均法计提的折旧；另外，税法还就每一类固定资产的最低折旧年限作出了规定，而会计准则规定折旧年限是由企业根据固定资产的性质和使用情况合理确定的。如企业进行会计处理时确定的折旧年限与税法规定不同，也会因每一期间折旧额的差异使固定资产在资产负债表日账面价值与计税基础产生差异。

（2）因计提固定资产减值准备产生的差异。持有固定资产期间，在固定资产计提了减值准备以后，因为税法规定企业计提的资产减值准备在发生实质性损失前不允许税前扣除，所以在有关减值准备转变为实质性损失前，也会造成固定资产的账面价值与计税基础的差异。

**【例 6-1】** A 企业于 20×6 年 12 月 20 日取得的某项固定资产，原价为 750 万元，使用年限为 10 年，会计上采用年限平均法计提折旧，净残值为零。税法规定该类（由于技术进步、产品更新换代较快的）固定资产采用加速折旧法计提的折旧可予税前扣除，该企业在计税时采用双倍余额递减法计提折旧，净残值为零。20×8 年 12 月 31 日，企业估计该项固定资产的可收回金额为 550 万元。

**分析：**

20×8 年 12 月 31 日，该项固定资产的账面余额 = 750 - 75×2 = 600（万元），该账面余额大于其可收回金额 550 万元，两者之间的差额应计提 50 万元的固定资产减值准备。

20×8 年 12 月 31 日，该项固定资产的账面价值 = 750 - 75×2 - 50 = 550（万元）

其计税基础 = 750 - 750×20% - 600×20% = 480（万元）

该项固定资产的账面价值 550 万元与其计税基础 480 万元之间存在的 70 万元差额，将于未来期间计入企业的应纳税所得额。

**【例 6-2】** B 企业于 20×6 年末以 750 万元购入一项生产用固定资产，按照该项固定资产的预计使用情况，B 企业在会计核算时估计其使用寿命为 5 年。计税时，按照适用税法规定，其最低折旧年限为 10 年，该企业计税时按照 10 年计算确定可税前扣除的折旧额。假定会计与税法规定均按年限平均法计提折旧，净残值均为零。20×7 年该项固定资产按照 12 个月计提折旧。假定固定资产未发生减值。

**分析：**

该项固定资产在 20×7 年 12 月 31 日的账面价值 = 750 − 750/5 = 600（万元）

该项固定资产在 20×7 年 12 月 31 日的计税基础 = 750 − 750/10 = 675（万元）

该项固定资产的账面价值 600 万元与其计税基础 675 万元之间产生的 75 万元差额，在未来期间会减少企业的应纳税所得额。

### （二）无形资产

除内部研究开发形成的无形资产以外，其他方式取得的无形资产，初始确认时按照会计准则规定确定的入账价值与按照税法规定确定的计税基础之间一般不存在差异。能产生差异的主要是产生于内部研究开发形成的无形资产以及使用寿命不确定的无形资产。

（1）内部研究开发形成的无形资产，其成本为开发阶段符合资本化条件以后至达到预定用途前发生的支出，除此之外，研究开发过程中发生的其他支出应予费用化计入损益；税法规定，自行开发的无形资产，以开发过程中该资产符合资本化条件后至达到预定用途前发生的支出为计税基础。另外，对于研究开发费用的加计扣除，假定税法中规定企业为开发新技术、新产品、新工艺发生的研究开发费用，未形成无形资产计入当期损益的，在按照规定据实扣除的基础上，按照研究开发费用的 100%加计扣除；形成无形资产的，按照无形资产成本的 200%摊销。

另外，会计准则中规定了例外条款，即如该无形资产的确认不是产生于企业合并交易，同时在确认时既不影响会计利润也不影响应纳税所得额，则不确认该暂时性差异的所得税影响。该种情况下，无形资产在初始确认时，对于会计与税收规定之间存在的暂时性差异不予确认，持续持有过程中，在初始未予确认暂时性差异的所得税影响范围内的摊销额等的差异亦不予确认。

**【例 6-3】** A 企业当期为开发新技术发生研究开发支出计 2 000 万元，其中研究阶段支出 400 万元，开发阶段符合资本化条件前发生的支出为 400 万元，符合资本化条件后至达到预定用途前发生的支出为 1 200 万元。假定税法规定，企业为开发新技术、新产品、新工艺发生的研究开发费用，未形成无形资产计入当期损益的，按照研究开发费用的 100%加计扣除；形成无形资产的，按照无形资产成本的 200%摊销。假定开发形成的无形资产在当期期末已达到预定用途（尚未开始摊销）。

A 企业当期发生的研究开发支出中，按照会计准则规定应予费用化的金额为 800 万元，形成无形资产的成本为 1 200 万元，即期末所形成无形资产的账面价值为 1 200 万元。

A 企业当期发生的 2 000 万元研究开发支出，按照税法规定可在当期税前扣除的金额为 1 200 万元。所形成无形资产在未来期间可予税前扣除的金额为 2 400（1 200×200%）

万元,其计税基础为 2 400 万元,形成暂时性差异 1 200 万元。

应予说明的是,上述 1 200 万元暂时性差异产生于无形资产的初始确认,并非产生于企业合并,且该无形资产在初始确认时既未影响会计利润,也未影响应纳税所得额,因此,该 1 200 万元暂时性差异的所得税影响不予确认。

(2)无形资产在后续计量时,会计与税法规定方面的差异主要产生于成本是否需要摊销、摊销方法和年限的差异及无形资产减值准备的提取。

会计准则规定,企业应根据无形资产的使用寿命情况,将无形资产分为使用寿命有限的无形资产与使用寿命不确定的无形资产。对于使用寿命不确定的无形资产,不要求摊销,但持有期间每年应进行减值测试。税法规定,企业取得的无形资产成本(外购商誉除外),应在一定期限内摊销。对于使用寿命不确定的无形资产,其成本在会计处理时不予摊销,但计税时按照税法规定确定的摊销额允许税前扣除,造成该类无形资产账面价值与计税基础的差异。

在对无形资产计提减值准备的情况下,因税法规定计提的无形资产减值准备在转变为实质性损失前不允许税前扣除,即在提取无形资产减值准备的期间,无形资产的计税基础不会随减值准备的提取发生变化,从而造成无形资产的账面价值与计税基础的差异。

**【例 6-4】** 乙企业于 20×7 年 1 月 1 日取得某项无形资产,取得成本为 1 500 万元,取得该项无形资产后,根据各方面情况判断,乙企业无法合理预计其使用期限,将其作为使用寿命不确定的无形资产。20×7 年 12 月 31 日,对该项无形资产进行减值测试,表明其未发生减值。企业在计税时,对该项无形资产的成本按照 10 年的使用期限采用直线法摊销,摊销金额允许税前扣除。

**分析:**

会计上将该项无形资产作为使用寿命不确定的无形资产,因未发生减值,其在 20×7 年 12 月 31 日的账面价值为取得成本 1 500 万元。

该项无形资产在 20×7 年 12 月 31 日的计税基础为 1 350(成本 1 500 - 按照税法规定可予税前扣除的摊销额 150)万元。

该项无形资产的账面价值 1 500 万元与其计税基础 1 350 万元之间的差额 150 万元,将计入未来期间企业的应纳税所得额,或者可以理解为因为该 150 万元已经在当期计算应纳税所得额时税前扣除,从而减少了当期应交所得税,所以未来期间不会再扣除,但当企业于未来期间产生相关的经济利益流入时即应交税。

### (三)以公允价值计量且其变动计入当期损益的金融资产

按照《企业会计准则第 22 号——金融工具确认和计量》的规定,以公允价值计量且其变动计入当期损益的金融资产于某一会计期末的账面价值为其公允价值。税法规定,企业以公允价值计量的金融资产、金融负债以及投资性房地产等,持有期间公允价值的变动不计入应纳税所得额,在实际处置或结算时,处置取得的价款扣除其历史成本后的差额应计入处置或结算期间的应纳税所得额。按照该规定,以公允价值计量的金融资产在持有期间市价的波动在计税时不予考虑，有关金融资产在某一会计期末的计税基础为其取得成本，从而造成在公允价值变动的情况下，以公允价值计量的金融资产账面价值与计税基础之间的差异。

企业持有的以公允价值计量且其变动计入其他综合收益的金融资产，其计税基础的确定，与以公允价值计量且其变动计入当期损益的金融资产类似，可比照处理。

**【例 6-5】** 20×7 年 10 月 20 日，甲公司自公开市场取得一项权益性投资，支付价款 2 000 万元，作为交易性金融资产核算。20×7 年 12 月 31 日，该投资的市价为 2 200 万元。

**分析：**

该项交易性金融资产的期末市价为 2 200 万元，按照会计准则规定进行核算，其在 20×7 年资产负债表日的账面价值为 2 200 万元。

因税法规定以公允价值计量的金融资产在持有期间公允价值的变动不计入应纳税所得额，其在 20×7 年资产负债表日的计税基础应维持原取得成本不变，为 2 000 万元。该交易性金融资产的账面价值 2 200 万元与其计税基础 2 000 万元之间产生了 200 万元的暂时性差异，该暂时性差异在未来期间转回时会增加未来期间的应纳税所得额。

**【例 6-6】** 20×7 年 11 月 8 日，甲公司自公开的市场上取得一项债权性投资，作为以公允价值计量且其变动计入其他综合收益的金融资产核算。该投资的成本为 1 500 万元。20×7 年 12 月 31 日，其市价为 1 575 万元。

**分析：**

按照会计准则规定，该项金融资产在会计期末应以公允价值计量，其账面价值应为期末公允价值 1 575 万元。

因税法规定资产在持有期间公允价值变动不计入应纳税所得额，则该项金融资产的期末计税基础应维持其原取得成本不变，为 1 500 万元。

该金融资产在 20×7 年资产负债表日的账面价值 1 575 万元与其计税基础 1 500 万元之间产生了 75 万元的暂时性差异，在企业预期以 1 575 万元的价格出售该金融资产时，出售价格与取得成本之间的差额 75 万元将会增加未来期间的应纳税所得额。

### （四）其他资产

因会计准则规定与税法规定不同，企业持有的其他资产，可能造成其账面价值与计税基础之间存在差异，如：

（1）投资性房地产，企业持有的投资性房地产进行后续计量时，会计准则规定可以采用两种模式：一种是成本模式，采用该种模式计量的投资性房地产，其账面价值与计税基础的确定与固定资产、无形资产相同；另一种是在符合规定条件的情况下，可以采用公允价值模式对投资性房地产进行后续计量。对于采用公允价值模式进行后续计量的投资性房地产，其账面价值的确定类似于以公允价值计量的金融资产，因税法中没有投资性房地产的概念及专门的税收处理规定，其计税基础的确定类似于固定资产或无形资产的计税基础。

**【例 6-7】** A 公司于 20×7 年 1 月 1 日将其自用房屋用于对外出租，该房屋的成本为

750万元,预计使用年限为20年。转为投资性房地产之前,已使用4年,企业按照年限平均法计提折旧,预计净残值为零。转为投资性房地产核算后,预计能够持续可靠取得该投资性房地产的公允价值,A公司采用公允价值模式对该投资性房地产进行后续计量。假定税法规定的折旧方法、折旧年限及净残值与会计规定相同。同时,税法规定资产在持有期间公允价值的变动不计入应纳税所得额,待处置时一并计算确定应计入应纳税所得额的金额。该项投资性房地产在20×7年12月31日的公允价值为900万元。

分析:

该投资性房地产在20×7年12月31日的账面价值为其公允价值900万元,其计税基础为取得成本扣除按照税法规定允许税前扣除的折旧额后的金额,即其计税基础 = 750 - 750/20×5 = 562.5(万元)。

该项投资性房地产的账面价值900万元与其计税基础562.5万元之间产生了337.5万元的暂时性差异,在其未来期间预期能够产生900万元的经济利益流入,而在按照税法规定仅能够扣除565.5万元的情况下,该差异会增加企业在未来期间的应纳税所得额。

(2)其他计提了资产减值准备的各项资产。有关资产计提了减值准备后,其账面价值会随之下降,而税法规定资产在发生实质性损失之前,预计的减值损失不允许税前扣除,即其计税基础不会因减值准备的提取而变化,造成在计提资产减值准备以后,资产的账面价值与计税基础之间的差异。

**【例6-8】** A公司20×7年购入原材料的成本为5 000万元,因部分生产线停工,当年未领用任何原材料,20×7年资产负债表日估计该原材料的可变现净值为4 000万元。假定该原材料在20×7年的期初余额为零。

分析:

该项原材料因期末可变现净值低于成本,应计提的存货跌价准备 = 5 000 - 4 000 = 1 000(万元)。计提该存货跌价准备后,该项原材料的账面价值为4 000万元。

该项原材料的计税基础不会因存货跌价准备的提取而发生变化,其计税基础为5 000万元不变。

该存货的账面价值4 000万元与其计税基础5 000万元之间产生了1 000万元的暂时性差异,该差异会减少企业在未来期间的应纳税所得额。

**【例6-9】** A公司20×7年12月31日应收账款余额为6 000万元,该公司期末对应收账款计提了600万元的坏账准备。税法规定,不符合国务院财政、税务主管部门规定的各项资产减值准备不允许税前扣除。假定该公司应收账款及坏账准备的期初余额均为零。

该项应收账款在20×7年资产负债表日的账面价值为5 400(6 000 - 600 = 5 400)万元,因有关的坏账准备不允许税前扣除,其计税基础为6 000万元,该计税基础与其账面价值之间产生了600万元的暂时性差异,在应收账款发生实质性损失时,会减少未来期间的应纳税所得额。

## 二、负债的计税基础

负债的计税基础,是指负债的账面价值减去未来期间计算应纳税所得额时按照税法规定可予抵扣的金额。用公式表示为：

负债的计税基础＝账面价值－未来期间按照税法规定可予税前扣除的金额

负债的确认与偿还一般不会影响企业的损益，也不会影响其应纳税所得额，未来期间计算应纳税所得额时按照税法规定可予抵扣的金额为零，计税基础即为账面价值。但是，在某些情况下，负债的确认可能会影响企业的损益，进而影响不同期间的应纳税所得额，使得其计税基础与账面价值之间产生差额，如按照会计规定确认的某些预计负债。

### （一）企业因销售商品提供售后服务等原因确认的预计负债

按照或有事项准则规定，企业对于预计提供售后服务将发生的支出在满足有关确认条件时，销售当期即应确认为费用，同时确认预计负债。如果税法规定，与销售产品相关的支出应于实际发生时税前扣除。因该类事项产生的预计负债在期末的计税基础为其账面价值与未来期间可税前扣除的金额之间的差额，即为零。

其他交易或事项中确认的预计负债，应按照税法规定的计税原则确定其计税基础。某些情况下，因有些事项确认的预计负债，税法规定其支出无论是否实际发生均不允许税前扣除，即未来期间按照税法规定可予抵扣的金额为零，账面价值等于计税基础。

**【例6-10】** 甲企业20×7年因销售产品承诺提供3年的保修服务，在当年度利润表中确认了500万元的销售费用，同时确认为预计负债，当年度未发生任何保修支出。假定按照税法规定，与产品售后服务相关的费用在实际发生时允许税前扣除。

分析：

该项预计负债在甲企业20×7年12月31日资产负债表中的账面价值为500万元。

该项预计负债的计税基础＝账面价值－未来期间计算应纳税所得额时按照税法规定可予抵扣的金额＝500万元－500万元＝0

该项负债的账面价值500万元与其计税基础0之间的暂时性差异可以理解为：未来期间企业实际发生500万元的经济利益流出用以履行产品保修义务时，税法规定允许税前扣除，即减少未来实际发生期间的应纳税所得额。

### （二）预收账款

企业在收到客户预付的款项时，因不符合收入确认条件，会计上将其确认为负债。税法中对于收入的确认原则一般与会计规定相同，即会计上未确认收入时，计税时一般亦不计入应纳税所得额，该部分经济利益在未来期间计税时可予税前扣除的金额为零，计税基础等于账面价值。

某些情况下，因不符合会计准则规定的收入确认条件，未确认为收入的预收款项，按照税法规定应计入当期应纳税所得额时，有关预收账款的计税基础为零，即因其产生时已经计算交纳所得税，未来期间可全额税前扣除。

**【例6-11】** A公司于20×7年12月20日自客户处收到一笔合同预付款，金额为2 500万元，作为预收账款核算。按照适用税法规定，该款项应计入取得当期应纳税所得额计算交纳所得税。

**分析：**

该预收账款在 A 公司 20×7 年 12 月 31 日资产负债表中的账面价值为 2 500 万元。

该预收账款的计税基础＝账面价值 2 500 万元－未来期间计算应纳税所得额时按照税法规定可予抵扣的金额 2 500 万元＝0

该项负债的账面价值 2 500 万元与其计税基础 0 之间产生 2 500 万元的暂时性差异，该项暂时性差异的含义为在未来期间企业按照会计规定确认收入，产生经济利益流入时，因其在产生期间已经计算交纳了所得税，未来期间则不再计入应纳税所得额，从而会减少企业于未来期间的所得税税款流出。

### （三）应付职工薪酬

会计准则规定，企业为获得职工提供的服务给予的各种形式的报酬以及其他相关支出均应作为企业的成本费用，在未支付之前确认为负债。税法中对于合理的职工薪酬基本允许税前扣除，但税法中如果规定了税前扣除标准的，按照会计准则规定计入成本费用支出的金额超过规定标准部分，应进行纳税调整。因超过部分在发生当期不允许税前扣除，在以后期间也不允许税前扣除，即该部分差额对未来期间计税不产生影响，所产生应付职工薪酬负债的账面价值等于计税基础。

**【例 6-12】** 甲企业 20×7 年 12 月计入成本费用的职工工资总额为 4 000 万元，至 20×7 年 12 月 31 日尚未支付。按照适用税法规定，当期计入成本费用的 4 000 万元工资支出中，可予税前扣除的合理部分为 3 000 万元。

**分析：**

该项应付职工薪酬负债于 20×7 年 12 月 31 日的账面价值为 4 000 万元。

该项应付职工薪酬负债于 20×7 年 12 月 31 日的计税基础＝账面价值 4 000 万元－未来期间计算应纳税所得额时按照税法规定可予抵扣的金额 0＝4 000 万元。

该项负债的账面价值 4 000 万元与其计税基础 4 000 万元相同，不形成暂时性差异。该事项的会计处理与税收处理存在差异，但不形成暂时性差异的原因是两者之间的 1 000 万元差异在产生当期不能税前扣除，在未来期间亦不能税前扣除，从而构成一项永久性差异，其不会对企业未来期间的计税产生影响。

### （四）其他负债

其他负债如企业应交的罚款和滞纳金等，在尚未支付之前按照会计规定确认为费用，同时作为负债反映。税法规定，罚款和滞纳金不能税前扣除，即该部分费用无论是在发生当期还是在以后期间均不允许税前扣除，其计税基础为账面价值与未来期间计税时可予税前扣除的金额 0 之间的差额，即计税基础等于账面价值。

其他交易或事项产生的负债，其计税基础的确定应当遵从适用税法的相关规定。

**【例 6-13】** A 公司在 20×7 年 12 月因违反当地有关环保法规的规定，接到环保部门的处罚通知，要求其支付罚款 500 万元。税法规定，企业因违反国家有关法律法规支付的罚款和滞纳金,计算应纳税所得额时不允许税前扣除。至 20×7 年 12 月 31 日,该项罚款尚未支付。

**分析:**

应支付罚款产生的负债账面价值为 500 万元。

该项负债的计税基础 = 账面价值 500 万元 − 未来期间计算应纳税所得额时按照税法规定可予抵扣的金额 0 = 500 万元

该项负债的账面价值 500 万元与其计税基础 500 万元相同,不形成暂时性差异,不会对企业未来期间的计税产生影响。

## 三、特殊交易或事项中产生资产、负债计税基础的确定

除企业在正常生产经营活动过程中取得的资产和负债以外,对于某些特殊交易中产生的资产、负债,其计税基础的确定应遵从税法规定,如企业合并过程中取得资产、负债计税基础的确定。

《企业会计准则第 20 号——企业合并》中,视参与合并各方在合并前后是否为同一方或相同的多方最终控制,将企业合并分为同一控制下的企业合并与非同一控制下的企业合并两种类型。对于同一控制下的企业合并,合并中取得的有关资产、负债基本上维持其原账面价值不变,合并中不产生新的资产和负债;对于非同一控制下的企业合并,合并中取得的有关资产、负债应按其在购买日的公允价值计量,企业合并成本大于合并中取得的可辨认净资产公允价值的份额部分确认为商誉,企业合并成本小于合并中取得的可辨认净资产公允价值的份额部分计入合并当期损益。

对于企业合并的税收处理,通常情况下被合并企业应视为按公允价值转让、处置全部资产,计算资产的转让所得,依法缴纳所得税。合并企业接受被合并企业的有关资产,计税时可以按经评估确认的价值确定计税基础。另外,在考虑有关企业合并是应税合并还是免税合并时,某些情况下还需要考虑在合并中涉及的获取资产或股权的比例、非股权支付额的比例,具体划分标准和条件应遵从税法规定。

由于会计准则与税收法规对企业合并的划分标准不同、处理原则不同,某些情况下,会造成企业合并中取得的有关资产、负债的入账价值与其计税基础的差异。

例如,某项企业合并中因合并方与被合并方在合并前后均处于同一集团内母公司的最终控制之下,按照会计准则规定,会计处理时将其作为同一控制下企业合并处理,合并方对于合并中取得的被合并方的有关资产、负债均按照其原账面价值确认。该项合并中,假如从合并方取得的股权比例、合并中支付的非股权支付额的比例的角度考虑,不考虑税法中规定的免税合并的条件,则合并方自被合并方取得的有关资产、负债的计税基础应当重新认定。假如按照税法规定确定的被合并方有关资产、负债的计税基础为合并日的市场价格,则相关资产、负债的账面价值与其计税基础会存在差异,从而产生需要确认的递延所得税资产或负债。因有关暂时性差异产生于企业合并交易,且该企业合并为同一控制下的

企业合并，在确认合并中产生递延所得税资产或负债时，相关影响应当计入所有者权益。

再如，某项企业合并交易发生在市场独立主体之间，按照会计准则规定属于非同一控制下的企业合并，购买方对于合并中取得的被购买方各项可辨认资产、负债应当按照公允价值确认。该项合并中，如果购买方取得被购买方的股权比例、合并中股权支付额的比例等达到税法中规定的免税合并的条件，则计税时可以作为免税合并处理，即购买方对于交易中取得的被购买方各项可辨认资产、负债的计税基础应承继其原有计税基础。该项企业合并中取得的有关可辨认资产、负债的账面价值与其计税基础会产生暂时性差异。因有关暂时性差异产生于企业合并，且该企业合并为非同一控制下的企业合并，在确认与暂时性差异相关的所得税影响的同时，将影响合并中确认的商誉。

上述与企业合并相关，因合并中取得的可辨认资产、负债的账面价值与计税基础不同产生的暂时性差异的所得税影响，在控股合并的情况下，应于合并财务报表中确认。购买方或合并方的个别财务报表中产生的会计与税收的差异可能源于相关长期股权投资的入账价值与计税基础之间，一般在长期股权投资初始确认时，应当确认相关的递延所得税影响。

## 第三节　暂时性差异

暂时性差异是指资产、负债的账面价值与其计税基础之间的差额。因资产、负债的账面价值与其计税基础不同，产生了在未来收回资产或清偿负债的期间内，应纳税所得额增加或减少并导致未来期间应交所得税增加或减少的情况，形成企业的资产或负债。在有关暂时性差异发生当期，符合确认条件的情况下，应当确认相关的递延所得税负债或递延所得税资产。

根据暂时性差异对未来期间应纳税所得额的影响，分为应纳税暂时性差异和可抵扣暂时性差异。

除因资产、负债的账面价值与其计税基础不同产生的暂时性差异以外，按照税法规定可以结转以后年度的未弥补亏损和税款抵减，也视同可抵扣暂时性差异处理。

### 一、应纳税暂时性差异

应纳税暂时性差异，是指在确定未来收回资产或清偿负债期间的应纳税所得额时，将导致产生应税金额的暂时性差异，即在未来期间不考虑该事项影响的应纳税所得额的基础上，该暂时性差异的转回，会进一步增加转回期间的应纳税所得额和应交所得税金额，在其产生当期应当确认相关的递延所得税负债。

应纳税暂时性差异通常产生于以下情况。

#### （一）资产的账面价值大于其计税基础

资产的账面价值代表的是企业在持续使用及最终出售该项资产时将取得的经济利益的

总额，而计税基础代表的是资产在未来期间可予税前扣除的总金额。资产的账面价值大于其计税基础，该项资产未来期间产生的经济利益不能全部税前抵扣，两者之间的差额需要交税，产生应纳税暂时性差异。例如，一项资产的账面价值为 500 万元，计税基础为 375 万元，两者之间的差额会造成未来期间应纳税所得额和应交所得税的增加，在其产生当期，应确认相关的递延所得税负债。

### （二）负债的账面价值小于其计税基础

负债的账面价值为企业预计在未来期间清偿该项负债时的经济利益流出，而其计税基础代表的是账面价值在扣除税法规定的未来期间允许税前扣除的金额之后的差额。负债的账面价值与其计税基础不同产生的暂时性差异，实质上是税法规定的就该项负债在未来期间可以税前扣除的金额（即与该项负债相关的费用支出在未来期间可予税前扣除的金额）。负债的账面价值小于其计税基础，则意味着就该项负债在未来期间可以税前抵扣的金额为负数，即应在未来期间应纳税所得额的基础上调增，增加未来期间的应纳税所得额和应交所得税。产生应纳税暂时性差异时，应确认相关的递延所得税负债。

## 二、可抵扣暂时性差异

可抵扣暂时性差异是指在确定未来收回资产或清偿负债期间的应纳税所得额时，将导致产生可抵扣金额的暂时性差异。该差异在未来期间转回时会减少转回期间的应纳税所得额，减少未来期间的应交所得税。在可抵扣暂时性差异产生当期，符合确认条件时，应当确认相关的递延所得税资产。

可抵扣暂时性差异一般产生于以下情况：

（1）资产的账面价值小于其计税基础，意味着资产在未来期间产生的经济利益少，按照税法规定允许税前扣除的金额多，两者之间的差额可以减少企业在未来期间的应纳税所得额并减少应交所得税，符合有关条件时，应当确认相关的递延所得税资产。例如，一项资产的账面价值为 500 万元，计税基础为 650 万元，则企业在未来期间就该项资产可以在其自身取得经济利益的基础上多扣除 150 万元，未来期间应纳税所得额会减少，应交所得税也会减少，形成可抵扣暂时性差异。

（2）负债的账面价值大于其计税基础，负债产生的暂时性差异实质上是税法规定的就该项负债可以在未来期间税前扣除的金额。即：

负债产生的暂时性差异 = 账面价值 − 计税基础
= 账面价值 −（账面价值 − 未来期间计税时按照税法规定可予税前扣除的金额）
= 未来期间计税时按照税法规定可予税前扣除的金额

负债的账面价值大于其计税基础，意味着未来期间按照税法规定与负债相关的全部或部分支出可以自未来应税经济利益中扣除，减少未来期间的应纳税所得额和应交所得税。符合有关确认条件时，应确认相关的递延所得税资产。

## 三、特殊项目产生的暂时性差异

### （一）未作为资产、负债确认的项目产生的暂时性差异

某些交易或事项发生以后，因为不符合资产、负债确认条件而未体现为资产负债表中的资产或负债，但按照税法规定能够确定其计税基础的，其账面价值0与计税基础之间的差异也构成暂时性差异。如企业发生的符合条件的广告费和业务宣传费支出，除另有规定外，不超过当年销售收入15%的部分准予扣除；超过部分准予在以后纳税年度结转扣除。该类费用在发生时按照会计准则规定即计入当期损益，不形成资产负债表中的资产，但按照税法规定可以确定其计税基础的，两者之间的差异也形成暂时性差异。

**【例6-14】** A公司20×7年发生了2 000万元的广告费支出，发生时已作为销售费用计入当期损益。税法规定，该类支出不超过当年销售收入15%的部分允许当期税前扣除，超过部分允许向以后年度结转税前扣除。A公司20×7年实现销售收入10 000万元。

按照会计准则规定该广告费支出在发生时已计入当期损益，不体现为期末资产负债表中的资产，如果将其视为资产，那么其账面价值为0。

按照税法规定，该类支出税前列支有一定的标准限制，根据当期A公司销售收入15%计算，当期可予税前扣除1 500万元（10 000×15%＝1 500万元），当期未予税前扣除的500万元可以向以后年度结转，其计税基础为500万元。

该项资产的账面价值0与其计税基础500万元之间产生了500万元的暂时性差异，该暂时性差异在未来期间可减少企业的应纳税所得额，为可抵扣暂时性差异，符合确认条件时，应确认相关的递延所得税资产。

### （二）可抵扣亏损及税款抵减产生的暂时性差异

按照税法规定可以结转以后年度的未弥补亏损及税款抵减，虽不是因资产、负债的账面价值与计税基础不同产生的，但与可抵扣暂时性差异具有同样的作用，均能够减少未来期间的应纳税所得额，进而减少未来期间的应交所得税，会计处理上视同可抵扣暂时性差异，在符合条件的情况下，应确认与其相关的递延所得税资产。

**【例6-15】** 甲公司于20×7年因政策性原因发生经营亏损2 000万元，按照税法规定，该亏损可用于抵减以后5个年度的应纳税所得额。该公司预计其于未来5年期间能够产生足够的应纳税所得额弥补该亏损。

**分析：**

该经营亏损不是因资产、负债的账面价值与其计税基础不同产生的，但从性质上来说可以减少未来期间企业的应纳税所得额和应交所得税，属于可抵扣暂时性差异。企业预计未来期间能够产生足够的应纳税所得额用于该可抵扣亏损时，应确认相关的递延所得税资产。

# 第四节　递延所得税资产及负债的确认和计量

企业在计算确定了应纳税暂时性差异与可抵扣暂时性差异后，应当按照所得税会计准

则规定的原则确认相关的递延所得税负债以及递延所得税资产。

## 一、递延所得税负债的确认和计量

### （一）递延所得税负债的确认

企业在确认因应纳税暂时性差异产生的递延所得税负债时，应遵循以下原则：

（1）除所得税准则中明确规定可不确认递延所得税负债的情况以外，企业对于所有的应纳税暂时性差异均应确认相关的递延所得税负债。除与直接计入所有者权益的交易或事项以及企业合并中取得资产、负债相关的以外，在确认递延所得税负债的同时，应增加利润表中的所得税费用。与应纳税暂时性差异相关的递延所得税负债的确认，体现了会计上的谨慎性原则，即企业进行会计核算时不应高估资产、不应低估负债。

【例6-16】A企业于20×7年12月6日购入某批设备，取得成本为500万元，会计上采用年限平均法计提折旧，使用年限为10年，净残值为零，因该资产常年处于强震动状态，计税时按双倍余额递减法计提折旧，使用年限及净残值与会计规定相同。A企业适用的所得税税率为25%。假定该企业不存在其他会计与税收处理的差异。

分析：

20×8年资产负债表日，该项固定资产按照会计规定计提的折旧额为50万元，计税时允许扣除的折旧额为100万元，则该固定资产的账面价值450万元与其计税基础400万元之间的差额构成了应纳税暂时性差异，企业应确认相关的递延所得税负债。

【例6-17】甲公司于20×1年12月底购入一台机器设备，成本为525 000元，预计使用年限为6年，预计净残值为零。会计上按直线法计提折旧，因该设备符合税法规定的税收优惠条件，计税时可采用年数总和法计提折旧，假定税法规定的使用年限及净残值均与会计规定相同。本例中假定该公司各会计期间均未对固定资产计提减值准备，除该项固定资产产生的会计与税法之间的差异外，不存在其他会计与税收的差异。

该公司每年因固定资产账面价值与计税基础不同应予以确认的递延所得税情况如表6-1所示。

表6-1　每年递延所得税情况　　　　　　　　　　　　单位：元

| 项目 | 20×2年 | 20×3年 | 20×4年 | 20×5年 | 20×6年 | 20×7年 |
| --- | --- | --- | --- | --- | --- | --- |
| 实际成本 | 525 000 | 525 000 | 525 000 | 525 000 | 525 000 | 525 000 |
| 累计会计折旧 | 87 500 | 175 000 | 262 500 | 350 000 | 437 500 | 525 000 |
| 账面价值 | 437 500 | 350 000 | 262 500 | 175 000 | 87 500 | 0 |
| 累计计税折旧 | 150 000 | 275 000 | 375 000 | 450 000 | 500 000 | 525 000 |
| 计税基础 | 375 000 | 250 000 | 150 000 | 75 000 | 25 000 | 0 |
| 暂时性差异 | 62 500 | 100 000 | 112 500 | 100 000 | 62 500 | 0 |
| 适用税率 | 25% | 25% | 25% | 25% | 25% | 25% |
| 递延所得税负债余额 | 15 625 | 25 000 | 28 125 | 25 000 | 15 625 | 0 |

**分析：**

该项固定资产各年度账面价值与计税基础确定如下。

（1）20×2年资产负债表日。

账面价值＝实际成本－会计折旧＝525 000－87 500＝437 500（元）

计税基础＝实际成本－税前扣除的折旧额＝525 000－150 000＝375 000（元）

因资产的账面价值437 500元大于其计税基础375 000元，两者之间产生的62 500元差异会增加未来期间的应纳税所得额和应交所得税，属于应纳税暂时性差异，应确认与其相关的递延所得税负债15 625元（62 500×25%＝15 625），账务处理如下：

借：所得税费用　　　　　　　　　　　　　　　　　　　　　　　　15 625

　　贷：递延所得税负债　　　　　　　　　　　　　　　　　　　　　　15 625

（2）20×3年资产负债表日。

账面价值＝525 000－87 500－87 500＝350 000（元）

计税基础＝实际成本－累计已税前扣除的折旧额＝525 000－275 000＝250 000（元）

因资产的账面价值350 000元大于其计税基础250 000元，两者之间产生的100 000元差异为应纳税暂时性差异，应确认与其相关的递延所得税负债25 000元，但递延所得税负债的期初余额为15 625元，当期应进一步确认递延所得税负债9 375元，账务处理如下：

借：所得税费用　　　　　　　　　　　　　　　　　　　　　　　　　9 375

　　贷：递延所得税负债　　　　　　　　　　　　　　　　　　　　　　 9 375

（3）20×4年资产负债表日。

账面价值＝525 000－262 500＝262 500（元）

计税基础＝525 000－375 000＝150 000（元）

因资产的账面价值262 500元大于其计税基础150 000元，两者之间产生的112 500元差异为应纳税暂时性差异，应确认与其相关的递延所得税负债28 125元，但递延所得税负债的期初余额为25 000元，当期应进一步确认递延所得税负债3 125元，账务处理如下：

借：所得税费用　　　　　　　　　　　　　　　　　　　　　　　　　3 125

　　贷：递延所得税负债　　　　　　　　　　　　　　　　　　　　　　 3 125

（4）20×5年资产负债表日。

账面价值＝525 000－350 000＝175 000（元）

计税基础＝525 000－450 000＝75 000（元）

因资产的账面价值175 000元大于其计税基础75 000元，两者之间产生的100 000元差异为应纳税暂时性差异，应确认与其相关的递延所得税负债25 000元，但递延所得税负债的期初余额为28 125元，当期应转回原已确认的递延所得税负债3 125元，账务处理如下：

借：递延所得税负债　　　　　　　　　　　　　　　　　　　　　　　3 125

　　贷：所得税费用　　　　　　　　　　　　　　　　　　　　　　　　 3 125

（5）20×6年资产负债表日。

账面价值＝525 000－437 500＝87 500（元）

计税基础 = 525 000 - 500 000 = 25 000（元）

因资产的账面价值 87 500 元大于其计税基础 25 000 元，两者之间产生的 62 500 元差异为应纳税暂时性差异，应确认与其相关的递延所得税负债 15 625 元，但递延所得税负债的期初余额为 25 000 元，当期应转回递延所得税负债 9 375 元，账务处理如下：

借：递延所得税负债　　　　　　　　　　　　　　　　　　　　　　9 375
　　贷：所得税费用　　　　　　　　　　　　　　　　　　　　　　　9 375

（6）20×7 年资产负债表日。

该项固定资产的账面价值及计税基础均为零，两者之间不存在暂时性差异，前期已确认的与该项资产相关的递延所得税负债应予以全额转回，账务处理如下：

借：递延所得税负债　　　　　　　　　　　　　　　　　　　　　　15 625
　　贷：所得税费用　　　　　　　　　　　　　　　　　　　　　　　15 625

（2）不确认递延所得税负债的特殊情况。有些情况下，虽然资产、负债的账面价值与其计税基础不同，产生了应纳税暂时性差异，但出于各方面考虑，所得税准则中规定不确认相应的递延所得税负债，主要包括：

①商誉的初始确认。在非同一控制下的企业合并中，企业合并成本大于合并中取得的被购买方可辨认净资产公允价值份额的差额，按照会计准则规定应确认为商誉。因会计与税收的划分标准不同，会计上作为非同一控制下的企业合并，但如果按照税法规定计税时，作为免税合并的情况，商誉的计税基础为零，其账面价值与计税基础形成应纳税暂时性差异，准则中规定不确认与其相关的递延所得税负债。

【例 6-18】A 企业以增发市场价值为 15 000 万元的自身普通股为对价购入 B 企业 100% 的净资产，对 B 企业进行吸收合并，合并前 A 企业与 B 企业不存在任何关联方关系。假定该项合并符合税法规定的免税合并条件，交易各方选择进行免税处理，购买日 B 企业各项可辨认资产、负债的公允价值及其计税基础如表 6-2 所示。

表 6-2　购买日 B 企业各项可辨认资产、负债的
公允价值及其计税基础　　　　　　　　　单位：万元

| 项　目 | 公允价值 | 计税基础 | 暂时性差异 |
| --- | --- | --- | --- |
| 固定资产 | 6 750 | 3 875 | 2 875 |
| 应收账款 | 5 250 | 5 250 | — |
| 存货 | 4 350 | 3 100 | 1 250 |
| 其他应付款 | (750) | 0 | (750) |
| 应付账款 | (3 000) | (3 000) | 0 |
| 不包括递延所得税的可辨认资产、负债的公允价值 | 12 600 | 9 225 | 3 375 |

B 企业适用的所得税税率为 25%，预期在未来期间不会发生变化，该项交易中应确认递延所得税负债及商誉的金额计算如下：

| | |
|---|---|
| 可辨认净资产公允价值 | 12 600 |
| 递延所得税资产 | （750×25%）187.5 |
| 递延所得税负债 | （4 125×25%）1 031.25 |
| 考虑递延所得税后 | |
| 可辨认资产、负债的公允价值 | 11 756.25 |
| 企业合并成本 | 15 000 |
| 商誉 | 3 243.75 |

因该项合并符合税法规定的免税合并条件，在当事各方选择进行免税处理的情况下，购买方在免税合并中取得的被购买方有关资产、负债应维持其原计税基础不变。被购买方原账面上未确认商誉，即商誉的计税基础为零。

该项合并中所确认的商誉金额3 243.75万元与其计税基础0之间产生的应纳税暂时性差异，按照准则中规定，不再进一步确认相关的所得税影响。

应予说明的是，按照会计准则规定在非同一控制下的企业合并中确认了商誉，并且按照所得税法规的规定商誉在初始确认时计税基础等于账面价值的，该商誉在后续计量过程中因会计准则与税法规定不同产生暂时性差异的，应当确认相关的所得税影响。

②除企业合并以外的其他交易或事项中，如果该项交易或事项发生时既不影响会计利润，也不影响应纳税所得额，则所产生的资产、负债的初始确认金额与其计税基础不同，形成应纳税暂时性差异的，交易或事项发生时不确认相应的递延所得税负债。该规定主要是考虑到交易发生时既不影响会计利润，也不影响应纳税所得额，确认递延所得税负债的直接结果是增加有关资产的账面价值或是减少所确认负债的账面价值，使得资产、负债在初始确认时，违背历史成本原则，影响会计信息的可靠性。

③与子公司、联营企业、合营企业投资等相关的应纳税暂时性差异，一般应确认相应的递延所得税负债，但同时满足以下两个条件的除外：一是投资企业能够控制暂时性差异转回的时间；二是该暂时性差异在可预见的未来很可能不会转回。满足上述条件时，投资企业可以运用自身的影响力决定暂时性差异的转回，如果不希望其转回，则在可预见的未来期间，该项暂时性差异即不会转回，对未来期间计税不产生影响，从而无须确认相应的递延所得税负债。

对于采用权益法核算的长期股权投资，其账面价值与计税基础产生的有关暂时性差异是否应确认相关的所得税影响，应当考虑该项投资的持有意图：

如果企业拟长期持有，则因初始投资成本的调整产生的暂时性差异预计在未来期间不会转回，对未来期间没有所得税影响；因确认投资损益产生的暂时性差异，如果在未来期间逐期分回现金股利或利润时免税（我国税法规定，居民企业间的股息、红利免税），也不存在对未来期间的所得税影响；因确认应享有被投资单位其他权益变动而产生的暂时性差异，在长期持有的情况下预计未来期间也不会转回。因此，在准备长期持有的情况下，对于采用权益法核算的长期股权投资账面价值与计税基础之间的差异，投资企业一般不确认相关的所得税影响。

如果投资企业改变持有意图,拟对外出售,按照税法规定,企业在转让或者处置投资资产时,投资资产的成本准予扣除。在持有意图由长期持有转变为拟近期出售的情况下,因长期股权投资的账面价值与计税基础不同产生的有关暂时性差异,均应确认相关的所得税影响。

### (二)递延所得税负债的计量

《企业会计准则第18号——所得税》规定,资产负债表日,对于递延所得税负债,应当根据适用税法规定,按照预期清偿该负债期间的适用税率计量。即递延所得税负债应以相关应纳税暂时性差异转回期间按照税法规定适用的所得税税率计量。无论应纳税暂时性差异的转回期间如何,相关的递延所得税负债都不要求折现。

## 二、递延所得税资产的确认和计量

### (一)递延所得税资产的确认

(1)确认的一般原则。递延所得税资产产生于可抵扣暂时性差异。确认因可抵扣暂时性差异产生的递延所得税资产时应以未来期间可能取得的应纳税所得额为限。在可抵扣暂时性差异预期转回的未来期间内,企业无法产生足够的应纳税所得额用以利用可抵扣暂时性差异的影响,使得与可抵扣暂时性差异相关的经济利益无法实现的,不应确认递延所得税资产;企业有明确的证据表明其于可抵扣暂时性差异转回的未来期间能够产生足够的应纳税所得额,进而利用可抵扣暂时性差异的,则应以可能取得的应纳税所得额为限,确认相关的递延所得税资产。

在判断企业于可抵扣暂时性差异转回的未来期间是否能够产生足够的应纳税所得额时,应考虑企业在未来期间通过正常的生产经营活动能够实现的应纳税所得额以及以前期间产生的应纳税暂时性差异在未来期间转回时将增加的应纳税所得额。

①对与子公司、联营企业、合营企业的投资相关的可抵扣暂时性差异,同时满足下列条件的,应当确认相关的递延所得税资产:一是暂时性差异在可预见的未来很可能转回;二是未来很可能获得用来抵扣可抵扣暂时性差异的应纳税所得额。

对联营企业和合营企业等的投资产生的可抵扣暂时性差异,主要产生于权益法下被投资单位发生亏损时,投资企业按照持股比例确认应予承担的部分相应减少长期股权投资的账面价值,但税法规定长期股权投资的成本在持有期间不发生变化,造成长期股权投资的账面价值小于其计税基础,产生可抵扣暂时性差异。

投资企业对有关投资计提减值准备的情况下,也会产生可抵扣暂时性差异。

②对于按照税法规定可以结转以后年度的未弥补亏损和税款抵减,应视同可抵扣暂时性差异处理。在有关的亏损或税款抵减金额得到税务部门的认可或预计能够得到税务部门的认可且预计可利用未弥补亏损或税款抵减的未来期间内能够取得足够的应纳税所得额时,除准则中规定不予确认的情况外,应当以很可能取得的应纳税所得额为限,确认相应

的递延所得税资产，同时减少确认当期的所得税费用。

（2）不确认递延所得税资产的情况。某些情况下，企业发生的某项交易或事项不属于企业合并，并且交易发生时既不影响会计利润也不影响应纳税所得额，且该项交易中产生的资产、负债的初始确认金额与其计税基础不同，产生可抵扣暂时性差异的，会计准则中规定在交易或事项发生时不确认相应的递延所得税资产。

【例6-19】 A企业进行内部研究开发所形成的无形资产成本为1 200万元，因按照税法规定可于未来期间税前扣除的金额为1 800万元，其计税基础为1 800万元。

该项无形资产并非产生于企业合并，同时在初始确认时既不影响会计利润也不影响应纳税所得额，确认其账面价值与计税基础之间产生暂时性差异的所得税影响需要调整该项资产的历史成本，会计准则规定该种情况下不确认相关的递延所得税资产。

### （二）递延所得税资产的计量

与递延所得税负债的计量原则相一致，确认递延所得税资产时，应当以预期收回该资产期间的适用所得税税率为基础计算确定。无论相关的可抵扣暂时性差异转回期间如何，递延所得税资产均不要求折现。

企业在确认了递延所得税资产以后，资产负债表日，应当对递延所得税资产的账面价值进行复核。如果未来期间很可能无法取得足够的应纳税所得额用以利用可抵扣暂时性差异带来的利益，应当减记递延所得税资产的账面价值。减记的递延所得税资产，除原确认时计入所有者权益的，其减记金额亦应计入所有者权益外，其他的情况均应增加当期的所得税费用。

因无法取得足够的应纳税所得额用以抵扣可抵扣暂时性差异减记递延所得税资产账面价值的，以后期间根据新的环境和情况判断能够产生足够的应纳税所得额利用可抵扣暂时性差异，使得递延所得税资产包含的经济利益能够实现的，应相应恢复递延所得税资产的账面价值。

另外，无论是递延所得税资产还是递延所得税负债的计量，均应考虑资产负债表日企业预期收回资产或清偿负债方式的所得税影响，在计量递延所得税资产和递延所得税负债时，应当采用与收回资产或清偿债务的预期方式相一致的税率和计税基础。例如，企业持有的某项固定资产，一般情况下是为企业的正常生产经营活动提供必要的生产条件，但在某一时点上，企业决定将该固定资产对外出售，实现其为企业带来的未来经济利益，且假定税法规定长期资产处置时适用的所得税税率与一般情况不同的，则企业在计量因该资产产生的应纳税暂时性差异或可抵扣暂时性差异的所得税影响时，应考虑该资产带来的经济利益预期实现方式的影响。

## 三、特殊交易或事项中涉及递延所得税的确认和计量

### （一）与直接计入所有者权益的交易或事项相关的所得税

与当期及以前期间直接计入所有者权益的交易或事项相关的当期所得税及递延所得

应当计入所有者权益。直接计入所有者权益的交易或事项主要有：会计政策变更采用追溯调整法或对前期差错更正采用追溯重述法调整期初留存收益、以公允价值计量且其变动计入其他综合收益的金融资产公允价值的变动金额、同时包含负债及权益成分的金融工具在初始确认时计入所有者权益、自用房地产转为采用公允价值模式计量的投资性房地产时公允价值大于原账面价值的差额计入其他综合收益等。

### （二）与企业合并相关的递延所得税

在企业合并中，购买方取得的可抵扣暂时性差异，比如购买日取得的被购买方在以前期间发生的未弥补亏损等可抵扣暂时性差异，按照税法规定可以用于抵减以后年度应纳税所得额，但在购买日不符合递延所得税资产确认条件而不予以确认。购买日后12个月内，若取得新的或进一步的信息表明购买日的相关情况已经存在，预期被购买方在购买日可抵扣暂时性差异带来的经济利益能够实现的，应当确认相关的递延所得税资产，同时减少商誉，商誉不足冲减的，差额部分确认为当期损益；除上述情况以外，确认与企业合并相关的递延所得税资产，应当计入当期损益。

**【例6-20】** 甲公司于20×8年1月1日购买乙公司80%的股权，形成非同一控制下的企业合并。因会计准则规定与适用税法规定的处理方法不同，在购买日产生可抵扣暂时性差异300万元。假定购买日及未来期间企业适用的所得税税率为25%。

购买日，因预计未来期间无法取得足够的应纳税所得额，未确认与可抵扣暂时性差异相关的递延所得税资产75万元。购买日确认的商誉为50万元。

在购买日后6个月，甲公司预计能够产生足够的应纳税所得额用以抵扣企业合并时产生的可抵扣暂时性差异300万元，且该事实于购买日已经存在，则甲公司会计处理如下：

借：递延所得税资产　　　　　　　　　　　　　　　　　750 000
　　贷：商誉　　　　　　　　　　　　　　　　　　　　500 000
　　　　所得税费用　　　　　　　　　　　　　　　　　250 000

假定，在购买日后6个月，甲公司根据新的事实预计能够产生足够的应纳税所得额用以抵扣企业合并时产生的可抵扣暂时性差异300万元，且该新的事实于购买日并不存在，则甲公司应作会计处理如下：

借：递延所得税资产　　　　　　　　　　　　　　　　　750 000
　　贷：所得税费用　　　　　　　　　　　　　　　　　750 000

### （三）与股份支付相关的当期及递延所得税

与股份支付相关的支出在按照会计准则规定确认为成本费用时，其相关的所得税影响应区别于税法的规定进行处理：如果税法规定与股份支付相关的支出不允许税前扣除，则不形成暂时性差异；如果税法规定与股份支付相关的支出允许税前扣除，在按照会计准则规定确认成本费用的期间内，企业应当根据会计期末取得的信息估计的可税前扣除的金额计算确定其计税基础及由此产生的暂时性差异，符合确认条件的情况下，应当确认相关的递延所得税。

### 四、适用税率变化对已确认递延所得税资产和递延所得税负债的影响

因税收法规的变化,导致企业在某一会计期间适用的所得税税率发生变化的,企业应对已确认的递延所得税资产和递延所得税负债按照新的税率进行重新计量。递延所得税资产和递延所得税负债的金额代表的是有关可抵扣暂时性差异或应纳税暂时性差异于未来期间转回时,导致企业应交所得税金额的减少或增加的情况。适用税率变动的情况下,应对原已确认的递延所得税资产及递延所得税负债的金额进行调整,反映税率变化带来的影响。

除直接计入所有者权益的交易或事项产生的递延所得税资产及递延所得税负债,相关的调整金额应计入所有者权益以外,其他情况下因税率变化产生的调整金额应确认为税率变化当期的所得税费用(或收益)。

## 第五节 所得税费用的确认和计量

所得税会计的主要目的之一是确定当期应交所得税以及利润表中的所得税费用。在按照资产负债表债务法核算所得税的情况下,利润表中的所得税费用包括当期所得税和递延所得税。

### 一、当期所得税

当期所得税是指企业按照税法规定计算确定的针对当期发生的交易和事项,应缴纳给税务部门的所得税金额,即当期应交所得税。

企业在确定当期应交所得税时,对于当期发生的交易或事项,会计处理与税法处理不同的,应在会计利润的基础上,按照适用税收法规的规定进行调整,计算出当期应纳税所得额,按照应纳税所得额与适用所得税税率计算确定当期应交所得税。一般情况下,应纳税所得额可在会计利润的基础上,考虑会计与税收法规之间的差异,公式为:

应纳税所得额＝会计利润＋按照会计准则规定计入利润表但计税时不允许税前扣除的
　　　　　　　费用±计入利润表的费用与按照税法规定可予税前抵扣的金额之间的
　　　　　　　差额±计入利润表的收入与按照税法规定应计入应纳税所得额的收入
　　　　　　　之间的差额－税法规定的不征税收入±其他需要调整的因素

### 二、递延所得税

递延所得税是指按照会计准则规定当期应予确认的递延所得税资产和递延所得税负债金额,即递延所得税资产及递延所得税负债当期发生额的综合结果,但不包括计入所有者权益的交易或事项的所得税影响。用公式表示为:

递延所得税＝(递延所得税负债的期末余额－递延所得税负债的期初余额)－
　　　　　　(递延所得税资产的期末余额－递延所得税资产的期初余额)

应予说明的是,企业因确认递延所得税资产和递延所得税负债产生的递延所得税,一般应当计入所得税费用,但以下两种情况除外:

一是某项交易或事项按照会计准则规定应计入所有者权益的,该交易或事项产生的递延所得税资产或递延所得税负债及其变化亦应计入所有者权益,不构成利润表中的递延所得税费用(或收益)。

**【例 6-21】** 甲企业持有的某项以公允价值计量且其变动计入其他综合收益的其他债权投资,成本为 500 万元,会计期末,其公允价值为 600 万元,该企业适用的所得税税率为 25%。除该事项外,该企业不存在其他会计与税收法规之间的差异,且递延所得税资产和递延所得税负债不存在期初余额。

会计期末在确认 100 万元的公允价值变动时,账务处理为:

借:其他债权投资　　　　　　　　　　　　　　　1 000 000
　　贷:其他综合收益　　　　　　　　　　　　　　　1 000 000

确认应纳税暂时性差异的所得税影响时,账务处理为:

借:其他综合收益　　　　　　　　　　　　　　　　250 000
　　贷:递延所得税负债　　　　　　　　　　　　　　250 000

二是企业合并中取得的资产、负债,其账面价值与计税基础不同,应确认相关递延所得税的,该递延所得税的确认影响合并中产生的商誉或是计入当期损益的金额,不影响所得税费用,有关举例见【例 6-18】。

## 三、所得税费用

计算确定了当期所得税及递延所得税以后,利润表中应予确认的所得税费用为两者之和,即:所得税费用 = 当期所得税 + 递延所得税。

**【例 6-22】** A 公司 20×7 年度利润表中利润总额为 3 000 万元,该公司适用的所得税税率为 25%。递延所得税资产及递延所得税负债不存在期初余额。与所得税核算有关的情况如下:

20×7 年发生的有关交易和事项中,会计处理与税收处理存在差别的有:

(1) 20×7 年 1 月开始计提折旧的一项固定资产,成本为 1 500 万元,使用年限为 10 年,净残值为 0,会计处理按双倍余额递减法计提折旧,税收处理按直线法计提折旧。假定税法规定的使用年限及净残值与会计规定相同。

(2) 向关联企业捐赠现金 500 万元。假定按照税法规定,企业向关联方的捐赠不允许税前扣除。

(3) 当期取得作为交易性金融资产核算的股票投资成本为 800 万元,20×7 年 12 月 31 日的公允价值为 1 200 万元。税法规定,以公允价值计量的金融资产持有期间市价变动不计入应纳税所得额。

(4) 违反环保法规定应支付罚款 250 万元。

(5) 期末对持有的存货计提了 75 万元的存货跌价准备。

**分析：**

（1）20×7年度当期应交所得税。

应纳税所得额 = 3 000 + 150 + 500 − 400 + 250 + 75 = 3 575（万元）

应交所得税 = 3 575×25% = 893.75（万元）

（2）20×7年度递延所得税。

递延所得税资产 = 225×25% = 56.25（万元）

递延所得税负债 = 400×25% = 100（万元）

递延所得税 = 100 − 56.25 = 43.75（万元）

（3）利润表中应确认的所得税费用。

所得税费用 = 893.75 + 43.75 = 937.50（万元）

确认所得税费用的账务处理如下：

借：所得税费用　　　　　　　　　　　　　　　　　　9 375 000
　　递延所得税资产　　　　　　　　　　　　　　　　　562 500
　贷：应交税费——应交所得税　　　　　　　　　　　　8 937 500
　　　递延所得税负债　　　　　　　　　　　　　　　　1 000 000

该公司20×7年资产负债表相关项目金额及其计税基础如表6-3所示。

表6-3　该公司20×7年资产负债表相关项目金额及其计税基础　　单位：万元

| 项目 | 账面价值 | 计税基础 | 差异 | |
|---|---|---|---|---|
| | | | 应纳税暂时性差异 | 可抵扣暂时性差异 |
| 存货 | 2 000 | 2 075 | | 75 |
| 固定资产： | | | | |
| 固定资产原价 | 1 500 | 1 500 | | |
| 减：累计折旧 | 300 | 150 | | |
| 减：固定资产减值准备 | 0 | 0 | | |
| 固定资产账面价值 | 1 200 | 1 350 | | 150 |
| 交易性金融资产 | 1 200 | 800 | 400 | |
| 其他应付款 | 250 | 250 | | |
| 总计 | | | 400 | 225 |

**【例6-23】** 沿用【例6-22】中有关资料，假定A公司20×8年当期应交所得税为1 155万元。资产负债表中有关资产、负债的账面价值与其计税基础相关资料如表6-4所示，除所列项目外，其他资产、负债项目不存在会计和税收的差异。

表6-4　资产负债表中有关资产、负债的账面价值与其计税基础相关资料　单位：万元

| 项目 | 账面价值 | 计税基础 | 差异 | |
|---|---|---|---|---|
| | | | 应纳税暂时性差异 | 可抵扣暂时性差异 |
| 存货 | 4 000 | 4 200 | | 200 |

续表

| 项 目 | 账面价值 | 计税基础 | 差异 | |
|---|---|---|---|---|
| | | | 应纳税暂时性差异 | 可抵扣暂时性差异 |
| 固定资产： | | | | |
| 固定资产原价 | 1 500 | 1 500 | | |
| 减：累计折旧 | 540 | 300 | | |
| 减：固定资产减值准备 | 50 | 0 | | |
| 固定资产账面价值 | 910 | 1 200 | | 290 |
| 交易性金融资产 | 1 675 | 1 000 | 675 | |
| 预计负债 | 250 | 0 | | 250 |
| 总 计 | | | 675 | 740 |

分析：

（1）当期所得税＝当期应交所得税＝1 155 万元。

（2）递延所得税。

①期末递延所得税负债： （675×25%）168.75

期初递延所得税负债 100

递延所得税负债增加 68.75

②期末递延所得税资产： （740×25%）185

期初递延所得税资产 <u>56.25</u>

递延所得税资产增加 128.75

递延所得税＝68.75－128.75＝－60（万元）（收益）

（3）确认所得税费用。

所得税费用＝1 155－60＝1 095（万元）

确认所得税费用的账务处理如下：

借：所得税费用 10 950 000

　　递延所得税资产 1 287 50

　贷：递延所得税负债 687 500

　　　应交税费——应交所得税 11 550 000

## 第六节　所得税的列报

### 一、列报的基本原则

企业对所得税的核算结果，除利润表中列示的所得税费用以外，在资产负债表中形成的应交税费（应交所得税）以及递延所得税资产和递延所得税负债应当遵循准则规定列报。其中，递延所得税资产和递延所得税负债一般应当分别作为非流动资产和非流动负债在资产负债表中列示，所得税费用应当在利润表中单独列示，同时还应在附注中披露与所得税有关的信息。

一般情况下，在个别财务报表中，当期所得税资产与负债及递延所得税资产及递延所得税负债可以以抵消后的净额列示。在合并财务报表中，纳入合并范围的企业中，一方的当期所得税资产或递延所得税资产与另一方的当期所得税负债或递延所得税负债一般不能予以抵消，除非所涉及的企业具有以净额结算的法定权利并且意图以净额结算。

## 二、所得税费用（收益）与会计利润关系的说明

会计准则要求企业在会计报表附注中就所得税费用（或收益）与会计利润的关系进行说明，该说明意在于在利润表中已列示所得税费用的基础上，对当期以会计利润为起点，考虑会计与税收规定之间的差异，计算得到所得税费用的调节过程。自会计利润到所得税费用之间的调整包括两个方面：一是未包括在利润总额计算中，但包含在当期或递延所得税计算中的项目；二是未包括在当期或递延所得税计算中，但包含在利润总额计算中的项目。具体调整项目一般包括：①与税率相关的调整；②税法规定的非应税收入、不得税前扣除的成本费用和损失等永久性差异；③本期未确认递延所得税资产的可抵扣暂时性差异或可抵扣亏损的影响、使用前期未确认递延所得税资产的可抵扣亏损影响；④对以前期间所得税进行汇算清缴的结果与以前期间确认金额不同而调整报告期间所得税费用等。

1. 资产的计税基础和负债的计税基础分别是什么？
2. 如何区分应纳税暂时性差异和可抵扣暂时性差异？
3. 什么是资产负债表债务法？

# 第七章 会计政策、会计估计变更和前期差错更正

【学习目标】
1. 理解会计政策变更、会计估计变更、前期差错更正的概念。
2. 掌握会计政策及其变更的会计处理。
3. 掌握会计估计及其变更的会计处理。
4. 掌握前期差错及其更正的会计处理。

案例引导

## 第一节 会计政策及其变更的会计处理

### 一、会计政策概述

#### (一) 会计政策的概念

会计政策,是指企业在会计确认、计量和报告中所采用的原则、基础和会计处理方法。

"原则"是指企业会计准则规定的、适合于企业会计核算的具体会计准则,如适合企业持有待售非流动资产会计处理的具体准则为《企业会计准则第42号——持有待售的非流动资产、处置组和终止经营》。

"基础"是指为了将会计原则应用于交易或者事项而采取的会计基础。会计基础包括会计确认基础和会计计量基础。会计确认基础包括权责发生制和收付实现制。会计计量基础主要包括历史成本、重置成本、可变现净值、现值和公允价值等。由于我国企业应当采用权责发生制作为会计确认基础,不具备选择性,所以会计政策所指的会计基础,主要是会计计量基础(即计量属性)。

"会计处理方法"是指企业在会计核算中从诸多可选择的会计处理方法中所选择的适合于本企业的具体会计处理方法。具体会计处理方法,是指企业根据国家统一的会计准则允许选择的、对某一类会计业务的具体处理方法作出的具体选择。例如,《企业会计准则第1号——存货》允许企业在先进先出法、加权平均法和个别计价法之间对发出存货实际成本的确定方法作出选择,这些方法就是具体会计处理方法。

#### (二) 会计政策的特点

**1. 会计政策的选择性**

会计政策是在允许的会计原则、计量基础和会计处理方法中作出指定或具体的选择。

由于企业经济业务的复杂性和多样化，某些经济业务在符合会计原则和计量基础的要求下，可以有多种会计处理方法，即存在不止一种可供选择的会计政策。例如，发出存货计价方法的选择。

**2. 会计政策选择的强制性**

我国的会计准则属于行政法规，会计政策所包括的具体会计原则、计量基础和具体会计处理方法由会计准则规定，具有一定的强制性。企业在发生某项经济业务时，必须从允许的会计原则、计量基础和会计处理方法中选择出适合本企业特点的会计政策。会计政策一般包括会计原则、计量基础和会计处理方法三个层次。会计原则、会计基础和会计处理方法是一个具有逻辑性的、密不可分的整体，只有通过这个整体，会计政策才能得以应用和落实。

**（三）会计政策的披露**

企业在会计核算中所采用的重要的会计政策，通常应在报表附注中加以披露。需要披露的会计政策项目主要有以下几项：

（1）财务报表的编制基础、计量基础和会计政策的确定依据等。

（2）存货的计价，是指企业存货的计价方法。例如，企业发出存货成本的计量是采用先进先出法，还是采用其他计量方法。

（3）固定资产的初始计量，是指对取得的固定资产初始成本的计量。例如，企业取得的固定资产初始成本是以购买价款为基础进行计量，还是以购买价款的现值为基础进行计量。

（4）无形资产的确认，是指对无形项目的支出是否确认为无形资产。例如，企业内部研究开发项目开发阶段的支出是确认为无形资产，还是在发生时计入当期损益。

（5）投资性房地产的后续计量，是指企业在资产负债表日对投资性房地产进行后续计量所采用的会计处理。例如，企业对投资性房地产的后续计量是采用成本模式，还是采用公允价值模式。

（6）长期股权投资的核算，是指长期股权投资的具体会计处理方法。例如，企业对被投资单位的长期股权投资是采用成本法核算，还是采用权益法核算。

（7）非货币性资产交换的计量，是指非货币性资产交换事项中对换入资产成本的计量。例如，非货币性资产交换是以换入资产的公允价值作为确定换入资产成本的基础，还是以换出资产的账面价值作为确定换入资产成本的基础。

（8）收入的确认，是指收入确认所采用的会计方法。

（9）借款费用的处理，是指借款费用的处理方法，即采用资本化还是采用费用化。

（10）外币折算，是指外币折算所采用的方法以及汇兑损益的处理。

（11）合并政策，是指编制合并财务报表所采用的原则。例如，母公司与子公司的会计年度不一致的处理原则、合并范围的确定原则等。

## 二、会计政策变更概述

**（一）会计政策变更的概念**

会计政策变更，是指企业对相同的交易或者事项由原来采用的会计政策改用另一会计政策的行为。一般情况下，为保证会计信息的可比性，使财务报告使用者在比较企业一个以上期间的财务报表时，能够正确判断企业的财务状况、经营成果和现金流量的趋势，企业在不同的会计期间应采用相同的会计政策，不应也不能随意变更会计政策；否则，势必会削弱会计信息的可比性，使财务报告使用者在比较企业的经营成果时发生困难。

需要注意的是，企业不能随意变更会计政策并不意味着企业的会计政策在任何情况下均不能变更。符合特定条件的会计政策变更，需遵循《企业会计准则第28号——会计政策、会计估计变更和差错更正》的规定。

### （二）会计政策变更的条件

会计政策变更，并不意味着以前期间的会计政策是错误的，只是由于情况发生了变化，或者掌握了新的信息，积累了更多的经验，使得变更会计政策能够更好地反映企业的财务状况、经营成果和现金流量。如果以前期间会计政策的选择和运用是错误的，则属于前期差错，应按前期差错更正的会计处理方法进行处理。符合下列条件之一的，企业可以变更会计政策：

**1. 法律、行政法规或国家统一的会计制度等要求变更**

这种情况是指，按照法律、行政法规以及国家统一的会计制度的规定，要求企业采用新的会计政策，则企业应当按照法律、行政法规以及国家统一的会计制度的规定改变原会计政策，按照新的会计政策执行。例如，《企业会计准则第2号——长期股权投资》对子公司投资的后续核算方法由权益法改为成本法，这就要求执行企业准则体系的企业按照新规定，将原来以权益法核算的长期股权投资改为准则规定采用的成本法。

**2. 会计政策变更能够提供更可靠、更相关的会计信息**

由于经济环境、客观情况的改变，使企业原采用的会计政策所提供的会计信息，已不能恰当地反映企业的财务状况、经营成果和现金流量等情况。在这种情况下，应改变原有会计政策，按变更后新的会计政策进行会计处理，以便对外提供更可靠、更相关的会计信息。例如，企业一直采用成本模式对投资性房地产进行后续计量，如果企业能够从房地产交易市场上持续地取得同类或类似房地产的市场价格及其他相关信息，从而能够对投资性房地产的公允价值作出合理的估计，此时，企业可以将投资性房地产的后续计量方法由成本模式变更为公允价值模式。

需要注意的是，除法律、行政法规或者国家统一的会计制度等要求变更会计政策应当按照规定执行和披露外，还必须有充分、合理的证据表明其变更的合理性，并说明变更会计政策后，能够提供关于企业财务状况、经营成果和现金流量等更可靠、更相关会计信息的理由。对会计政策的变更，应经股东大会或董事会等类似机构批准。若无充分、合理的证据表明会计政策变更的合理性或者未经股东大会等类似机构批准擅自变更会计政策的，或者连续、反复地自行变更会计政策的，视为滥用会计政策，按照前期差错更正的方法进行处理。

### （三）不属于会计政策变更的主要情形

对会计政策变更的认定，直接影响到会计处理方法的选择。实务中，企业应当分清哪些属于会计政策变更，哪些不属于会计政策变更。下列情况不属于会计政策变更：

**1. 本期发生的交易或者事项与以前相比具有本质差别而采用新的会计政策**

这是因为会计政策是针对特定类型的交易或事项，如果发生的交易或事项与其他交易或事项有本质区别，那么企业实际上是为新的交易或事项选择适当的会计政策，并没有改变原有的会计政策。比如，企业对子公司的投资采用成本法进行核算，由于本期处置了部分投资，从而丧失了控制权，使得原子公司变为联营企业，改用权益法对长期股权投资进行核算。此案例中，由于处置部分长期股权投资而丧失控制权，资产发生了质的变化，由此引起的核算方法的变更不属于会计政策变更。再如，企业的厂房采用历史成本进行计量，但本期该厂房停止自用，出租给其他厂家，从而采用公允价值进行计量。此案例中，由于厂房由自用转为出租，进而由固定资产转换为投资性房地产，资产发生了质的变化，由此引起的计量基础的变更不属于会计政策变更。

**2. 对初次发生的或不重要的交易或者事项采用新的会计政策**

对初次发生的某类交易或事项采用适当的会计政策，并未改变原有的会计政策。例如，企业以前没有外币核算业务，当年签订一项外币销售合同，对该业务采用即期汇率进行折算，期末汇总损益计入当期损益，不是会计政策变更。至于不重要的交易或事项的会计政策，不按会计政策变更作出会计处理，并不影响会计信息的可比性，因此也不属于会计政策变更。例如，企业原在生产经营过程中使用少量的低值易耗品，并且价值较低，故领用低值易耗品时一次计入费用。该企业近期投产新产品，所需低值易耗品比较多，且价值较大，企业对领用的低值易耗品处理方法改为分次摊销法。该企业低值易耗品在企业生产经营中所占的费用比例并不大，改变低值易耗品处理方法后，对损益的影响也不大，属于不重要的事项，会计政策在这种情况下的改变不属于会计政策变更。

### （四）会计政策变更的判断

企业可以采用以下具体方法判断一项事项是否为会计政策变更，即分析并判断该事项是否涉及会计确认、计量基础或列表项目的变更，当至少涉及上述一项变更时，该事项是会计政策变更。

**1. 以会计确认是否发生变更作为判断基础**

一般地，对会计确认的指定或选择是会计政策，其相应的变更是会计政策变更。资产、负债、所有者权益、收入、费用和利润6项会计要素的确认标准是会计处理的首要环节。例如，企业在前期将某项内部研究开发项目开发阶段的支出计入当期损益，而当期按照《企业会计准则第6号——无形资产》的规定，该项支出符合无形资产的确认条件，应当确认为无形资产。该项会计确认发生变更，即前期将研发费用确认为一项费用，而当期将其确认为一项资产，因此该变更是会计政策变更。

**2. 以计量基础是否发生变更作为判断基础**

一般地，对计量基础的指定或选择是会计政策，其相应的变更是会计政策变更。历史成本、重置成本、可变现净值、现值和公允价值 5 项会计计量属性是会计处理的计量基础。如企业在前期对购入的价款超过正常信用条件延期支付的固定资产初始计量采用历史成本，而当期按照《企业会计准则第 4 号——固定资产》的规定，该类固定资产的初始成本应以购买价值的现值为基础确定，由于计量基础发生了变更，因此该变更属于会计政策变更。

**3. 以列报项目是否发生变更作为判断基础**

一般地，对列报项目的指定或选择是会计政策，其相应的变更是会计政策变更。例如，某企业前期将用于固定资产建造的一般借款的借款费用计入当期损益，当期根据《企业会计准则第 17 号——借款费用》的规定，满足资本化条件的一般借款的借款费用也应资本化，因为列报项目发生了变化，所以该变更是会计政策变更。

### （五）会计政策变更的披露

企业应当在报表附注中披露与会计政策变更有关的下列信息：

（1）会计政策变更的性质、内容和原因。主要包括对会计政策变更的简要阐述、变更的日期、变更前采用的会计政策和变更后所采用的新会计政策及会计政策变更的原因。例如，依据法律或会计准则等行政法规、规章的要求变更会计政策时，在财务报表附注中应当披露所依据的文件，如对于由于执行企业会计准则而发生的变更，应在财务报表附注中说明：依据《企业会计准则第×号——××》的要求变更会计政策。

（2）当期和各个列报前期财务报表中受影响的项目名称和调整金额。主要包括采用追溯调整法时，计算出的会计政策变更的累积影响数；当期和各个列报前期财务报表中需要调整的净损益及其影响金额，以及其他需要调整的项目名称和调整金额。

（3）无法进行追溯调整的，说明该事实和原因以及开始应用变更后的会计政策的时点、具体应用情况。主要包括无法进行追溯调整的事实；确定会计政策变更对列报前期影响数不切实可行的原因；在当期期初确定会计政策变更对以前各期累积影响数不切实可行的原因；开始应用新会计政策的时点和具体应用情况。

需要注意的是，在以后期间的财务报表中，不需要重复披露在以前期间的附注中已披露的会计政策变更的信息。

## 三、会计政策变更的会计处理

### （一）会计政策变更时会计处理方法的选择

发生政策变更时，有两种会计处理方法，即追溯调整法和未来适用法，两种方法适用不同情形。

**1. 企业依据法律或会计准则等行政法规、规章要求，变更会计政策**

在这种情况下，应当分为两种情形：首先，法律或行政法规、规章要求改变会计政策的同时，也规定了会计政策变更的会计处理办法，这时应当按照规定的办法进行。例如，财政部2018年12月7日发布修订的《企业会计准则第21号——租赁》对于承租人所有租赁业务会计政策变更提供了两种处理方法，一种是追溯调整法，另一种是根据累积影响数调整首次执行本准则当年年初留存收益及财务报表其他相关项目金额，不调整可比期间信息。

**2. 由于经济环境和客观情况的改变而变更会计政策**

由于经济环境和客观情况的改变而变更会计政策，以便提供有关企业财务状况、经营成果和现金流量等更为可靠、更为相关的会计信息，则应当采用追溯调整法进行会计处理。

**3. 如果会计政策变更累积影响数不能合理确定**

如果会计政策变更累积影响数不能合理确定，无论是因法规、规章要求而变更会计政策，还是因为经营环境、客观情况改变而变更会计政策，都可采用未来适用法进行会计处理。

需要注意的是，确定会计政策变更对列报前期影响数不切实可行的，应当从可追溯调整的最早期间期初开始应用变更后的会计政策。在当期期初确定会计政策变更对以前各期累积影响数不切实可行的，应当采用未来适用法处理。不切实可行，是指企业在作出所有合理努力后仍然无法采用某项规定。即企业在采取所有合理的方法后，仍然不能获得采用某项规定所必需的相关信息，而导致无法采用该项规定，则该项规定在此时是不切实可行的。

对于以下特定前期，对某项会计政策变更应用追溯调整法或进行追溯重述以更正一项前期差错是不切实可行的：

（1）应用追溯调整法或追溯重述法的累积影响数不能确定。

（2）应用追溯调整法或追溯重述法要求对管理层在该期当时的意图作出假定。

（3）应用追溯调整法或追溯重述法要求对有关金额进行重新估计，并且不可能将提供的有关交易发生时存在状况的证据（例如，有关金额确认、计量或披露日期存在事实的证据，以及在受变更影响的当期和未来期间确认会计估计变更的影响的证据）和该期间财务报告批准报出时能够取得的信息这两类信息与其他信息客观地加以区分。

在某些情况下，调整一个或者多个前期比较信息以获得与当期会计信息的可比性是不切实可行的。例如，企业因账簿、凭证超过法定保存期限而销毁，或因不可抗力而毁坏、遗失，如火灾、水灾等，或因人为因素，如盗窃、故意毁坏等，可能使当期期初确定的会计政策变更对以前各期累积影响数无法计算，即不切实可行，此时，会计政策变更应当采用未来适用法进行处理。

## （二）追溯调整法

**1. 追溯调整法的概念**

追溯调整法，是指对某项交易或事项变更会计政策，视同该项交易或事项初次发生时即采用变更后的会计政策，并以此对财务报表相关项目进行调整的方法。

**2. 追溯调整法的步骤**

追溯调整法的运用通常由以下几个步骤构成：

1）计算会计政策变更的累积影响数

会计政策变更累积影响数，是指按照变更后的会计政策对以前各期追溯计算的列报前期最早期初留存收益应有金额与现有金额之间的差额。这里的留存收益，包括当年和以前年度的未分配利润和按照相关法律规定提取并累积的盈余公积。会计政策变更的累积影响数，是变更会计政策所导致的对净利润的累积影响，以及由此导致的对利润分配及未分配利润的累积影响金额，不包括分配的利润或股利。

上述变更会计政策当期期初现有的留存收益金额，即上期资产负债表所反映的留存收益期末数，可以从上期资产负债表项目中获得。追溯调整后的留存收益金额，指扣除所得税后的净额，即按新的会计政策计算确定留存收益时，应当考虑由于损益变化所导致的所得税影响的情况。

会计政策变更的累积影响数，通常可以通过以下步骤计算获得：

第一步，根据新的会计政策重新计算受影响的前期交易或事项；

第二步，计算两种会计政策下的差异；

第三步，计算差异的所得税影响金额；

第四步，确定前期中每一期的税后差异；

第五步，计算会计政策变更的累积影响数。

2）相关的账务处理

对于当期财务报告而言，上一期报表的损益类科目在结账后已无余额。涉及损益及利润分配调整的事项，直接在"利润分配——未分配利润"科目核算；不涉及损益及利润分配的事项，调整相关科目。

3）调整财务报表相关项目

采用追溯调整法时，会计政策变更的累积影响数应包括在变更当期期初留存收益中。但是，如果提供可比财务报表，对于比较财务报表期间的会计政策变更，应调整各期间净利润各项目和财务报表其他相关项目，视同该政策在比较财务报表期间一直采用。对于比较财务报表可比期间以前的会计政策变更的累积影响数，应调整比较财务报表最早期间的期初留存收益，财务报表其他相关项目的数字也应一并调整。

4）财务报表附注说明

采用追溯调整法时，需要在财务报表附注中进行相应说明。

**【例 7-1】** 20×1 年 12 月 15 日，某股份有限公司购入一栋商务楼，初始入账成本为 2 000 万元，预计使用寿命为 20 年，假定无残值。20×2 年 1 月 1 日，某股份有限公司将其出租给乙公司使用，采用成本模式进行后续计量，直线法计提折旧，税法认可其成本模式计量口径。20×3 年 1 月 1 日，由于房地产交易市场成熟，具备了采用公允价值模式计量的条件，某股份有限公司为了提供更加可靠、更加相关的会计信息，决定对该投资性房地产从成本模式转换为公允价值模式计量。20×3 年 1 月 1 日，大楼的公允价值为 2 100 万元。某股份有限公司按净利润的 10%提取法定盈余公积，按资产负债表债务法核算所得税，所得税税率为 25%。

（1）计算改变投资性房地产计量方法后的累积影响数。该商务楼在成本计量模式下，多计提折旧 100 万元，按公允价值计量模式少计公允价值变动收益 100 万元，税前差异 200 万元，所得税影响 50 万元，税后累计影响数为 150 万元。

（2）某股份有限公司会计处理如下。

①以前年度因采用成本模式核算计提折旧，多计"其他业务成本"100 万元，少算"公允价值变动收益"100 万元，调整分录如下：

借：投资性房地产——成本　　　　　　　　　　　　　　20 000 000
　　　　　　　　——公允价值变动　　　　　　　　　　　1 000 000
　　投资性房地产累计折旧　　　　　　　　　　　　　　　1 000 000
　　贷：投资性房地产　　　　　　　　　　　　　　　　　20 000 000
　　　　利润分配——未分配利润　　　　　　　　　　　　2 000 000

②以前年度税前利润少算 200 万元，但不存在少交所得税的情况。

③以前年度少算应纳税暂时性差异 200 万元，相应地少算"递延所得税负债"和以前年度所得税费用各 50 万元，调整分录如下：

借：利润分配——未分配利润　　　　　　　　　　　　　500 000
　　贷：递延所得税负债　　　　　　　　　　　　　　　　500 000

④以前年度少提盈余公积 15 万元，调整分录如下：

借：利润分配——未分配利润　　　　　　　　　　　　　150 000
　　贷：盈余公积　　　　　　　　　　　　　　　　　　　150 000

⑤以前年度的未分配利润少算 135 万元。

（3）某股份有限公司的报表重述如下。

①20×3 年资产负债表的"期初金额"栏项目金额调整如下：

"投资性房地产"项目调增 200 万元；"递延所得税负债"项目调增 50 万元；"盈余公积"项目调增 15 万元；"未分配利润"项目调增 135 万元；"资产合计"项目及"负债及所有者权益合计"项目均调增 200 万元。

②20×3 年利润表的"上期金额"栏项目金额调整如下：

"营业成本"项目增减 100 万元；"公允价值变动净收益"项目调增 100 万元；相应地"营业利润"项目与"利润总额"项目均调增 200 万元；"所得税费用"项目调增 50 万元；

"净利润"项目调增150万元。

③20×3年所有者权益变动表中"本期金额"栏项目金额调整如下：

会计政策变更项目中，"盈余公积"栏调增15万元；"未分配利润"栏调增135万元；"所有者权益合计"栏调增150万元。

（4）某股份有限公司20×3年财务报表附注中披露如下。

20×3年房地产交易市场成熟，具备了采用公允价值模式计量的条件，采用公允价值计量能够提供更可靠、更相关的会计信息，此项会计政策变更采用追溯调整法，20×3年比较财务报表已重新表述。20×3年期初运用新会计政策追溯计算的会计政策变更累积影响数为150万元。调增20×3年的期初留存收益150万元，其中，调增未分配利润135万元；调增盈余公积15万元；调增净利润150万元。

【例7-2】某股份有限公司于20×5年、20×6年分别以450万元和110万元的价格从股票市场购入A、B两支以交易为目的的股票，市价一直高于成本。假定不考虑相关税费。公司采用成本与市价孰低法对购入股票进行计量。公司从20×7年起对其以交易为目的从股票市场购入的股票由成本与市价孰低改为公允价值计量，公司保存的会计资料比较齐备，可以通过会计资料追溯计算。假设所得税税率为25%，公司按净利润的10%提取法定盈余公积，按净利润的5%提取任意盈余公积。20×6年，公司发行在外普通股加权平均数为4 500万股。A、B股票有关成本及公允价值资料如表7-1所示。

表7-1　A、B股票的成本及公允价值　　　　　　单位：万元

| 项　　目 | 购入成本 | 20×5年末公允价值 | 20×6年末公允价值 |
|---|---|---|---|
| A股票 | 450 | 510 | 510 |
| B股票 | 110 | — | 130 |

根据上述资料，某股份有限公司的会计处理如下：

（1）计算改变交易性金融资产计量方法后的累积影响数，结果如表7-2所示。

表7-2　改变交易性金融资产计量方法后的累积影响数　　单位：万元

| 时　　间 | 公允价值 | 成本与市价孰低 | 税前差异 | 所得税影响 | 税后差异 |
|---|---|---|---|---|---|
| 20×5年末 | 510 | 450 | 60 | 15 | 45 |
| 20×6年末 | 130 | 110 | 20 | 5 | 15 |
| 合计 | 640 | 560 | 80 | 20 | 60 |

某股份有限公司20×7年12月31日的比较财务报表最早期初为20×6年1月1日。

某股份有限公司交易性金融资产在20×5年末按公允价值计量的账面价值为510万元，按成本与市价孰低计量的账面价值为450万元，两者差异的所得税影响合计为15万元，两者差异的税后净影响额为45万元，即为该公司20×6年期初交易性金融资产由成本与市价孰低改为公允价值的累积影响数。

某股份有限公司交易性金融资产在20×6年末按公允价值计量的账面价值为640万元，

按成本与市价孰低计量的账面价值为560万元，两者的所得税影响合计为20万元，两者差异的税后净影响额为60万元，其中，45万元是调整20×6年累积影响数，15万元是调整20×6年当期金额。

（2）某股份有限公司会计处理如下。

①调整交易性金融资产，调整分录如下：

| | |
|---|---|
| 借：交易性金融资产——成本 | 5 600 000 |
| 　　交易性金融资产——公允价值变动 | 800 000 |
| 　　贷：利润分配——未分配利润 | 800 000 |
| 　　　　短期投资 | 5 600 000 |
| 借：利润分配——未分配利润 | 200 000 |
| 　　贷：递延所得税负债 | 200 000 |

②调整利润分配，调整分录如下：

| | |
|---|---|
| 借：利润分配——未分配利润 | 90 000 |
| 　　贷：盈余公积 | 90 000 |

其中，按净利润的10%提取法定盈余公积，按净利润的5%提取任意盈余公积。

值得说明的是，若企业需提供三期比较报表，或便于调整利润表，调整分录也可以按年分别进行调整：

对20×5年有关事项进行调整，会计处理如下：

①调整交易性金融资产，调整分录如下：

| | |
|---|---|
| 借：交易性金融资产——成本 | 4 500 000 |
| 　　交易性金融资产——公允价值变动 | 600 000 |
| 　　贷：利润分配——未分配利润 | 600 000 |
| 　　　　短期投资 | 4 500 000 |
| 借：利润分配——未分配利润 | 150 000 |
| 　　贷：递延所得税负债 | 150 000 |

②调整利润分配，调整分录如下：

| | |
|---|---|
| 借：利润分配——未分配利润 | 67 500 |
| 　　贷：盈余公积 | 67 500 |

对20×6年有关事项进行调整，会计处理如下：

①调整交易性金融资产，调整分录如下：

| | |
|---|---|
| 借：交易性金融资产——成本 | 1 100 000 |
| 　　交易性金融资产——公允价值变动 | 200 000 |
| 　　贷：利润分配——未分配利润 | 200 000 |
| 　　　　短期投资 | 1 100 000 |
| 借：利润分配——未分配利润 | 50 000 |
| 　　贷：递延所得税负债 | 50 000 |

②调整利润分配，调整分录如下：

借：利润分配——未分配利润　　　　　　　　　　　　　　　　22 500
　　贷：盈余公积　　　　　　　　　　　　　　　　　　　　　　　　22 500

（3）某股份有限公司的报表重述如下。

某股份有限公司在列报20×7年度的财务报表时，应调整20×7年资产负债表有关项目的年初余额、利润表有关项目的上年金额及所有者权益变动表有关项目的上年金额和本年金额。

①调整资产负债表下列项目的"年初余额"。调增"交易性金融资产"640万元；调减"短期投资"项目560万元；调增"递延所得税负债"20万元；调增"盈余公积"9万元；调增"未分配利润"51万元。

②调整利润表下列项目的"上年金额"。调增"公允价值变动收益"20万元；调增"所得税费用"5万元；调增"净利润"15万元；调增"基本每股收益"0.0033元。

③调整所有者权益变动表下列项目的"上年金额"。调增"会计政策变更"项目中"盈余公积"上年金额6.75万元；调增"未分配利润"上年金额38.25万元。调增"会计政策变更"项目中"盈余公积"本年金额2.25万元；调增"未分配利润"本年金额12.75万元。

（4）某股份有限公司20×7年报表附注中披露如下。

20×7年按照会计准则规定，对短期投资期末计量由成本与市价孰低改为以公允价值计量，列报项目调整为交易性金融资产。此项会计政策变更采用追溯调整法，20×7年比较财务报表已重新表述。20×6年期初运用新会计政策追溯计算的会计政策变更累积影响数为45万元。调增20×6年的期初留存收益45万元，其中，调增未分配利润38.25万元。调增盈余公积6.75万元。会计政策变更对20×6年度财务报表中本年金额的影响为增加未分配利润12.75万元，调增盈余公积2.25万元，调增净利润15万元。

### （三）未来适用法

未来适用法，是指将变更后的会计政策应用于变更日及以后发生的交易或者事项，或者在会计估计变更当期和未来期间确认会计估计变更影响数的方法。

在未来适用法下，不需要计算会计政策变更产生的累积影响数，也无须重编以前年度的财务报表。对于企业会计账簿记录及财务报表上反映的金额，在变更之日仍保留原有的金额，不因会计政策变更而改变以前年度的既定结果，在现有金额的基础上再按新的会计政策进行核算。企业如果因账簿、凭证超过法定保存期限而销毁，或因不可抗力而毁坏、遗失，如火灾、水灾等，或因人为因素，如盗窃、故意毁坏等，也可能使会计政策变更的累积影响数无法计算。在这种情况下，会计政策变更可以采用未来适用法进行处理。

【例7-3】某股份有限公司原对发出存货采用后进先出法，按准则规定，公司从20×7年1月1日起改用先进先出法。20×7年1月1日存货的价值为250万元，公司当年购入存货的实际成本为1 800万元，20×7年12月31日按先进先出法计算确定的存货价值为450万元，当年销售额为2 500万元，假设该年度其他费用为120万元，所得税税率为25%。20×7

年12月31日按后进先出法计算的存货价值为220万元。

某股份有限公司由于法律环境变化而改变会计政策,假定其采用未来适用法进行处理,即从20×7年1月1日以后才对存货采用先进先出法计算价值,不需要对20×7年1月1日以前存货按先进先出法计算应有的余额以及对留存收益的影响金额。

(1) 计算确定会计政策变更对当期净利润的影响数,结果如表7-3所示。

表7-3　当期净利润的影响数计算表　　　　　　单位:万元

| 项　目 | 先进先出法 | 后进先出法 |
|---|---|---|
| 营业收入 | 2 500 | 2 500 |
| 减:营业成本 | 1 600 | 1 830 |
| 减:其他费用 | 120 | 120 |
| 利润总额 | 780 | 550 |
| 减:所得税 | 195 | 137.5 |
| 净利润 | 585 | 412.5 |
| 差额 | 172.5 | |

由于会计政策变更使公司当期净利润增加了172.5万元。

其中,采用先进先出法计算的销售成本为:

期初存货+购入存货实际成本-期末存货=250+1 800-450=1 600(万元);

采用后进先出法计算的销售成本为:

期初存货+购入存货实际成本-期末存货=250+1 800-220=1 830(万元)。

(2) 20×7年报表附注中披露如下。

本年度公司按照《企业会计准则第38号——首次执行企业会计准则》的规定,对存货的计价由后进先出法改为先进先出法。会计准则规定此项会计政策的变更因新旧准则之间的差异而对有关财务报表项目的影响金额在首次执行日均不再追溯调整,因而采用未来适用法。会计政策变更使当期净利润增加了172.5万元。

# 第二节　会计估计及其变更的会计处理

## 一、会计估计概述

### (一) 会计估计的概念

会计估计,是指企业对其结果不确定的交易或事项以最近可利用的信息为基础所作的判断。

### (二) 会计估计的特点

**1. 会计估计的存在是由于经济活动中内在的不确定因素的影响**

企业总是力求保持会计核算的准确性,但有些交易或事项本身具有不确定性,因而需要根据经验作出估计；同时，由于以权责发生制为基础编制财务报表，也使得有必要充分估计未来交易或事项的影响。可以说，在会计核算和信息披露过程中，会计估计是不可避免的，会计估计的存在是由于经济活动中内在的不确定性因素的影响。例如，坏账的计提比例、固定资产折旧所限、固定资产残值、无形资产摊销年限、公允价值的确定等。

**2. 会计估计应当以最近可利用的信息或资料为基础**

由于经营活动内在的不确定性，企业在会计核算中，不得不经常进行估计。某些估计主要用于确定资产或负债的账面价值，例如法律诉讼可能引起的赔偿等；另一些估计主要用于确定将在某一期间记录的收入或费用的金额，例如某一期间的折旧费用、摊销费用的金额、计入当期的信用减值损失等。企业在进行会计估计时，通常应根据当时的情况和经验，以最近可利用的信息或资料为基础进行。但是，随着时间的推移、环境的变化，进行会计估计的基础可能会发生变化，因此进行会计估计所依据的信息或资料不得不进行更新。由于最新的信息是最接近目标的信息，以其为基础所作的估计最接近实际，所以，进行会计估计时应以最近可利用的信息或资料为基础。

**3. 进行会计估计并不会削弱会计核算的可靠性**

进行合理的会计估计是会计核算中必不可少的部分，它不会削弱会计核算的可靠性。企业为了定期、及时地提供有用的会计信息，将延续不断的经营活动人为划分为一定的期间，并在权责发生制的基础上对企业的财务状况和经营成果进行定期确认和计量。例如，在会计分期的情况下，许多企业的交易跨越若干个会计年度，以至于需要在一定程度上作出判断，哪些支出可以在利润表中作为当期费用处理，哪些支出符合资产定义应当递延至以后各期等。由于存在会计分期和货币计量的假设，在确认和计量过程中，不得不对许多尚在延续中、其结果不确定的交易或事项予以估计入账。但是，估计是建立在具有确凿证据的前提下，而不是随意的。例如，企业估计固定资产预计使用寿命，应当考虑该项固定资产的技术性能、历史资料、同行业同类固定资产的预计使用年限、本企业经营性质等诸多因素，并掌握确凿证据后确定。企业根据当时所掌握的可靠证据作出的最佳估计，不会削弱会计核算的可靠性。

## （三）需要会计估计的主要项目

下列各项属于常见的需要进行会计估计的项目：

（1）存货可变现净值的确定。

（2）公允价值模式下的投资性房地产公允价值的确定。

（3）固定资产的预计使用寿命与净残值、固定资产的折旧方法。

（4）使用寿命有限的无形资产的预计使用寿命与净残值。

（5）可收回金额按照资产组的公允价值减去处置费用后的净额确定的，确定公允价值减去处置费用后的净额的方法；可收回金额按照资产组预计未来现金流量的现值确定的，预计未来现金流量的确定。

（6）公允价值的确定。

（7）预计负债初始计量的最佳估计数的确定。

（8）承租人对未确认融资费用的分摊；出租人对未实现融资收益的分配。

（9）其他重要会计估计。

## 二、会计估计变更概述

由于企业经营活动中内在不确定因素的影响，某些财务报表项目不能精确地计量，而只能加以估计。如果赖以进行估计的基础发生了变化，或者由于取得新的信息、积累更多的经验以及后来的发展变化，可能需要对会计估计进行修正。

### （一）会计估计变更的概念

会计估计变更，是指由于资产和负债的当前状况及预期经济利益和义务发生了变化，从而对资产或负债的账面价值或者资产的定期消耗金额进行调整。

会计估计变更，并不意味着以前期间会计估计是错误的，只是由于情况发生变化，或者掌握了新的信息，积累了更多的经验，使得变更会计估计能够更好地反映企业的财务状况和经营成果。如果以前期间的会计估计是错误的，则属于会计差错，按会计差错更正的会计处理办法进行处理。

### （二）会计估计变更的原因

通常情况下，企业可能由于以下因素影响而发生会计估计变更：

**1. 赖以进行估计的基础发生了变化**

企业进行会计估计，总是要依赖于一定的基础，如果其所依赖的基础发生了变化，则会计估计也应相应作出改变。例如，企业某项无形资产的摊销年限原定为15年，以后获得了国家专利保护，该资产的受益年限已变为10年，则应相应调减摊销年限。

**2. 取得了新的信息，积累了更多的经验**

企业进行会计估计就是就现有资料对未来所做的判断，随着时间的推移，企业有可能取得新的信息、积累更多的经验，在这种情况下，也需要对会计估计进行修订。例如，企业原对固定资产采用年限平均法按10年计提折旧，后来根据新得到的信息，使用2年后对该固定资产所能生产的产品的产量有了比较准确的证据，企业改按工作量法计提固定资产折旧。再如，企业对应收账款计提坏账准备比例为10%，后来根据新得到的信息，对方财务状况恶化，发生坏账的可能性为60%，则企业需按60%的比例计提坏账准备。

### （三）会计估计变更的判断

**1. 区分会计估计变更与会计政策变更**

企业应当正确区分会计政策变更和会计估计变更，并按不同的方法进行相关会计处理。一般地，对会计确认、计量基础、列报项目的指定或选择是会计政策，其相应的变更是会计政策变更。根据会计确认、计量基础和列报项目所选择的、为取得与资产负债表项目有关的金额或数值（如预计使用寿命、净残值等）所采用的处理方法，不是会计政策，而是会计估计，其相应的变更是会计估计变更。若企业通过判断会计政策变更和会计估计变更划分基础，仍然难以对某项变更进行区分的，应当将其作为会计估计变更处理。

**2. 区分会计估计变更与前期差错更正**

企业应当严格区分会计估计变更和前期差错更正，对于前期根据当时的信息、假设等作了合理估计，在当期按照新的信息、假设等需要对前期估计金额作出变更的，应当作为会计估计变更处理，不应作为前期差错更正处理。

### （四）会计估计变更披露

企业应当在附注中披露与会计估计变更有关的下列信息：

（1）会计估计变更的内容和原因。包括变更的内容、变更日期，以及会计估计变更的原因。

（2）会计估计变更对当期和未来期间的影响数。包括会计估计变更对当期和未来期间损益的影响金额，以及对其他各项目的影响金额。

（3）会计估计变更的影响数不能确定的事实和原因。

## 三、会计估计变更的披露

会计估计变更应采用未来适用法处理，即在会计估计变更当期及以后期间，采用新的会计估计，不改变以前期间的会计估计，也不调整以前期间的报告结果。

如果会计估计的变更仅影响变更当期，有关估计变更的影响应于当期确认。

如果会计估计的变更既影响变更当期又影响未来期间，有关估计变更的影响在当期及以后各期确认。例如，固定资产的使用寿命或预计净残值的估计发生的变更，常常影响变更当期及资产以后使用年限内各个期间的折旧费用。因此，这类会计估计的变更，应于变更当期及以后各期确认。

会计估计变更的影响数应计入变更当期与前期相同的项目中。

【例7-4】 某股份有限公司于20×1年1月1日起对某管理用设备计提折旧，原价为84 000元，预计使用寿命为8年，预计净残值为4 000元，按年限平均法计提折旧。20×5年初，由于国内新技术发展，需要对原估计的使用寿命和净残值作出修正，修改后该设备预计尚可使用年限为2年,预计净残值为2 000元。某股份有限公司适用的企业所得税税率为25%。

某股份有限公司不调整以前各期折旧，也不计算累积影响数，对该项会计估计变更的会计处理如下：

（1）变更日以后改按新的估计计提折旧。

按原估计，每年折旧额为10 000元，已提折旧4年，共计40 000元，该项固定资产账面价值为44 000元，则第5年相关科目的期初余额如下：

| | |
|---|---|
| 固定资产 | 840 00 |
| 减：累计折旧 | 40 000 |
| 固定资产账面价值 | 44 000 |

改变预计使用年限后，从20×5年起每年计提的折旧费用为21 000元〔（44 000－2 000）÷2＝21 000〕。20×5年不必对以前年度已提折旧进行调整，只需按重新预计的尚可使用年限和净残值计算确定折旧费用，有关账务处理如下：

借：管理费用　　　　　　　　　　　　　　　　　　21 000
　　贷：累计折旧　　　　　　　　　　　　　　　　　　　　21 000

（2）某股份有限公司在20×5年报表附注中披露。

本公司一台管理用设备成本为84 000元，原预计使用寿命为8年，预计净残值为4 000元，按年限平均法计提折旧。由于新技术发展，该设备已不能按原预计使用寿命计提折旧，本公司于20×5年初将该设备的预计尚可使用寿命变更为2年，预计净残值变更为2 000元，以反映该设备在目前状况下的预计尚可使用寿命和净残值。此估计变更将减少本年度净利润8 250元〔（21 000－10 000）×（1－25%）＝8 250〕。

# 第三节　前期差错及其更正的会计处理

## 一、前期差错概述

### （一）前期差错的概念

前期差错，是指由于没有运用或错误运用下列两种信息，而对前期财务报表造成省略或错报。

（1）编报前期财务报表时预期能够取得并加以考虑的可靠信息。

（2）前期财务报告批准报出时能够取得的可靠信息。

### （二）前期差错的原因

前期差错的原因通常包括以下方面：

**1. 计算或账户分类错误**

例如，企业购入商业区一商铺，与某商家已签署出租合同，在会计确认时没有将该商铺确认为投资性房地产，而是作为固定资产核算，导致账户分类上的错误。

**2. 应用会计政策错误**

例如，按照《企业会计准则第17号——借款费用》的规定，为购建固定资产而发生的借款费用，在固定资产达到预定可使用状态前发生的、满足一定条件时应予资本化，计入所购建固定资产的成本；在固定资产达到预定可使用状态后发生的，计入当期损益。如果企业固定资产达到预定可使用状态后发生的借款费用，也计入该项固定资产成本，予以资本化，则属于采用法律、行政法规或者国家统一的会计准则等所不允许的会计政策。

**3. 疏忽或曲解事实以及舞弊**

例如，企业销售一批商品，商品已经发出，开出增值税专用发票，商品销售收入确认条件均已满足，但企业在期末未将已实现的销售收入入账。

### （三）前期差错更正的披露

企业应当在财务报表附注中披露与前期差错更正有关的下列信息：

（1）前期差错的性质。

（2）各个列报前期财务报表中受影响的项目名称和更正金额。

（3）无法进行追溯重述的，说明该事实和原因以及对前期差错开始进行更正的时点、具体更正情况。

在以后期间的财务报表中，不需要重复披露在以前期间的财务报表附注中已披露的前期差错更正的信息。

## 二、前期差错更正的会计处理

### （一）处理原则

企业在发现前期差错时，应当根据差错的性质及时更正，采用的处理方法为追溯重述法与未来适用法。

（1）企业应当采用追溯重述法更正重要的前期差错，但确定前期差错累积影响数不切实可行的除外。

（2）当确定前期差错影响数不切实可行的，可以从可追溯重述的最早期间开始调整留存收益的期初余额，财务报表其他相关项目的期初余额也应当一并调整，也可以采用未来适用法。

（3）对于不重要的前期差错，可以采用未来适用法更正。前期差错的重要程度，应根据差错的性质和金额加以具体判断。

（4）发生在资产负债表日后期间的前期差错应参照资产负债表日后事项处理。

### （二）追溯重述法

**1. 追溯重述法的概念**

追溯重述法，是指在发现前期差错时，视同该项前期差错从未发生过，从而对财务报表相关项目进行更正的方法。追溯重述法的具体应用与追溯调整法相同。对于重要的前期差错，企业应当在其发现当期的财务报表中，调整前期比较数据。具体地说，企业应当在重要的前期差错发现当期的财务报表中，通过下述处理对其进行追溯更正：

（1）追溯重述差错发生期间列报的前期比较金额；

（2）如果前期差错发生在列报的最早前期之前，则追溯重述列报的最早前期的资产、负债和所有者权益相关项目的期初余额。

**2. 追溯重述法的步骤**

追溯重述法的运用通常由以下几个步骤构成：

（1）计算前期差错的累积影响数。前期差错累计影响数的计算同追溯调整法。

（2）相关的账务处理。对于当期财务报告而言，上一期报表的损益类科目在结账后已无余额。涉及损益的事项，通过"以前年度损益调整"科目核算，调整完成后，将"以前年度损益调整"科目的贷方或借方余额，转入"利润分配——未分配利润"科目；涉及利润分配调整的事项，直接在"利润分配——未分配利润"科目核算；不涉及损益及利润分配的事项，调整相关科目。

（3）调整财务报表相关项目。对于发生的重要的前期差错，如影响损益，应根据其对损益的影响数调整发现当期的期初留存收益，财务报表其他相关项目的期初数也应一并调整；如不影响损益，应调整财务报表相关项目的期初数。

（4）在财务报表附注中进行披露。

【例7-5】20×5年12月31日，某股份有限公司发现20×4年公司漏记一项管理用固定资产的折旧费用300 000元，所得税申报表中也未扣除该项费用。假定某股份有限公司适用所得税税率为25%，无其他纳税调整事项。该公司按净利润的10%和5%提取法定盈余公积和任意盈余公积。企业财务人员一旦发现自己或他人出现前期会计差错与舞弊，应当批评与自我批评，知错即改。某股份有限公司会计处理如下：

（1）分析前期差错的影响数。

20×4年少计折旧费用300 000元；多计所得税费用75 000元（300 000×25%＝75 000）；多计净利润225 000元；多计应交税费75 000元（300 000×25%＝75 000）；多提法定盈余公积22 500元（225 000×10%＝22 500）和任意盈余公积11 250元（225 000×5%＝11 250）。

（2）编制有关项目的调整分录。

①补提折旧，调整分录如下：

借：以前年度损益调整（管理费用）　　　　　　　　　　　300 000
　　贷：累计折旧　　　　　　　　　　　　　　　　　　　　　　300 000

②调整应交所得税，调整分录如下：

借：应交税费——应交所得税　　　　　　　　　　　　　　75 000
　　贷：以前年度损益调整（所得税费用）　　　　　　　　　　　75 000

③将"以前年度损益调整"科目余额转入未分配利润，调整分录如下：

借：利润分配——未分配利润　　　　　　　　　　　　　225 000
　　贷：以前年度损益调整　　　　　　　　　　　　　　　　　225 000

④因净利润减少，调减盈余公积，调整分录如下：

借：盈余公积——法定盈余公积　　　　　　　　　　　　　22 500
　　　　　　——任意盈余公积　　　　　　　　　　　　　11 250
　　贷：利润分配——未分配利润　　　　　　　　　　　　　　33 750

（3）财务报表调整和重述（财务报表略）。

某股份有限公司在列报20×5年度财务报表时，应调整20×5年度财务报表相关项目的年初余额或上年金额。

①资产负债表项目年初余额的调整。调减"固定资产"项目300 000元；调减"应交税费"项目75 000元；调减"盈余公积"项目33 750元；调减"未分配利润"项目191 250元。

②利润表项目上年金额的调整。调增"管理费用"项目300 000元；调减"所得税费用"项目75 000元；调减"净利润"项目225 000元。（需要对每股收益进行披露的企业应当同时调整基本每股收益和稀释每股收益。）

③所有者权益变动表项目上年金额的调整。调减"前期差错更正"项目中"盈余公积"上年金额33 750元，"未分配利润"上年金额191 250元，"所有者权益合计"上年金额225 000元。

（4）某股份有限公司20×5年报表附注中披露如下。

本年度发现20×4年漏记固定资产折旧300 000元，在编制20×5年财务报表时，已对该项差错进行了更正。更正后，调减20×4年净利润225 000元。

**思考题**

1.《企业会计准则第28号——会计政策、会计估计变更和差错更正》这个具体准则的作用是什么？

2. 如何区分会计政策变更和会计估计变更？

3. 为何会计政策变更与会计估计变更采用不同的会计处理方法？

4. 追溯调整法与追溯重述法的区别与联系是什么？

# 第八章 资产负债表日后事项

【学习目标】
1. 了解资产负债表日后事项的性质与意义。
2. 理解资产负债表日后事项中调整事项与非调整事项的区别。
3. 掌握资产负债表日后事项中调整事项的会计处理。
4. 掌握资产负债表日后事项中非调整事项的会计处理。

案例引导

## 第一节 资产负债表日后事项概述

### 一、资产负债表日后事项

资产负债表日后事项,是指资产负债表日至财务报告批准报出日之间发生的有利或不利事项。

#### (一)资产负债表日

资产负债表日,是指会计年度末和会计中期期末。中期是指短于一个完整的会计年度的报告期间,通常包括半年度、季度和月度等。《会计法》规定,我国会计年度采用公历年度,即从1月1日至12月31日。因此,会计中期期末相应地是指公历半年末、季末和月末等,年度资产负债表日是指公历12月31日。

#### (二)财务报告批准报出日

财务报告批准报出日,是指董事会或类似机构批准财务报告报出的日期,通常是指对财务报告的内容负有法律责任的单位或个人批准财务报告对外公布的日期。

《中华人民共和国公司法》(以下简称《公司法》)规定,公司制企业的董事会有权批准对外公布财务报告,因此,公司制企业的财务报告批准报出日是指董事会批准财务报告报出的日期,而不是股东大会审议批准的日期,也不是注册会计师出具审计报告的日期。对于非公司制企业,财务报告批准报出日是指经理(厂长)会议或类似机构批准财务报告报出的日期。

#### (三)资产负债表日后事项涵盖的期间

资产负债表日后事项涵盖的期间是自资产负债表日次日起至财务报告批准报出日止的一段时间。具体是指报告年度次年的1月1日或报告期下一期间的第一天至董事会或类似机构批准财务报告对外公布的日期。财务报告批准报出以后、实际报出之前又发生与资产负债表日后事项有关的事项，并由此影响财务报告对外公布日期的，应以董事会或类似机构再次批准财务报告对外公布的日期为截止日期。

**【例 8-1】** 某股份有限公司 20×8 年的年度财务报告于 20×9 年 3 月 15 日编制完成，注册会计师完成年度审计工作并签署审计报告的日期为 20×9 年 4 月 12 日，董事会批准财务报告对外公布日期为 20×9 年 4 月 20 日，财务报告实际对外公布的日期为 20×9 年 4 月 25 日，股东大会召开日期为 20×9 年 5 月 6 日。本例中公司 20×8 年年报的资产负债表日后事项涵盖的期间为 20×9 年 1 月 1 日至 20×9 年 4 月 20 日。如果在 4 月 20 日至 25 日之间发生了重大事项，需要调整财务报表相关项目的数字或需要在财务报表附注中披露的，经调整或说明后的财务报告再经董事会批准报出的日期为 20×9 年 4 月 28 日，实际报出的日期为 20×9 年 4 月 30 日，则资产负债表日后事项涵盖的期间为 20×9 年 1 月 1 日至 20×9 年 4 月 28 日。

### （四）有利或不利事项

这里的"有利或不利事项"，是指资产负债表日后对企业财务状况和经营成果具有一定影响（既包括有利影响也包括不利影响）的事项。如果某些事项的发生对企业财务状况和经营成果无任何影响，那么，这些事项既不是有利事项也不是不利事项，也就不属于《企业会计准则第 29 号——资产负债表日后事项》所称的资产负债表日后事项。资产负债表日后事项，如果属于调整事项，对有利和不利的调整事项均应进行处理，并调整报告年度或报告中期的财务报表；如果属于非调整事项，对有利和不利的非调整事项均应在报告年度或报告中期的财务报表附注中进行披露。

值得注意的是，资产负债表日后事项不是在这个特定期间内发生的全部事项，而是与资产负债表日存在状况有关的事项，或虽然与资产负债表日存在状况无关，但对企业财务状况具有重大影响的事项。

## 二、资产负债表日后事项分类

资产负债表日后事项包括资产负债表日后调整事项和资产负债表日后非调整事项。

### （一）资产负债表日后调整事项

资产负债表日后调整事项，是指对资产负债表日已经存在的情况提供了新的或进一步证据的事项。

资产负债表日后调整事项是在资产负债表日之前已经存在，资产负债表日后得以证实的事项；对按资产负债表日存在状况编制的财务报表产生重大影响的事项。

资产负债表日后调整事项通常包括资产负债表日后诉讼案件结案，法院判决证实了企业在资产负债表日已经存在现时义务，需要调整原先确认的与该诉讼案件相关的预计负债，或确认一项新负债；资产负债表日后取得确凿证据，表明某项资产在资产负债表日发生了减值或者需要调整该项资产原先确认的减值金额；资产负债表日后进一步确定了资产负债表日前购入资产的成本或售出资产的收入；资产负债表日后发现了财务报表舞弊或差错。

【例8-2】 20×8年10月20日，某股份有限公司向乙公司销售了一批售价总额为1 000万元的存货，款项已收。20×9年2月23日，乙公司因质量问题将该批商品退回。某股份有限公司已同意退回，并办好相关退货手续。本例中商品退回发生在20×9年2月23日，原因为质量问题，此质量问题在报告年度销售时已存在，商品退回的结果为公司的收入确认提供了进一步的信息。此时，按照20×8年12月31日存在状况编制的财务报表所提供的信息已不能真实反映某股份有限公司的实际情况，应据此对财务报表相关项目的数字进行调整。

### （二）资产负债表日后非调整事项

资产负债表日后非调整事项，是指表明资产负债表日后发生的情况的事项。资产负债表日后非调整事项虽然不影响资产负债日的存在情况，但不加以说明将会影响财务报告使用者做出正确的估计和决策。非调整事项的发生不影响资产负债表日企业的财务报表数字，只说明资产负债表日后发生了某些情况。对于财务报告使用者来说，非调整事项说明的情况有的重要，有的不重要；其中重要的非调整事项虽然与资产负债表日的财务报表数字无关，但可能影响资产负债表日以后企业的财务状况和经营成果，不加以说明将会影响财务报告使用者做出正确的估计和决策，故会计准则要求适当披露。

资产负债表日后非调整事项通常包括：资产负债表日后发生重大诉讼、仲裁、承诺；资产负债表日后资产价格、税收政策、外汇汇率发生重大变化；资产负债表日后因自然灾害导致资产发生重大损失；资产负债表日后发行股票和债券以及其他巨额举债；资产负债表日后资本公积转增资本；资产负债表日后发生巨额亏损；资产负债表日后发生企业合并或处置子公司等。

【例8-3】20×8年10月20日，某股份有限公司向乙公司销售了一批售价总额为1 000万元的存货，款项已收。20×9年2月23日，乙公司因生产线调整等原因将该批商品退回，某股份有限公司已同意退回，并办好相关退货手续。本例中商品退回发生在20×9年2月23日，原因为客户生产线调整问题，此调整问题在报告年度销售时尚不存在，尽管不影响资产负债表日存在的情况，但退回金额重大，若不加说明将会影响财务报告使用者做出正确的估计和决策，属于资产负债表日后非调整事项。

### （三）资产负债表日后调整事项与非调整事项的区别

某一事项究竟是调整事项还是非调整事项，主要取决于该事项表明的情况在资产负债表日或资产负债表日以前是否已经存在。若该情况在资产负债表日或之前已经存在，则属于调整事项；反之，则属于非调整事项。

【例8-4】 某股份有限公司20×8年的财务报告的批准报出日为20×9年4月30日。公司于20×8年10月向乙公司销售一批价款为100万元的商品，至20×8年12月31日货款尚未收到。乙公司于20×8年11月发生重大自然灾害，20×8年12月31日乙公司已出现财务危机，某股份有限公司估计对乙公司的应收账款将有20%无法收回，故按20%的比例计提坏账准备。20×9年3月某股份有限公司接到通知，乙公司已被宣告破产清算，某股份有限公司估计有40%的债权无法收回。本例中导致某股份有限公司20×8年度应收账款无法收回的事实是乙公司因自然灾害而导致的财务状况进一步恶化，该事实在资产负债表日已经存在，乙公司被宣告破产只是证实了资产负债表日财务状况恶化的情况，因此该事项属于调整事项。

若本例中，20×8年12月31日乙公司财务状况良好，某股份有限公司预计应收账款可按时收回。乙公司20×9年2月发生重大自然灾害，3月某股份有限公司得知40%的应收账款无法收回。导致某股份有限公司20×9年度应收账款损失的因素是自然灾害，应收账款发生损失这一事实在资产负债表日以后才发生，因此乙公司发生自然灾害导致公司应收款项发生坏账的事项属于非调整事项。

### 三、资产负债表日后事项的披露

企业应当在财务报表附注中披露与资产负债表日后事项有关的下列信息：

第一，财务报告的批准报出者和财务报告批准报出日。

按照有关法律，行政法规等规定，企业所有者或其他方面有权对报出的财务报告进行修改的，应当披露这一情况。

第二，每项重要的资产负债表日后非调整事项的性质、内容及其对企业财务状况和经营成果的影响。无法做出估计的，应当说明原因。

第三，企业在资产负债表日后取得了影响资产负债表日存在情况的新的进一步的证据，应当调整与之相关的披露信息。

【例8-5】 某股份有限公司合并业务在财务报表附注中所作的披露如下：

20×9年3月31日，某股份有限公司出售其对某子公司的投资，售价为6 600万元，本业务是资产负债表日后发生的事项，对报表使用者理解会计报表有重大影响，因此作为资产负债表日后非调整事项。

财务人员要遵守会计核算基本原则，为广大股东、债权人等公司利害关系人提供真实、合法、公允的财务信息。资产负债表日后调整事项的调整处理、非调整事项的及时披露，对于股东、债权人等财务报告使用人的经济决策具有十分重要的意义。

## 第二节　资产负债表日后调整事项的会计处理

### 一、资产负债表日后调整事项的处理原则

根据企业发生的资产负债表日后调整事项，应当调整报告年度的财务报表的期末数、本期数以及当期报表的期初数、上期数。

### （一）账务处理

对于年度财务报告而言，由于资产负债表日后事项发生在报告年度的次年，报告年度的有关账目已经结转，特别是损益类科目在结账后已无余额。资产负债表日后发生的调整事项，应具体分为以下情况进行处理：

第一，涉及损益的事项，通过"以前年度损益调整"科目核算。调整增加以前年度利润或调整减少以前年度亏损的事项，记入"以前年度损益调整"科目的贷方；调整减少以前年度利润或调整增加以前年度亏损的事项，记入"以前年度损益调整"科目的借方。涉及损益的调整事项，如果发生在资产负债表日所属年度（即报告年度）所得税汇算清缴前的，应调整报告年度应纳税所得额、应纳所得税税额；涉及损益的调整事项，发生在报告年度所得税汇算清缴后的，应调整本年度（即报告年度的次年）应纳所得税税额。由于以前年度损益调整增加的所得税费用，记入"以前年度损益调整"科目的借方，同时贷记"应交税费——应交所得税"等科目；由于以前年度损益调整减少的所得税费用，记入"以前年度损益调整"科目的贷方，同时借记"应交税费——应交所得税"等科目。调整完成后，将"以前年度损益调整"科目的贷方或借方余额，转入"利润分配——未分配利润"科目。

第二，涉及利润分配调整的事项，直接在"利润分配——未分配利润"科目核算。

第三，不涉及损益及利润分配的事项，调整相关科目。

### （二）调整报表

通过上述账务处理后，应同时调整财务报表相关项目的数字，包括：

第一，资产负债表日编制的财务报表相关项目的期末数或本期发生数。

第二，当期编制的财务报表相关项目的期初数或上期数。

第三，上述调整如果涉及报表附注内容的，还应当作出相应调整。

## 二、资产负债表日后调整事项的会计处理

本章所有的例子均假定如下：财务报告批准报出日是次年 3 月 31 日，所得税税率为 25%，按净利润的 10% 提取法定盈余公积，提取法定盈余公积后不再作其他分配；调整事项按税法规定均可调整应缴纳的所得税；涉及递延所得税资产的，均假定未来期间很可能取得用来抵扣暂时性差异的应纳税所得额；不考虑报表附注中有关现金流量表项目的数字。

### （一）报告期的未决诉讼在资产负债表日后期间结案需调整

资产负债表日后诉讼案件结案，人民法院判决证实了企业在资产负债表日已经存在现时义务，需要调整原先确认的与该诉讼案件相关的预计负债，或确认一项新负债。

导致诉讼的事项在资产负债表日已经发生，但尚不具备确认负债的条件而未确认，资产负债表日后至财务报告批准报出日之间获得了新的或进一步的证据（人民法院判决结果），表明此事项符合负债的确认条件，因此应在财务报告中确认为一项新负债；或者在资产负债 表日已确认某项负债，但在资产负债表日至财务报告批准日之间获得新的或进一步

的证据，表明需要对已经确认的负债的性质、金额进行调整。

**【例 8-6】** 某股份有限公司与乙公司签订一项销售合同，约定某股份有限公司应在 20×8 年 8 月向乙公司交付 A 产品 3 000 件。但某股份有限公司未按照合同发货，并致使乙公司遭受重大经济损失。20×8 年 11 月，乙公司将某股份有限公司告上法庭，要求某股份有限公司赔偿 900 万元。20×8 年 12 月 31 日，人民法院尚未判决，某股份有限公司对该诉讼事项确认预计负债 600 万元，乙公司未确认应收赔偿款。20×9 年 3 月 18 日，经人民法院判决某股份有限公司应赔偿乙公司 800 万元，双方均服从判决。判决当日，某股份有限公司向乙公司支付赔偿款 800 万元。某股份有限公司 20×8 年所得税汇算清缴在 20×9 年 4 月 10 日完成（假定该项预计负债产生的损失不允许在预计时税前抵扣，只有在损失实际发生时，才允许税前抵扣）。

**1. 对资产负债表日后事项的判断**

本例中某股份有限公司于 20×8 年 12 月 31 日对该诉讼事项已确认预计负债 600 万元，人民法院 20×9 年 3 月 18 日的判决证实了某股份有限公司在资产负债表日存在现实赔偿义务，因此应将"人民法院判决"这一事项作为调整事项进行处理。

**2. 某股份有限公司的账务处理**

（1）补记报告年度少估计的赔偿款。

| | |
|---|---:|
| 借：以前年度损益调整（营业外支出） | 2 000 000 |
|   贷：其他应付款 | 2 000 000 |

（2）将报告年度的预计负债转入其他应付款。

| | |
|---|---:|
| 借：预计负债 | 6 000 000 |
|   贷：其他应付款 | 6 000 000 |

（3）支付赔偿款。

| | |
|---|---:|
| 借：其他应付款 | 8 000 000 |
|   贷：银行存款 | 8 000 000 |

（4）假定该项预计负债产生的损失不允许在预计时税前抵扣，调整税会差异。

| | |
|---|---:|
| 借：以前年度损益调整（所得税费用） | 1 500 000 |
|   贷：递延所得税资产 | 1 500 000 |

（5）该赔偿产生的损失在损失实际发生时允许税前抵扣，公司 20×8 年所得税汇算清缴在 20×9 年 4 月 10 日完成，因此，应根据法院判决结果调整报告年度应纳税所得额和应纳所得税税额。

| | |
|---|---:|
| 借：应交税费——应交所得税 | 2 000 000 |
|   贷：以前年度损益调整（所得税费用） | 2 000 000 |

（6）将以前年度损益调整转入未分配利润。

| | |
|---|---:|
| 借：利润分配——未分配利润 | 1 500 000 |
|   贷：以前年度损益调整 | 1 500 000 |

（7）按10%调整盈余公积。

借：盈余公积——法定盈余公积　　　　　　　　　　　150 000
　　　贷：利润分配——未分配利润　　　　　　　　　　　　　150 000

**3. 某股份有限公司调整报告年度财务报表相关项目**

（1）资产负债表项目的调整：调减"递延所得税资产"项目150万元；调增"其他应付款"项目800万元，调减"预计负债"项目600万元，调减"应交税费——应交所得税"项目200万元；调减"盈余公积"项目15万元，调减"未分配利润"项目135万元。

注：资产负债表日后事项如涉及现金收支项目，均不调整报告年度资产负债表的货币资金项目和现金流量表各项目数字。本例中，虽然已经支付了赔偿款，但在调整会计报表相关数字时，分录（3）应作为20×9年的会计事项处理，不调整报告年度报表项目。

（2）利润表项目的调整：调增"营业外支出"项目200万元，调减"所得税费用"项目50万元，调减"净利润"项目150万元。

（3）所有者权益变动表项目的调整：调减"净利润"项目150万元；调减"提取盈余公积项目中盈余公积" 15万元，调减"未分配利润"项目135万元。

注意：某股份有限公司20×8年3月份报表相关项目也需进行调整，具体如下：

某股份有限公司在编制20×9年2月份的资产负债表时，以调整前20×8年12月31日的资产负债表的数字作为资产负债表的年初数，由于发生了资产负债表日后调整事项，某股份有限公司除调整20×8年度资产负债表相关项目的数字外，还应当调整20×9年3月份资产负债表相关项目的年初数，其年初数按照报告年度调整后的数字填列。其他报表同理调整。

### （二）报告期计提的减值损失在资产负债表日后期间需调整

在资产负债表日，根据当时的资料判断某项资产可能发生了损失或减值，但没有最后确定是否会发生，因而按照当时的最佳估计金额反映在财务报表中；但在资产负债表日至财务报告批准报出日之间，所取得的确凿证据能证明该事实成立，即某项资产已经发生了损失或减值，则应对资产负债表日所作的估计予以修正。

**【例8-7】** 某股份有限公司于20×8年6月销售给乙公司一批物资，货款为232万元（含增值税）。乙公司于7月份收到所购物资并验收入库。按合同规定，乙公司应于收到所购物资后3个月内付款。由于乙公司财务状况不佳，到20×8年12月31日仍未付款。某股份有限公司于20×8年12月31日已为该项应收账款计提坏账准备10万元。某股份有限公司于20×9年2月3日（所得税汇算清缴前）收到人民法院通知，乙公司已宣告破产清算，无力偿还所欠部分货款。某股份有限公司预计可收回应收账款152万元。

**1. 对资产负债表日后事项的判断**

本例中某股份有限公司在收到人民法院通知后，首先可判断该事项属于资产负债表日后调整事项。某股份有限公司原对应收乙公司账款计提了10万元的坏账准备，按照新的证据，应计提的坏账准备为80万元（232－152＝80万元），差额70万元应当调整20×8年度财务报表相关项目的数字。

**2. 某股份有限公司的账务处理**

（1）补提坏账准备。应补提的坏账准备 = 200×40% – 10 = 70（万元）。

借：以前年度损益调整（信用减值损失）　　　　　　　　　　　　　　700 000
　　贷：坏账准备　　　　　　　　　　　　　　　　　　　　　　　　　　　700 000

（2）调整递延所得税资产。

借：递延所得税资产　　　　　　　　　　　　　　　　　　　　　　　　175 000
　　贷：以前年度损益调整（所得税费用）　（70×25% = 17.5 万元）175 000

（3）按照税法相关规定，坏账损失只有在实际发生时才允许税前扣除，不调整应交税费。

（4）将"以前年度损益调整"科目的余额转入未分配利润。

借：利润分配——未分配利润　　　　　　　　　　　　　　　　　　　525 000
　　贷：以前年度损益调整　　　　　　　　　　　　　　　　　　　　　　525 000

（5）因净利润减少，调减盈余公积。

借：盈余公积——法定盈余公积　　　　　　　　　　　　　　　　　　52 500
　　贷：利润分配——未分配利润　　（525 000×10% = 52 500 元）52 500

**3. 某股份有限公司调整报告年度财务报表相关项目**

某股份有限公司调整报告年度 20×8 年度财务报表相关项目的数字（略），同时调整 20×9 年 2 月份报表相关项目的年初数及上期数（略）。

### （三）报告期购入资产的成本或售出资产的收入在资产负债表日后期间需调整

若资产负债表日前购入的资产已经按暂估金额等入账，资产负债表日后获得证据，可以进一步确定该资产的成本，则应该对已入账的资产成本进行调整。例如，购建固定资产已经达到预定可使用状态，但尚未办理竣工决算，企业已办理暂估入账；资产负债表日后办理决算，此时应根据竣工决算的金额调整暂估入账的固定资产成本等。

符合收入确认条件的，企业确认资产销售收入，但资产负债表日后获得关于资产收入的进一步证据，如发生销售退回、销售折让等，此时也应调整财务报表相关项目的金额。需要说明的是，资产负债表日后发生的销售退回，既包括报告年度或报告中期销售的商品在资产负债表日后发生的销售退回，也包括以前期间销售的商品在资产负债表日后发生的销售退回。资产负债表所属期间或以前期间所售商品在资产负债表日后退回的，应作为资产负债表日后调整事项处理。发生于资产负债表日后至财务报告批准报出日之间的销售退回事项，实际上发生于年度所得税汇算清缴之前。资产负债表日后事项中涉及报告年度所属期间的销售退回，应调整报告年度利润表的收入、费用等。由于纳税人所得税汇算清缴是在财务报告对外报出后才完成的，因此，应相应调整报告年度的应纳税所得额。

**【例 8-8】** 某股份有限公司于 20×8 年 10 月 25 日销售一批 A 商品给乙公司，取得收入 240 万元（不含增值税），并结转成本 200 万元。20×8 年 12 月 31 日，某股份有限公司尚未收到该笔货款，且未对该应收账款计提坏账准备。20×9 年 2 月 8 日，由于产品质量问题，本批货物被全部退回。某股份有限公司于 20×9 年 2 月 20 日完成 20×8 年所得税汇算清缴。某股份有限公司适用的增值税税率为13%。

**1. 对资产负债表日后事项的判断**

本例中销售退回业务发生在资产负债表日后事项涵盖期间内,退回的原因为质量问题,属于资产负债表日后调整事项。

**2. 某股份有限公司的账务处理**

(1) 调整销售收入。

借:以前年度损益调整(主营业务收入)　　　　　　　　　　　2 400 000
　　应交税费——应交增值税(销项税额)　　　　　　　　　　　  312 000
　　贷:应收账款——乙公司　　　　　　　　　　　　　　　　　2 712 000

(2) 调整销售成本。

借:库存商品——A商品　　　　　　　　　　　　　　　　　　2 000 000
　　贷:以前年度损益调整(主营业务成本)　　　　　　　　　　  2 000 000

(3) 调整应缴纳的所得税。由于销售退回发生在某股份有限公司报告年度所得税汇算清缴之前,因此在所得税汇算清缴时,应扣除该部分销售退回所实现的应纳税所得额。

借:应交税费——应交所得税　　　　　[(240-200)×25%=10万元] 100 000
　　贷:以前年度损益调整(所得税费用)　　　　　　　　　　　　  100 000

(4) 将"以前年度损益调整"科目的余额转入未分配利润。

借:利润分配——未分配利润　　　　　　　　　　　　　　　　　  300 000
　　贷:以前年度损益调整　　　　　　　　　　　　　　　　　　　  300 000

(5) 因净利润减少,调减盈余公积。

借:盈余公积——法定盈余公积　　　　　　　(30×10%=3万元) 30 000
　　贷:利润分配——未分配利润　　　　　　　　　　　　　　　　   30 000

**3. 某股份有限公司调整报告年度财务报表相关项目**

某股份有限公司调整报告年度 20×8 年度财务报表相关项目的数字(略),同时调整 20×9 年 2 月份报表相关项目的年初数及上期数(略)。

**(四)资产负债表日后发现了财务报表舞弊或差错**

这一事项是指资产负债表日至财务报告批准报出日之间发生的属于资产负债表期间或以前期间存在的财务报表舞弊或差错。这种舞弊或差错应当作为资产负债表日后调整事项,调整报告年度的年度财务报告或中期财务报告相关项目的数字。具体会计处理详见本书相关章节。

# 第三节　资产负债表日后非调整事项的会计处理

## 一、资产负债表日后非调整事项的处理原则

资产负债表日后发生的非调整事项,是表明资产负债表日后发生的情况的事项,与资

产负债表日存在状况无关,不应当调整资产负债表日的财务报表。但有的非调整事项由于事项重大,对财务报告使用者具有重大影响,若不加以说明,将不利于财务报告使用者做出正确的估计和决策。

## 二、资产负债表日后非调整事项的会计处理

对于资产负债表日后发生的非调整事项,应当在财务报表附注中披露每项重要的资产负债表日后非调整事项的性质、内容,及其对财务状况和经营成果的影响。无法做出估计的,应当说明原因。

### (一)资产负债表日后发生重大诉讼、仲裁、承诺

资产负债表日后发生的重大诉讼等事项,对企业影响较大,为防止误导投资者及其他财务报告使用者,应当在财务报表附注中予以披露。

【例8-9】20×8年12月20日,某股份有限公司与乙公司签订了一份售价总额为1 000万元的销售合同,约定某股份有限公司于20×9年2月15日向乙公司发货。20×9年1月23日,某股份有限公司因遭受严重的自然灾害,无法按时交货,与乙公司协商未果。20×9年2月15日,某股份有限公司被乙公司起诉,20×9年2月20日,某股份有限公司同意向乙公司赔偿100万元。乙公司撤回了该诉讼。该赔偿额对某股份有限公司有重大影响。本例中某股份有限公司被起诉发生在20×9年2月15日,原因为20×9年1月23日的自然灾害,属于资产负债表日后发生自然灾害导致企业出现重大赔偿损失的情形,某股份有限公司应当将此事项作为非调整事项在20×8年度财务报表附注中进行披露。

### (二)资产负债表日后资产价格、税收政策、外汇汇率发生重大变化

资产负债表日后发生的资产价格、税收政策和外汇汇率的重大变化,虽然不会影响资产负债表日财务报表相关项目的数字,但对企业资产负债表日后的财务状况和经营成果有重大影响,应当在财务报表附注中予以披露。

【例8-10】某股份有限公司于20×8年9月向英国某银行借入5年期长期借款100万英镑。某股份有限公司在编制20×8年度财务报表时已按20×8年12月31日的即期汇率对该笔长期借款进行了折算。假设国家规定从20×9年1月1日起调整人民币对英镑的汇率,人民币对英镑的汇率发生重大变化。某股份有限公司在资产负债表日已经按规定的汇率对有关账户进行调整,因此,无论资产负债表日后汇率如何变化,均不影响资产负债表日的财务状况和经营成果。但是,如果资产负债表日后外汇汇率发生重大变化,那么某股份有限公司应对由此产生的影响在财务报表附注中进行披露。

### (三)资产负债表日后因自然灾害导致资产发生重大损失

自然灾害导致资产发生重大损失,对企业资产负债表日后财务状况的影响较大,如果不加以披露,有可能使财务报告使用者做出错误的决策,因此应作为非调整事项在财务报表附注中进行披露。

【例 8-11】 某股份有限公司于 20×8 年 12 月购入一批商品,价值为 1 000 万元,至 20×8 年 12 月 31 日该批商品已全部验收入库,货款通过银行支付。20×9 年 2 月 12 日,公司所在地发生自然灾害,该批商品全部毁损。自然灾害发生于 20×9 年 2 月 12 日,属于资产负债表日后才发生或存在的事项,但因此事项产生的重大损失对某股份有限公司资产负债表日后财务状况的影响较大,某股份有限公司应当将此事项作为非调整事项在 20×8 年度财务报表附注中进行披露。

### (四)资产负债表日后发行股票和债券以及其他巨额举债

企业在资产负债表日后发行股票、债券以及向银行或非银行金融机构举借巨额债务都是比较重大的事项,虽然这一事项与企业资产负债表日的存在状况无关,但这一事项的披露能使财务报告使用者了解与此有关的情况及可能带来的影响,因此应当在财务报表附注中进行披露。

【例 8-12】 某股份有限公司于 20×9 年 2 月 20 日经批准发行 100 万股普通股,发行价格为每股 12 元,并于 20×9 年 3 月 5 日结束发行。公司发行股票虽然与公司资产负债表日的存在状况无关,但这一事项的披露能使财务报告使用者了解与此有关的情况及可能带来的影响,公司应当将此事项作为非调整事项在 20×8 年度财务报表附注中进行披露。

### (五)资产负债表日后资本公积转增资本

资产负债表日后企业以资本公积转增资本将会改变企业的资本(或股本)结构,影响较大,应当在财务报表附注中进行披露。

【例 8-13】 20×9 年 1 月某股份有限公司经批准将 1 000 万元资本公积转增资本。本例中,某股份有限公司于 20×9 年 1 月将资本公积转增资本,属于资产负债表日后才发生的事项,但对某股份有限公司资产负债表日后财务状况的影响较大,某股份有限公司应当将此事项作为非调整事项在 20×8 年度财务报表附注中进行披露。

### (六)资产负债表日后发生巨额亏损

企业资产负债表日后发生巨额亏损将会对企业报告期以后的财务状况和经营成果产生重大影响,应当在财务报表附注中及时披露该事项,以便为投资者或其他财务报告使用者做出正确决策提供信息。

【例 8-14】 某股份有限公司于 20×8 年 12 月向乙公司销售一批商品并确认收入。20×9 年 2 月份由于乙公司进行结构调整,将此批货物退回,使得某股份有限公司 2 月份出现巨额亏损,净利润由 20×8 年 12 月的盈利 7 000 万元变为亏损 500 万元。本例中巨额亏损发生于 20×9 年 1 月,虽然属于资产负债表日后才发生的事项,但由盈利转为亏损,会对某股份有限公司资产负债表日后的财务状况和经营成果产生重大影响,某股份有限公司应当将此事项作为非调整事项在 20×8 年度财务报表附注中进行披露。

### (七)资产负债表日后发生企业合并或处置子企业

企业合并或者处置子企业的行为可以影响股权结构、经营范围等,对企业未来的生产经营活动会产生重大影响,应当在财务报表附注中进行披露。

**【例 8-15】** 某股份有限公司于 20×9 年 2 月 15 日从丙公司处收购一家全资子公司。本例中收购子公司发生于 20×9 年 2 月,与公司资产负债表日的存在状况无关,但是收购子公司可能对某股份有限公司的股权结构、经营范围等方面产生较大影响,某股份有限公司应当将此事项作为非调整事项在 20×8 年度财务报表附注中进行披露。

### (八)资产负债表日后,企业利润分配方案中拟分配的以及经审议批准宣告发放的股利或利润

资产负债表日后,企业利润分配方案中拟分配的以及经审议批准宣告发放的股利或利润,虽不确认为资产负债表日的负债,但应当在财务报表附注中单独披露。

**【例 8-16】** 20×9 年 1 月 16 日,某股份有限公司董事会审议通过了 20×8 年利润分配方案,决定以公司 20×8 年末总股本为基数,分派现金股利 1 000 万元,每 10 股派送 1 元(含税),该利润分配方案于 20×9 年 4 月 10 日经公司股东大会审议批准。本例中某股份有限公司制订利润分配方案,拟分配或经审议批准宣告发放股利或利润的行为,并不会致使某股份有限公司在资产负债表日形成现时义务,因此虽然该事项可导致某股份有限公司负有支付股利或利润的义务,但支付义务在资产负债表日尚不存在,不应该调整资产负债表日的财务报告,因此,该事项为非调整事项。但由于该事项对某股份有限公司资产负债表日后的财务状况有较大影响,可能导致现金较大规模流出、公司股权结构变动等,为便于财务报告使用者更充分地了解相关信息,某股份有限公司需要在 20×8 年度财务报表附注中单独披露该信息。

**思考题**

1. 《企业会计准则第 29 号——资产负债表日后事项》这个具体准则的作用是什么?
2. 如何区分调整事项和非调整事项?
3. 为何调整事项和非调整事项采用不同的会计处理方法?
4. 资产负债表日后调整事项与会计政策变更、会计处理的区别与联系是什么?

拓展阅读　　　　即测即练

自学自测　　　　扫描此码

# 第九章 企业合并

【学习目标】

1. 理解企业合并的概念和分类。
2. 掌握同一控制下企业合并的会计处理方法。
3. 掌握非同一控制下企业合并的会计处理方法。
4. 了解反向购买的会计处理方法。

案例引导

## 第一节 企业合并概述

### 一、企业合并的界定

#### （一）企业合并的概念

《企业会计准则第 20 号——企业合并》对企业合并的定义是：将两个或两个以上单独的企业（主体）合并形成一个报告主体的交易或事项。

《公司法》中对企业合并的相关规定是，公司合并可以采取吸收合并和新设合并。一个公司吸收其他公司为吸收合并，被吸收的公司解散。两个以上公司合并设立一个新的公司为新设合并，合并各方解散。

可见，会计准则对企业合并的界定注重的是新会计主体的形成，而《公司法》对企业合并的界定注重的是新法人主体的形成。例如，A 公司购买 B 公司 80%的股权，对 B 公司进行了控股，近而形成了一个由 A、B 公司组成的企业集团，即一个新的报告主体形成。此交易按会计准则属于企业合并，但按《公司法》规定不属于企业合并。本章所提及的企业合并均为会计准则口径的界定。

#### （二）会计角度企业合并的判断

从会计角度看，交易是否构成企业合并，主要应关注以下两个方面：

**1. 被合并方是否构成业务**

业务指企业内部某些生产经营活动或资产负债的组合，该组合具有投入、加工处理过程和产出能力，能够独立计算其成本费用或所产生的收入，但一般不构成一个企业，不具有独立的法人资格，如企业的分公司、独立的生产车间、不具有独立法人资格的分部等。

如果一个企业取得了对另一个企业或多个企业的控制权，而被合并方并不构成业务，则该交易或事项的发生并不会形成新的报告主体，不形成企业合并。企业取得不形成业务的一组资产或净资产时，应将合并成本按合并日所取得的各项可辨认资产、负债的相对公允价值为基础进行分配，不按照企业合并准则进行处理，按照权益性交易原则不得确认商誉或当期损益。

**2. 交易发生前后是否涉及对标的业务控制权的转移**

从企业合并的概念看，是否形成企业合并，除要看取得的资产负债组合是否构成业务之外，还要看有关交易或事项发生前后是否引起报告的变化。报告主体的变化产生于控制权的变化。

例如，A 公司购买 B 公司 80%的股权，对 B 公司进行了控股，B 公司的控制权发生了转移，控制权由 B 公司的原股东转移给 A 公司，现由 A 公司控股 B 公司，即一个新的报告主体 AB 集团形成，此交易按会计准则属于企业合并。再如，A 公司继续购入 B 公司余下的 20%的股权，考虑到该交易或事项发生前后，A 公司对 B 公司的控制权并未发生转移，报告主体未发生变化，此交易不属于企业合并。

## 二、企业合并的分类

### （一）按合并前后法律主体是否发生变化

**1. 吸收合并**

合并方或购买方通过企业合并取得被合并方或被购买方的全部净资产，合并后注销被合并方或被购买方的法人资格，被合并方或被购买方原持有的资产、负债，在合并后变更为合并方或购买方的资产、负债，为吸收合并。

**2. 新设合并**

参与合并的各方在合并后法人资格均被注销，重新注册成立一家新的企业，为新设合并。重新注册成立一家新的企业，由新注册成立的企业持有合并各企业的资产、负债，在新的基础上经营。

**3. 控股合并**

合并方或购买方在企业合并中取得对被合并方或被购买方的控制权，被合并方或被购买方在合并后仍保持其独立的法人资格并继续经营，合并方或购买方应确认企业合并形成的对被合并方或被购买方的投资，为控股合并。

### （二）按合并前后是否受同一方控制

**1. 同一控制下的企业合并**

同一控制下的企业合并，是指参与合并的企业在合并前后均受同一方或相同多方的最终控制且该控制并非暂时性的。

同一控制下的企业合并，在合并日取得对其他参与合并企业控制权的一方为合并方，参与合并的其他企业为被合并方。

判断某一企业合并是否属于同一控制下的企业合并，应当把握以下要点：

（1）能够对参与合并各方在合并前后均实施最终控制的一方通常指企业集团的母公司。

（2）能够对参与合并的企业在合并前后均实施最终控制的相同多方，是指根据合同或协议的约定，拥有最终决定参与合并企业的财务和经营政策，并从中获取利益的投资者群体。

（3）实施控制的时间性要求，是指参与合并各方在合并前后较长时间内为最终控制方所控制。具体是指在企业合并之前（即合并日之前），参与合并各方在最终控制方的控制时间一般在1年以上（含1年），企业合并后所形成的报告主体在最终控制方的控制时间也应达到1年以上（含1年）。

企业之间的合并是否属于同一控制下的企业合并，应综合构成企业合并交易的各方面情况，按照实质重于形式的原则进行判断。通常情况下，同一控制下的企业合并是指发生在同一企业集团内部企业之间的合并。注意，同受国家控制的企业之间发生的合并，不应仅仅因为参与合并各方在合并前后均受国家控制而将其作为同一控制下的企业合并。

【例9-1】A公司是上市公司，其拥有的资产、负债构成业务。重组前，E公司系A公司的控股股东，同时E公司控股B公司。20×9年10月，A公司与B公司进行重大资产重组：B公司以其持有的C公司和D公司100%的股权注入A公司，A公司向B公司定向增发股份2亿股。20×9年10月，A公司完成C、D公司股权过户手续，股权持有人变更为A公司，20×9年12月，A公司完成变更注册资本的工商变更登记手续，重组完成后B公司持有A公司60%的股份，成为A公司的控股股东（假设A公司与C、D公司受E公司最终控制不是暂时性的）。

本例中，交易前，E公司为A、B公司的控股股东，而B公司则是C公司和D公司的控股股东。参与合并的A公司和C、D公司在合并前均受E公司最终控制，因为A公司与C、D公司在合并前均受同一方最终控制，故该项交易属于同一控制下的企业合并。

**2. 非同一控制下的企业合并**

非同一控制下的企业合并，是指参与合并各方在合并前后不受同一方或相同多方的最终控制的合并交易，即除判断属于同一控制下企业合并的情况以外其他的企业合并。

【例9-2】为扩大市场份额，经股东大会批准，甲公司实施了并购和其他有关交易。

A公司直接持有B公司30%的股权，同时受托行使其他股东所持有B公司18%股权的表决权。B公司董事会由11名董事组成，其中A公司派出6名。B公司章程规定，其财务和经营决策经董事会三分之二以上成员通过即可实施。B公司持有C公司60%的股权，持有D公司100%的股权。A公司和D公司分别持有甲公司30%的股权和29%的股权。甲公司董事会由9人组成，其中A公司派出3人，D公司派出2人。甲公司章程规定，其财务和经营决策经董事会半数以上成员通过即可实施。甲公司与B公司签订股权转让合同。合同约定：甲公司向 B 公司购买其所持有的 C 公司 60%的股权。

本例中，A 公司在 B 公司的董事人数未超过 2/3，合并前甲公司和 C 公司不受同一集团管理当局控制，因此甲公司取得 C 公司 60%股权的交易属于非同一控制下的控股合并。

### 三、合并日或购买日的确定

通常情况下，同一控制下的企业合并中取得被合并方控制权的日期称为合并日，合并双方称为合并方与被合并方；非同一控制下的企业合并中取得被合并中方控制权的日期称为购买日，合并双方称为购买方与被购买方。

企业应当在合并日（或购买日）确认因企业合并取得的资产、负债。合并日是指合并方（或购买方）实际取得对被合并方（或被购买方）控制权的日期。即被合并方的净资产或生产经营决策的控制权转移给合并方的日期。

同时满足下列条件的，通常可确认为实现了控制权的转移：

（1）企业合并合同或协议已获股东大会通过。

（2）企业合并事项需要经过国家有关主管部门审批的，已获得批准。

（3）参与合并各方已办理了必要的财产交接手续。

（4）合并方已支付了合并价款的大部分（一般应超过 50%），并且有能力、有计划支付剩余款项。

（5）合并方实际上已经控制了被合并方的财务和经营政策，并享有相应的利益、承担相应的风险。

在企业合并交易中，合并日（购买日）的判断非常重要。非同一控制下的企业合并，被购买方从购买日开始纳入购买方合并范围，合并成本和取得的被购买方可辨认净资产公允价值也以购买日的价值计量。同一控制下的企业合并，虽然被合并方从最终控制方开始实施控制时就纳入合并范围，但如果合并日在资产负债日之前，则可以将合并方全年的报表纳入合并范围。合并日（购买日）的确定对财务报表存在重大影响。

【例 9-3】 A 公司是上市公司，A 公司向 B 公司非公开发行股份进行重大资产重组，B 公司以其所拥有的 15 家全资子公司的股权等对应的净资产作为认购非公开发行股票的对价，该交易为非同一控制下的企业合并。20×8 年 12 月 28 日收到中国证监会核准后，双方进行了资产交割。截至 20×8 年 12 月 31 日，B 公司投资的 15 家子公司全部办妥变更后的企业法人营业执照，股东变更为 A 公司。20×8 年 12 月 30 日，双方签订移交资产约定书，约定自 20×8 年 12 月 30 日起 B 公司将标的资产交付 A 公司，同时，A 公司自 20×8 年 12 月 31 日起接收该资产与负债并向这些子公司派驻董事、总经理等高级管理人员，对标的资产开始实施控制。20×9 年 1 月，会计师事务所对 A 公司截至 20×8 年 12 月 31 日的注册资本进行了审验，并出具了验资报告。20×9 年 2 月，A 公司本次增发的股份在中国证券登记结算有限责任公司上海分公司办理了股权登记手续。请问 A 公司将购买日确定为 20×8 年 12 月 31 日，将 15 家子公司纳入合并范围是否合理？

本例中，截至20×8年12月31日，该项交易已经取得了所有必要的审批，15家目标公司全部完成了营业执照变更，双方签订了移交资产约定书。A公司已经向被购买方派驻了董事、总经理等高级管理人员，对被购买方开始实施控制。虽然作为合并对价增发的股份在20×9年2月才办理了股权登记手续，但由于企业合并交易在20×8年已经完成所有的实质性审批程序，且A公司已经实质上取得了对15家目标公司的控制权，因此可以合理判断购买日为20×8年12月31日。

## 第二节　同一控制下企业合并的会计处理

### 一、确认与计量的基本原则

#### （一）取得的净资产或股权的入账价值的确定

合并方在企业合并中取得的资产和负债，应当按照合并日在被合并方的账面价值计量。同一控制下企业合并的合并方，对于吸收合并和新设合并中取得的资产和负债，按照合并日被合并方有关资产、负债的账面价值计量；对于控股合并中取得的长期股权投资，按照合并日取得的被合并方所有者权益账面价值的份额进行初始计量。

#### （二）合并对价的计量

合并方支付的合并对价按账面价值转出。合并方对作为合并对价所付出的资产，按其账面价值结转；作为合并对价所发生或承担的负债，按账面价值或面值确认；作为合并对价所发行的股份，按面值总额记录。

同一控制下企业合并方式形成的长期股权投资，初始投资时，应按照《企业会计准则第13号——或有事项》的规定，判断是否应就或有对价确认预计负债或者确认资产，以及应确认的金额。

确认预计负债或资产的，该预计负债或资产金额与后续或有对价结算金额的差额不影响当期损益，应当调整资本公积（资本溢价或股本溢价）；资本公积（资本溢价或股本溢价）不足冲减的，调整留存收益。

#### （三）合并对价与取得净资产或股权的入账价值差额的处理

合并方在企业合并中取得的资产和负债，应当按照合并日在被合并方的账面价值计量。合并方取得的净资产账面价值与支付的合并对价账面价值（或发行股份面值总额）的差额，应当调整资本公积；资本公积不足冲减的，调整留存收益。

#### （四）直接费用的处理

合并方为进行企业合并发生的各项直接相关费用，包括为进行企业合并而支付的审计费用、评估费用、法律服务费用等，应当于发生时计入当期损益。

为企业合并发行的债券或承担其他债务支付的手续费、佣金等，应当计入所发行债券及其他债务的初始计量金额。企业合并中发行权益性证券发生的手续费、佣金等费用，应当抵减权益性证券溢价收入；溢价收入不足冲减的，调整留存收益。

## 二、会计处理方法

### （一）权益结合法

按我国企业会计准则规定，同一控制下的企业合并会计处理采用权益结合法。

权益结合法是企业合并会计处理方法之一。即视企业合并为参与合并的双方，通过股权交换形成的所有者权益的联合，而非资产的交易。换言之，它是由两个或两个以上经营主体对一个联合后的企业或集团公司开展经营活动的资产贡献，即经济资源的联合。

在权益结合法中，原所有者权益继续存在，以前会计基础保持不变。参与合并的各企业的资产和负债继续按其原来的账面价值记录，合并后企业的利润包括合并日之前本年度已实现的利润；以前年度累积的留存利润也应予以合并。

### （二）会计处理

**1. 合并方在个别报表确认长期股权投资**

同一控制下的企业合并，合并方以支付现金、转让非现金资产或承担债务方式作为合并对价的，应当在合并日将被合并方所有者权益在最终控制方合并财务报表中的账面价值的份额作为长期股权投资的初始投资成本。长期股权投资初始投资成本与支付的现金、转让的非现金资产，以及所承担债务账面价值之间的差额，应当调整资本公积；资本公积不足冲减的，调整留存收益。

合并方以发行权益性证券作为合并对价的，应当在合并日将被合并方所有者权益在最终控制方合并财务报表中的账面价值的份额作为长期股权投资的初始投资成本。将发行股份的面值总额作为股本，长期股权投资初始投资成本与所发行股份面值总额之间的差额，应当调整资本公积；资本公积不足冲减的，调整留存收益。

**2. 合并日抵销与调整分录**

合并财务报表的主体是由母公司和子公司组成的企业集团，该集团的所有者是母公司投资者，因此，在合并报表日，应抵销母公司长期股权投资与子公司所有者权益。抵销分录借方为被合并方所有者权益各项目，贷方为合并方的长期股本投资，若不是100%合并的，贷方还应计入少数股东权益。

同一控制下企业合并的基本处理原则是视同合并后形成的报告主体在合并日及以前期间一直存在，在编制合并日合并财务报表时，应将母公司长期股权投资和子公司所有者权益抵销，但子公司原由企业集团其他企业控制时的留存收益在合并财务报表中是存在的，所以对于被合并方在企业合并前实现的留存收益（盈余公积和未分配利润之和）中归属于合并方的部分，在合并工作底稿中，应以资本溢价或股本溢价的贷方余额为限冲抵盈余公积和未分配利润。

**3. 合并方编制合并报表**

在控股合并方式下，企业合并形成母子公司关系的，母公司应当编制合并日的合并资产负债表、合并利润表和合并现金流量表。

1）合并资产负债表

合并资产负债表中被合并方的各项资产、负债，应当按其账面价值计量。因被合并方采用的会计政策与合并方不一致，按照《企业会计准则第33号——合并财务报表》规定进行调整的，应当以调整后的账面价值计量。同一控制下企业合并增加的子公司或业务，视同合并后形成的企业集团报告主体自最终控制方开始实施控制时一直是一体化存续下来的。编制合并资产负债表时，应当调整合并资产负债表的期初数，合并资产负债表的留存收益项目应当反映母子公司视同一直作为一个整体运行至合并日应实现的盈余公积和未分配利润的情况，同时应当对比较财务报表的相关项目进行调整。内部交易抵销的具体方法详见第十章合并财务报表。

2）合并利润表

合并利润表应当包括参与合并各方自合并当期期初至合并日所发生的收入、费用和利润。被合并方在合并前实现的净利润，应当在合并利润表中单列项目反映。双方在当期发生的交易，应当按照合并财务报表的有关原则进行抵销。具体方法详见第十章合并财务财务报表。

3）合并现金流量表

合并现金流量表应当包括参与合并各方自合并当期期初至合并日的现金流量。合并日合并现金流量表的编制与合并利润表的编制原理相同。具体方法详见第十章合并财务报表。

【例9-4】 A、B公司分别为P公司控制下的两家子公司。A公司于20×9年3月10日自母公司P处取得B公司100%的股权，合并后B公司仍维持其独立法人资格继续经营。为进行该项企业合并，A公司发行了1 500万股本公司普通股（每股面值1元）作为对价。假定A、B公司采用的会计政策相同。合并日，A公司及B公司的资产负债表简表如表9-1所示。

表9-1 A、B公司合并前资产负债表简表

20×9年3月10日　　　　　　　　　　　　　　单位：万元

| 项　　目 | A公司 | B公司 |
|---|---|---|
| 货币资金 | 4 000 | 2 000 |
| 存货 | 6 000 | 3 000 |
| 长期股权投资 | | |
| 其他资产 | 20 000 | 3 000 |
| 资产合计 | 30 000 | 8 000 |
| 负债小计 | 11 500 | 3 000 |
| 股本 | 9 000 | 1 500 |
| 资本公积 | 2 500 | 500 |
| 盈余公积 | 2 000 | 1 000 |
| 未分配利润 | 5 000 | 2 000 |
| 所有者权益小计 | 18 500 | 5 000 |
| 负债及所有者权益合计 | 30 000 | 8 000 |

（1）A 公司在合并日个别报表应进行的账务处理为：

借：长期股权投资　　　　　　　　　　　　　　　　　　　　　　50 000 000
　　贷：股本　　　　　　　　　　　　　　　　　　　　　　　　　15 000 000
　　　　资本公积——股本溢价　　　　　　　　　　　　　　　　　35 000 000

与 B 公司合并后，各自资产负债表相关项目如表 9-2 所示。

表 9-2　A、B 公司合并日后资产负债表相关项目

20×9 年 3 月 10 日　　　　　　　　　　　　　　　　　单位：万元

| 项　　目 | A 公司 | B 公司 |
| --- | --- | --- |
| 货币资金 | 4 000 | 2 000 |
| 存货 | 6 000 | 3 000 |
| 长期股权投资 | 5 000 | |
| 其他资产 | 20 000 | 3 000 |
| 资产合计 | 35 000 | 8 000 |
| 负债小计 | 11 500 | 3 000 |
| 股本 | 10 500 | 1 500 |
| 资本公积 | 6 000 | 500 |
| 盈余公积 | 2 000 | 1 000 |
| 未分配利润 | 5 000 | 2 000 |
| 所有者权益小计 | 23 500 | 5 000 |
| 负债及所有者权益合计 | 35 000 | 8 000 |

（2）A 公司在合并日编制合并财务报表的抵销与调整分录为：

借：股本　　　　　　　　　　　　　　　　　　　　　　　　　　15 000 000
　　资本公积　　　　　　　　　　　　　　　　　　　　　　　　　5 000 000
　　盈余公积　　　　　　　　　　　　　　　　　　　　　　　　 10 000 000
　　未分配利润　　　　　　　　　　　　　　　　　　　　　　　 20 000 000
　　贷：长期股权投资　　　　　　　　　　　　　　　　　　　　　50 000 000

进行上述处理后，A 公司在合并日编制合并资产负债表时，对于企业合并前 B 公司实现的留存收益中归属于合并方的部分（3 000 万元）应自资本公积（资本溢价或股本溢价）转入留存收益。本例中，A 公司在确认对 B 公司的长期股权投资以后，其资本公积的账面余额为 6 000 万元（2 500 + 3 500 = 6 000 万元），资本溢价或股本溢价的金额足够冲抵。在合并工作底稿中，应编制以下调整分录：

借：资本公积　　　　　　　　　　　　　　　　　　　　　　　　30 000 000
　　贷：盈余公积　　　　　　　　　　　　　　　　　　　　　　 10 000 000
　　　　未分配利润　　　　　　　　　　　　　　　　　　　　　 20 000 000

若 A 公司资本公积中资本溢价或股本溢价金额不足冲抵，则按比例进行冲抵 B 公司留存收益中的盈余公积和未分配利润。

（3）编制合并报表：

将合并方与被合并方报表中项目金额进行简单相加，再将上述两笔抵销与调整分录中

的金额进行抵销与调整（假设双方在合并前不存在内部交易），得到合并报表中相应数据，计算过程如表9-3所示。

**表9-3　A、B公司合并资产负债表简表**

20×9年3月10日　　　　　　　　　　　　　　　　　　　　　单位：万元

| 项目 | A公司 | B公司 | 合计 | 抵销与调整分录 借方 | 抵销与调整分录 贷方 | 合并金额 |
|---|---|---|---|---|---|---|
| 货币资金 | 4 000 | 2 000 | 6 000 | | | 6 000 |
| 存货 | 6 000 | 3 000 | 9 000 | | | 9 000 |
| 长期股权投资 | 5 000 | | 5 000 | | 5 000 | 0 |
| 其他资产 | 20 000 | 3 000 | 23 000 | | | 23 000 |
| 资产合计 | 35 000 | 8 000 | 43 000 | | | 38 000 |
| 负债小计 | 11 500 | 3 000 | 14 500 | | | 14 500 |
| 股本 | 10 500 | 1 500 | 12 000 | 1 500 | | 10 500 |
| 资本公积 | 6 000 | 500 | 6 500 | 3 500 | | 3 000 |
| 盈余公积 | 2 000 | 1 000 | 3 000 | 1 000 | 1 000 | 3 000 |
| 未分配利润 | 5 000 | 2 000 | 7 000 | 2 000 | 2 000 | 7 000 |
| 少数股东权益 | | | | | | |
| 所有者权益小计 | 23 500 | 5 000 | 28 500 | | | 23 500 |
| 负债及所有者权益合计 | 35 000 | 8 000 | 43 000 | | | 38 000 |

合并利润表与合并现金流量表编制过程详见其他章节。

**【例9-5】** 若案例9-4中其他信息不变，持股比例为80%，其会计处理如下：

（1）A公司在合并日个别报表应进行的账务处理为：

借：长期股权投资　　　　　　　　　　　　　　　　40 000 000

　　贷：股本　　　　　　　　　　　　　　　　　　　　15 000 000

　　　　资本公积　　　　　　　　　　　　　　　　　　25 000 000

A、B公司合并后，各自资产负债表相关项目如表9-4所示。

**表9-4　A、B公司合并后各自资产负债表相关项目**

20×9年3月10日　　　　　　　　　　　　　　　　　　　　　单位：万元

| 项目 | A公司 | B公司 |
|---|---|---|
| 货币资金 | 4 000 | 2 000 |
| 存货 | 6 000 | 3 000 |
| 长期股权投资 | 4 000 | |
| 其他资产 | 20 000 | 3 000 |
| 资产合计 | 34 000 | 8 000 |
| 负债小计 | 11 500 | 3 000 |
| 股本 | 10 500 | 1 500 |
| 资本公积 | 5 000 | 500 |
| 盈余公积 | 2 000 | 1 000 |
| 未分配利润 | 5 000 | 2 000 |
| 所有者权益小计 | 22 500 | 5 000 |
| 负债及所有者权益合计 | 34 000 | 8 000 |

第九章　企业合并

（2）A公司在合并日编制合并财务报表的抵销分录为：

| | |
|---|---:|
| 借：股本 | 15 000 000 |
| 　　资本公积 | 5 000 000 |
| 　　盈余公积 | 10 000 000 |
| 　　未分配利润 | 20 000 000 |
| 　贷：长期股权投资 | 40 000 000 |
| 　　　少数股东权益 | 10 000 000 |

进行上述处理后，A公司在合并日编制合并资产负债表时，对于企业合并前B公司实现的留存收益中归属于合并方的部分（2 400万元）应自资本公积（资本溢价或股本溢价）转入留存收益。本例中A公司在确认对B公司的长期股权投资以后，其资本公积的账面余额为5 000万元（2 500 + 2 500 = 5 000万元），资本溢价或股本溢价的金额足够冲抵。在合并工作底稿中，应编制以下调整分录：

| | |
|---|---:|
| 借：资本公积 | 24 000 000 |
| 　贷：盈余公积 | 8 000 000 |
| 　　　未分配利润 | 16 000 000 |

（3）编制合并报表：

将合并方与被合并方报表中项目金额进行简单相加，再将上述两笔抵销与调整分录中的金额进行抵销与调整（假设双方在合并前不存在内部交易），得到合并报表中相应数据，计算过程如表9-5所示。

**表9-5　A、B公司合并资产负债表简表**

20×9年3月10日　　　　　　　　　　　　　　　单位：万元

| 项　　目 | A公司 | B公司 | 合计 | 抵销与调整分录 借方 | 抵销与调整分录 贷方 | 合并金额 |
|---|---:|---:|---:|---:|---:|---:|
| 货币资金 | 4 000 | 2 000 | 6 000 | | | 6 000 |
| 存货 | 6 000 | 3 000 | 9 000 | | | 9 000 |
| 长期股权投资 | 4 000 | | 4 000 | | 4 000 | 0 |
| 其他资产 | 20 000 | 3 000 | 23 000 | | | 23 000 |
| 资产合计 | 34 000 | 8 000 | 42 000 | | | 38 000 |
| 负债小计 | 11 500 | 3 000 | 14 500 | | | 14 500 |
| 股本 | 10 500 | 1 500 | 12 000 | 1 500 | | 10 500 |
| 资本公积 | 5 000 | 500 | 5 500 | 2 900 | | 2 600 |
| 盈余公积 | 2 000 | 1 000 | 3 000 | 1 000 | 800 | 2 800 |
| 未分配利润 | 5 000 | 2 000 | 7 000 | 2 000 | 1 600 | 6 600 |
| 少数股东权益 | | | | | 1000 | 1 000 |
| 所有者权益小计 | 22 500 | 5 000 | 27 500 | | | 23 500 |
| 负债及所有者权益合计 | 34 000 | 8 000 | 42 000 | | | 38 000 |

合并利润表与合并现金流量表编制过程详见其他章节。

# 第三节  非同一控制下企业合并的会计处理

## 一、确认与计量的基本原则

### （一）取得的净资产或股权的入账价值的确定

合并方在企业合并中取得的资产和负债,应当按照合并日在被合并方的公允价值计量。非同一控制下企业合并的合并方,对于吸收合并和新设合并中取得的资产和负债,按照合并日被合并方有关资产、负债的公允价值计量;对于控股合并中取得的长期股权投资,按照合并日取得的被合并方所有者权益可辨认公允价值的份额进行初始计量。

### （二）合并成本的确定

购买方在购买日对作为企业合并对价付出的资产、发生或承担的负债应当按照公允价值计量,公允价值与其账面价值的差额,计入当期损益。购买方应当区分下列情况确定合并成本：

（1）一次交换交易实现的企业合并,合并成本为购买方在购买日为取得对被购买方的控制权而付出的资产、发生或承担的负债以及发行的权益性证券的公允价值。

（2）通过多次交换交易分步实现的企业合并,合并成本为每一单项交易成本之和。

（3）在合并合同或协议中对可能影响合并成本的未来事项作出约定的,购买日如果估计未来事项很可能发生并且对合并成本的影响金额能够可靠计量的,购买方应当将其计入合并成本。

### （三）被购买方可辨认净资产的确定

被购买方可辨认净资产公允价值,是指合并中取得的被购买方可辨认资产的公允价值减去负债及或有负债公允价值后的余额。被购买方各项可辨认资产、负债及或有负债,符合下列条件的,应当单独予以确认。

（1）企业合并中取得的被购买方除无形资产以外的其他各项资产（不仅限于被购买方原已确认的资产）,其所带来的未来经济利益预期很可能流入企业且公允价值能够可靠计量的,应当单独予以确认并按照公允价值计量。

（2）企业合并中取得的无形资产的确认。非同一控制下的企业合并中,购买方在对企业合并中取得的被购买方资产进行初始确认时,应对被购买方拥有的但在其财务报表中未确认的无形资产进行充分辨认和合理判断,满足以下条件之一的,应确认为无形资产：源于合同性权利或其他法定权利；能够从被购买方中分离或者划分出来,并能单独或与相关合同、资产和负债一起,用于出售、转移、授予许可、租赁或交换。

（3）企业合并中取得的被购买方除或有负债以外的其他各项负债,履行有关的义务很可能导致经济利益流出企业且公允价值能够可靠地计量的，应当单独予以确认为负债并按照公允价值计量。

（4）合并中取得的被购买方的或有负债，在购买日其公允价值能够可靠计量的，应当单独确认为负债并按照公允价值计量。

### （四）合并成本与取得可辨认净资产或股权的入账价值差额的处理

购买方在购买日应当对合并成本进行分配，确认所取得的被购买方各项可辨认资产、负债及或有负债。

（1）购买方对合并成本大于合并中取得的被购买方可辨认净资产公允价值份额的差额，应当确认为商誉。初始确认后的商誉，应当以其成本扣除累计减值准备后的金额计量。商誉的减值应当按照《企业会计准则第8号——资产减值》处理。

（2）购买方对合并成本小于合并中取得的被购买方可辨认净资产公允价值份额的差额，应当按照下列规定处理：对取得的被购买方各项可辨认资产、负债及或有负债的公允价值以及合并成本的计量进行复核；经复核后合并成本仍小于合并中取得的被购买方可辨认净资产公允价值份额的，其差额应当计入当期损益。

值得注意的是，企业合并发生当期的期末，合并中取得的各项可辨认资产、负债及或有负债的公允价值或企业合并成本只能暂时确定的，购买方应当以所确定的暂时价值为基础对企业合并进行确认和计量。购买日后12个月内对确认的暂时价值进行调整的，视为在购买日确认和计量。

### （五）直接费用的处理

合并方为进行企业合并发生的各项直接相关费用，包括为进行企业合并而支付的审计费用、评估费用、法律服务费用等，应当于发生时计入当期损益。

为企业合并发行的债券或承担其他债务支付的手续费、佣金等，应当计入所发行债券及其他债务的初始计量金额。企业合并中为发行权益性证券发生的手续费、佣金等费用，应当抵减权益性证券溢价收入，溢价收入不足冲减的，调整留存收益。

## 二、会计处理方法

### （一）购买法

非同一控制下的企业合并，在购买日取得对其他参与合并企业控制权的一方为购买方，参与合并的其他企业为被购买方。

非同一控制下的企业合并会计处理采用的方法是购买法，即将企业合并视为购买企业以一定的价款购进被购买企业的机器设备、存货等资产项目，同时承担该企业的所有负债，从而按合并时的公允价值计量被购买企业的净资产，将投资成本（购买价格）超过净资产公允价值的差额确认为商誉的会计方法。

（二）会计处理

**1. 购买方在个别报表确认长期股权投资**

非同一控制下的企业合并，购买方在购买日应当将按照前述要求确定的合并成本作为长期股权投资的初始投资成本。

**2. 购买方编制合并日抵销与调整分录**

（1）将子公司各项资产、负债由账面价值调整到公允价值。

（2）将子公司的所有者权益与母公司的长期股权投资和少数股东权益抵销，差额部分确认为商誉或当期损益。

**3. 购买方编制合并报表**

在控股合并方式下，企业合并形成母子公司关系的，母公司应当编制合并日的合并资产负债表。因企业合并取得的被购买方各项可辨认资产、负债及或有负债应当以公允价值列示。母公司的合并成本与取得的子公司可辨认净资产公允价值份额的借方差额，在合并资产负债表中确认为商誉；贷方差额应计入合并当期损益。因购买日不需要编制合并利润表，该差额体现在合并资产负债表上，应调整合并资产负债表中留存收益。

【例 9-6】P 公司为实现差异化高质量发展，经股东大会决议对 S 公司进行并购，于 20×9 年 6 月 30 日发行 1 000 万股普通股（每股面值 1 元，市场价格为 12.85 元），取得了 S 公司（与 P 公司为非同一控制下的合并企业）100%的股权。P 公司和 S 公司资产负债表有关数据如表 9-6 所示。（假定不考虑所得税影响）

**表 9-6　P、S 公司资产负债表简表**

20×9 年 6 月 30 日　　　　　　　　　　　　　　　　单位：万元

| 项　目 | P 公司 | S 公司 | |
|---|---|---|---|
| | 账面价值 | 账面价值 | 公允价值 |
| 货币资金 | 4 312.50 | 450 | 450 |
| 存货 | 6 200 | 255 | 450 |
| 应收账款 | 3 000 | 2 000 | 2 000 |
| 长期股权投资 | 5 000 | 2 150 | 3 800 |
| 固定资产 | 7 000 | 3 000 | 5 500 |
| 无形资产 | 4 500 | 500 | 1 500 |
| 商誉 | 0 | 0 | 0 |
| 资产总计 | 30 012.50 | 8 355 | 13 700 |
| 短期借款 | 2 500 | 2 250 | 2 250 |

续表

| 项目 | P公司 | S公司 | |
|---|---|---|---|
| | 账面价值 | 账面价值 | 公允价值 |
| 应付账款 | 3 750 | 300 | 300 |
| 其他负债 | 375 | 300 | 300 |
| 负债合计 | 6 625 | 2 850 | 2 850 |
| 实收资本（股本） | 7 500 | 2 500 | |
| 资本公积 | 5 000 | 1 500 | |
| 盈余公积 | 5 000 | 500 | |
| 未分配利润 | 5 887.50 | 1 005 | |
| 所有者权益合计 | 23 387.50 | 5 505 | 10 850 |
| 负债和所有者权益总计 | 30 012.50 | 8 355 | 13 700 |

（1）P公司在个别报表中确认长期股权投资。

借：长期股权投资　　　　　　　　　　　　　　　128 500 000

　　贷：股本　　　　　　　　　　　　　　　　　 10 000 000

　　　　资本公积——股本溢价　　　　　　　　　 118 500 000

（2）计算确定商誉。

假定S公司除已确认资产外，不存在其他需要确认的资产及负债，则P公司首先计算合并中应确认的合并商誉。

合并商誉＝企业合并成本－合并中取得被购买方可辨认净资产公允价值份额
　　　　＝12 850－10 850×100%＝2 000（万元）

（3）编制调整和抵销分录：

借：存货　　　　　　　　　　　　　　　　　　　 1 950 000

　　长期股权投资　　　　　　　　　　　　　　　 16 500 000

　　固定资产　　　　　　　　　　　　　　　　　 25 000 000

　　无形资产　　　　　　　　　　　　　　　　　 10 000 000

　　贷：资本公积　　　　　　　　　　　　　　　 53 450 000

借：实收资本（或股本）　　　　　　　　　　　　 25 000 000

　　资本公积　　　　　　　　　　　　　　　　　 68 450 000

　　盈余公积　　　　　　　　　　　　　　　　　 5 000 000

　　未分配利润　　　　　　　　　　　　　　　　 100 500 000

　　商誉　　　　　　　　　　　　　　　　　　　 20 000 000

　　贷：长期股权投资　　　　　　　　　　　　　 128 500 000

（4）编制合并资产负债表，如表9-7所示。

**表 9-7  合并资产负债表(简表)**

20×9 年 6 月 30 日                                              单位:万元

| 项目 | P公司 | S公司 | 抵销与调整分录 借方 | 抵销与调整分录 贷方 | 合并金额 |
|---|---|---|---|---|---|
| 货币资金 | 4 312.5 | 450 | | | 4 762.5 |
| 存货 | 6 200 | 255 | 195 | | 6 650 |
| 应收账款 | 3 000 | 2 000 | | | 5 000 |
| 长期股权投资 | 17 850 | 2 150 | 1 650 | 12 850 | 8 800 |
| 固定资产 | 7 000 | 3 000 | 2 500 | | 12 500 |
| 无形资产 | 4 500 | 500 | 1 000 | | 6 000 |
| 商誉 | 0 | 0 | 2 000 | | 2 000 |
| 资产总计 | 42 862.5 | 8 355 | | | 45 712.5 |
| 短期借款 | 2 500 | 2 250 | | | 4 750 |
| 应付账款 | 3 750 | 300 | | | 4 050 |
| 其他负债 | 375 | 300 | | | 675 |
| 负债合计 | 6 625 | 2 850 | | | 9 475 |
| 实收资本(股本) | 8 500 | 2 500 | 2 500 | | 8 500 |
| 资本公积 | 16 850 | 1 500 | 6 845 | 5 345 | 16 850 |
| 盈余公积 | 5 000 | 500 | 500 | | 5 000 |
| 未分配利润 | 5 887.5 | 1 005 | 1 005 | | 5 887.5 |
| 少数股东权益 | | | | | |
| 所有者权益合计 | 3 6237.5 | 5 505 | | | 36 237.5 |
| 负债和所有者权益总计 | 4 2862.5 | 8 355 | | | 45 712.5 |

合并利润表与合并现金流量表编制过程详见其他章节。

**【例 9-7】** 若【例 9-6】中其他信息不变,持股比例为 70%,其会计处理如下:

(1)P 公司在个别报表中确认长期股权投资。

借:长期股权投资                   128 500 000
    贷:股本                          10 000 000
        资本公积——股本溢价           118 500 000

(2)计算确定商誉。

合并商誉=企业合并成本-合并中取得被购买方可辨认净资产公允价值份额
       = 12 850 - 10 850×70% = 5 255(万元)

(3)编制调整和抵销分录:

借:存货                             1 950 000
    长期股权投资                    16 500 000
    固定资产                        25 000 000
    无形资产                        10 000 000

　　　　贷：资本公积　　　　　　　　　　　　　　　　　　53 450 000
　　借：实收资本（或股本）　　　　　　　　　　　　　　25 000 000
　　　　资本公积　　　　　　　　　　　　　　　　　　　68 450 000
　　　　盈余公积　　　　　　　　　　　　　　　　　　　 5 000 000
　　　　未分配利润　　　　　　　　　　　　　　　　　　10 050 000
　　　　商誉　　　　　　　　　　　　　　　　　　　　　52 550 000
　　　　贷：长期股权投资　　　　　　　　　　　　　　 128 500 000
　　　　　　少数股东权益　　　　　　　　　　　　　　　32 550 000

（4）编制合并资产负债表，如表9-8所示。

**表9-8　合并资产负债表（简表）**

20×9年6月30日　　　　　　　　　　　　　　　　　　　　　　单位：万元

| 项目 | P公司 | S公司 | 抵销与调整分录 | | 合并金额 |
| --- | --- | --- | --- | --- | --- |
| | | | 借方 | 贷方 | |
| 货币资金 | 4 312.5 | 450 | | | 4 762.5 |
| 存货 | 6 200 | 255 | | 195 | 6 650 |
| 应收账款 | 3 000 | 2 000 | | | 5 000 |
| 长期股权投资 | **17 850** | 2 150 | 1 650 | 12 850 | 8 800 |
| 固定资产 | 7 000 | 3 000 | 2 500 | | 12 500 |
| 无形资产 | 4 500 | 500 | 1 000 | | 6 000 |
| 商誉 | 0 | 0 | **5 255** | | 5 255 |
| 资产总计 | 42 862.5 | 8 355 | | | 48 967.5 |
| 短期借款 | 2 500 | 2 250 | | | 4 750 |
| 应付账款 | 3 750 | 300 | | | 4 050 |
| 其他负债 | 375 | 300 | | | 675 |
| 负债合计 | 6 625 | 2 850 | | | 9 475 |
| 实收资本（股本） | **8 500** | 2 500 | 2 500 | | 8 500 |
| 资本公积 | **16 850** | 1 500 | 6 845 | 5 345 | 16 850 |
| 盈余公积 | 5 000 | 500 | 500 | | 5 000 |
| 未分配利润 | 5 887.5 | 1 005 | 1 005 | | 5 887.5 |
| 少数股东权益 | | | | 3 255 | 3 255 |
| 所有者权益合计 | 36 237.5 | 5 505 | | | 39 492.5 |
| 负债和所有者权益总计 | 42 862.5 | 8 355 | | | 48 967.5 |

合并利润表与合并现金流量表编制过程详见其他章节。

## 三、被购买方的会计处理

　　非同一控制下的企业合并中，被购买方在企业合并后仍持续经营的，若购买方取得被购买方100%的股权，被购买方可以按合并中确定的有关资产、负债的公允价值调账，其他情况下被购买方不应因企业合并而改记资产、负债的账面价值。

## 第四节　反向购买的会计处理

### 一、反向购买概述

#### （一）反向购买概述

非同一控制下的企业合并，以发行权益性证券交换股权的方式进行的，通常发行权益性证券的一方为购买方。但在某些企业合并中，发行权益性证券的一方因其生产经营决策在合并后被参与合并的另一方所控制，发行权益性证券的一方虽然为法律上的母公司，但其为会计上的被购买方，该类企业合并通常被称为"反向购买"。

【例 9-8】　A 公司为一家上市公司，B 公司为一家非上市公司。B 公司拟通过收购 A 公司的方式达到上市目的，但该交易是通过 A 公司向 B 公司原股东发行普通股用以交换 B 公司原股东持有的 B 公司股权的方式实现的。

本例中，若该项交易后，B 公司原股东持有 A 公司 50%以上的股权，A 公司持有 B 公司 50%以上的股权，A 公司为法律上的母公司，B 公司为法律上的子公司，但从会计角度来说，A 公司为被购买方，B 公司为购买方。

#### （二）反向购买的分类

非上市公司取得上市公司的控制权，构成反向购买的，按购买日上市公司是否构成业务划分为构成业务的反向购买和不构成业务的反向购买。

（1）交易发生时，上市公司未持有任何资产、负债或仅持有现金、交易性金融资产等不构成业务的资产或负债的，上市公司在编制合并财务报表时，购买企业应按照权益性交易的原则进行处理，不得确认为商誉或确认计入当期损益。

（2）交易发生时，上市公司保留的资产、负债构成业务的，对于形成非同一控制下企业合并的，企业合并成本与取得的上市公司可辨认净资产公允价值份额的差额应当确认为商誉或是计入当期损益。

不构成业务的反向购买实则并不构成企业合并，本节中反向购买的会计处理主要讨论构成业务的反向购买。

### 二、反向购买的会计处理

#### （一）法律上母公司（上市公司）在个别报表确认长期股权投资

非同一控制下的企业合并，购买方在购买日应当将按照前述要求确定的合并成本作为长期股权投资的初始投资成本。

### （二）从会计上母公司（非上市公司）的角度来编制合并财务报表

合并财务报表由法律上的母公司来编制，但编制时按照实质重于形式的要求，从会计上母公司的角度来编制合并财务报表。反向购买主要表现在购买日合并财务报表的操作中，其总的原则是应体现"反向"，比如，反向购买的合并财务报表以子公司（购买方）为主体，保留子公司的股东权益各项目，抵销母公司（被购买方）的股东权益各项目。

**1. 合并成本的确定**

在反向购买中，企业合并成本是指法律上的子公司（会计上的购买方）如果以发行权益性证券的方式来获取合并后报告主体的股权，应向法律上母公司（会计上的被购买方）的股东发行的权益性证券数量与其公允价值计算（相乘）的结果。

**2. 合并财务报表的编制**

反向购买后，法律上的母公司（A公司）应当遵从以下原则编制合并财务报表：

（1）合并财务报表中，法律上子公司的资产、负债应以其在合并前的账面价值进行确认和计量。

（2）合并财务报表中的留存收益和其他权益余额应当反映的是法律上子公司在合并前的留存收益和其他权益余额。

（3）合并财务报表中的权益性工具的金额应当反映法律上子公司合并前发行在外的股份的面值以及假定在确定该项企业合并成本过程中新发行的权益性工具的金额。

但是在合并财务报表中的权益结构应当反映法律上母公司的权益结构，即法律上母公司发行在外的权益性证券的数量及种类。

（4）法律上母公司的有关可辨认资产、负债在并入合并财务报表时，应以其在购买日确定的公允价值进行合并，企业合并成本大于合并中取得的法律上母公司（被购买方）可辨认净资产公允价值的份额确认为商誉，小于合并中取得的法律上母公司（被购买方）可辨认净资产公允价值的份额确认为合并当期损益。

（5）合并财务报表的比较信息应当是法律上子公司的比较信息（即法律上子公司的前期合并财务报表）。

（6）法律上子公司的有关股东在合并过程中未将其持有的股份转换为法律上母公司股份的，该部分股东享有的权益份额在合并财务报表中应作为少数股东权益列示。因法律上子公司的部分股东未将其持有的股份转换为法律上母公司的股份，其享有的权益份额仍仅限于法律上子公司的部分，该部分少数股东权益反映的是少数股东按持股比例计算享有的法律上子公司合并前净资产账面价值的份额。

另外，对于法律上母公司的所有股东，虽然该项合并中其被认为是被购买方，但其享有的合并后报告主体的净资产及损益，不应作为少数股东权益列示。

**【例9-9】** A上市公司于20×9年9月30日通过定向增发本企业普通股对B企业进行

合并，取得 B 企业 100%的股权。假定不考虑所得税影响。A 公司及 B 企业在合并前简化资产负债表如表 9-9 所示。

**表 9-9　A 公司及 B 企业合并前简化资产负债表**

20×9 年 9 月 30 日　　　　　　　　　　　　　　　　单位：万元

| 项　目 | A 上市公司 | B 企业 |
|---|---|---|
| 流动资产 | 3 000 | 4 500 |
| 非流动资产 | 21 000 | 60 000 |
| 资产总额 | 24 000 | 64 500 |
| 流动负债 | 1 200 | 1 500 |
| 非流动负债 | 300 | 3 000 |
| 负债总额 | 1 500 | 4 500 |
| 所有者权益 |  |  |
| 股本 | 1 500 | 900 |
| 资本公积 |  |  |
| 盈余公积 | 6 000 | 17 100 |
| 未分配利润 | 15 000 | 42 000 |
| 所有者权益总额 | 22 500 | 60 000 |

其他资料：

（1）20×9 年 9 月 30 日，A 公司通过定向增发本企业普通股，以 2 股换 1 股的比例自 B 企业原股东处（甲公司）取得了 B 企业全部股权。A 公司共发行了 1 800 万股普通股以取得 B 企业全部 900 万股普通股。

（2）A 公司每股普通股在 20×9 年 9 月 30 日的公允价值为 20 元，B 企业每股普通股当日的公允价值为 40 元。A 公司、B 企业每股普通股的面值均为 1 元。

（3）20×9 年 9 月 30 日，A 公司除非流动资产公允价值较账面价值（21 000 万元）高 4 500 万元以外，其他资产、负债项目的公允价值与其账面价值相同。

（4）假定 A 公司与 B 企业在合并前不存在任何关联方关系（非同一控制下的企业合并）。

本案例会计处理步骤如下：

（1）对反向购买的判断。

对于该项企业合并，虽然在合并中发行权益性证券的一方为 A 上市公司，但因其生产经营决策的控制权在合并后由 B 企业原股东（甲公司）控制，B 企业应为购买方，A 上市公司应为被购买方。

（2）法律上的母公司（A 上市公司）在个别报表上对长期股权投资的确认。

借：长期股权投资　　　　　　　　　　　　　　　　　　　　　360 000 000
　　贷：股本　　　　　　　　　　　　　　　　　　　　　　　　18 000 000
　　　　资本公积——股本溢价　　　　　　　　　　　　　　　342 000 000

（3）从会计上的母公司（B企业）的角度计算合并商誉。

①确定合并成本。

确定该项合并中B企业的合并成本（已知：A上市公司原股数1 500万股，B企业原股数900万股）

A上市公司在该项合并中向B企业原股东（甲公司）增发了1 800万股普通股，增发后A上市公司总股数为3 300万股（1 800+1 500＝3 300万股），合并后B企业原股东（甲公司）持有A上市公司的股权比例为54.55%（1 800÷3 300＝54.55%），如果假定B企业发行本企业普通股在合并后主体享有同样的股权比例，则B企业应当发行的普通股股数为750万股（900÷54.55%－900＝750万股），其公允价值为30 000万元，企业合并成本为30 000万元（750万股×40元/股＝30 000万元）。

B企业（会计上母公司）取得对A上市公司（被购买方）长期股权投资的虚拟分录：

借：长期股权投资　　　　　　　　　　　　　　　　　　　300 000 000
　　贷：股本　　　　　　　　　　　　　　　　　　　　　　　7 500 000
　　　　资本公积——股本溢价　　　　　　　　　　　　　　292 500 000

②计算合并商誉。

合并商誉＝合并成本－A公司可辨认净资产公允价值的份额
　　　　＝30 000－（22 500＋4 500）＝3 000万元

（4）从会计上的母公司（B企业）的角度编制抵销与调整分录。

①对A上市公司（会计上被购买方）报表中公允价值与账面价值的调整：

借：非流动资产　　　　　　　　　　　　　　　　　　　　45 000 000
　　贷：资本公积　　　　　　　　　　　　　　　　　　　　45 000 000

②抵销B企业（会计上母公司）虚拟的长期股权投资与A上市公司（会计上被购买方）的所有者权益：

借：股本　　　　　　　　　　　　　　　　　　　　　　　15 000 000
　　资本公积（评估增值）　　　　　　　　　　　　　　　　45 000 000
　　盈余公积　　　　　　　　　　　　　　　　　　　　　60 000 000
　　未分配利润　　　　　　　　　　　　　　　　　　　　150 000 000
　　商誉　　　　　　　　　　　　　　　　　　　　　　　30 000 000
　　贷：长期股权投资　　　　　　　　　　　　　　　　　300 000 000

（5）从会计上的母公司（B企业）的角度编制合并报表（表9-10）。

表9-10　合并资产负债表（简表）

20×9年9月30日　　　　　　　　　　　　　　　　　　　　　　单位：万元

| 项　目 | B企业 | A上市公司 | 抵销与调整分录 | | 合并金额 |
| --- | --- | --- | --- | --- | --- |
| | | | 借方 | 贷方 | |
| 流动资产 | 4 500 | 3 000 | | | 7 500 |
| 非流动资产 | 60 000 | 21 000 | 4 500 | | 85 500 |
| 商誉 | | | 3 000 | | 3 000 |

续表

| 项　目 | B企业 | A上市公司 | 抵销与调整分录 借方 | 抵销与调整分录 贷方 | 合并金额 |
|---|---|---|---|---|---|
| 资产总额 | 64 500 | 24 000 | | | 96 000 |
| 流动负债 | 1 500 | 1 200 | | | 2 700 |
| 非流动负债 | 3 000 | 300 | | | 3 300 |
| 负债总额 | 4 500 | 1 500 | | | 6 000 |
| 所有者权益： | | | | | |
| 股本（数量为3300） | 900 | 1 500 | 1 500 | 750 | 1 650 |
| 资本公积 | | | | 29 250 | 29 250 |
| 盈余公积 | 17 100 | 6 000 | 6 000 | | 17 100 |
| 未分配利润 | 42 000 | 15 000 | 1 5000 | | 42 000 |

思考题

1. 合并商誉的本质是什么？
2. 如何理解同一控制下与非同一控制下企业合并对长期股权投资在确认环节的区别？

# 第十章 合并财务报表

【学习目标】

1. 理解合并财务报表的概念和分类。
2. 理解合并财务报表的合并范围。
3. 掌握调整与抵销分录的编制方法。
4. 掌握同一控制下长期股权投资与所有者权益的调整与抵销方法。
5. 掌握非同一控制下长期股权投资与所有者权益的调整与抵销方法。
6. 掌握内部交易调整与抵销方法。

案例引导

## 第一节 合并财务报表概述

### 一、合并财务报表基本理论

合并财务报表是以企业集团为会计主体编制的财务报表。编制合并财务报表的理论，到目前为止主要有母公司理论、实体理论以及所有权理论。

#### （一）母公司理论

所谓母公司理论，是指将合并财务报表视为母公司本身的财务报表反映范围扩大来看待，从母公司角度来考虑合并财务报表的合并范围、选择合并处理方法。母公司理论认为合并财务报表主要是为母公司的股东和债权人服务的，为母公司现实的和潜在的投资者服务，强调的是母公司股东的利益。

在采用母公司理论的情况下，在确定合并范围时，通常更多的是以法定控制为基础，以持有多数股权或表决权作为是否将某一被投资企业纳入合并范围的依据，或者通过一家公司处于另一家公司法定支配下的控制协议来确定合并财务报表的合并范围。在采用母公司理论编制合并财务报表的情况下，所采用的合并处理方法都是从母公司本身的股东利益来考虑的，如对于子公司少数股东的权益，在合并资产负债表中通常视为一项负债来处理。

对于企业集团内部销售收入的抵销，需要考虑销售的顺销（母公司将商品销售给子公司）和逆销（子公司将商品销售给母公司）两种情况，对于顺销，在编制合并财务报表时只抵销子公司中母公司持有股权相对的份额，即多数股东股权的份额，而对于少数股东股权相对应的份额，则视为实际销售处理，不需要进行抵销处理。这一理论忽视了母公司股东以外的少数股东的利润的信息需要。

### （二）实体理论

实体理论认为合并财务报表是企业集团各成员企业构成的经济联合体的财务报表，编制合并财务报表是为整个经济体服务的。它强调的是企业集团中所有成员企业构成的经济实体，它对构成企业集团的持有多数股权的股东和拥有少数股权的股东一视同仁，同等对待，认为只要是企业集团成员股东，无论是拥有多数股权还是拥有少数股权，都是共同组成的经济实体的股东。

在运用实体理论的情况下，对于少数股东权益，通常视为股东权益的一部分，在合并资产负债表中股东权益部分列示和反映。由于对构成企业集团的成员企业的所有股东均视为集团企业的股东，对于企业集团内部各成员企业互相之间发生的销售行为，其内部销售商品或提供劳务过程中所实现的销售损益，均属于未实现内部销售损益，应当予以抵销。无论是顺销还是逆销，其实现的内部销售损益，对于由成员企业全体股东构成的企业集团来说都是未实现内部交易损益，均属于抵销范围。

采用实体理论编制合并财务报表，有利于企业集团内部管理人员从整体上把握企业集团经营活动的情况，相对来说更能够满足企业集团内部管理人员对财务信息的需要。因此，目前国际财务报告准则及我国企业会计准则主要采用的就是实体理论。

### （三）所有权理论

在采用所有权理论编制合并财务报表编制时，既不强调企业集团中存在的法定控制关系，也不强调企业集团各成员企业所构成的经济实体，而是强调编制合并财务报表的企业对另一企业的经济活动和财务决策具有重大影响的所有权。所有权理论认为，母公司理论和实体理论都不能解决隶属于两个或两个以上企业集团的企业的合并财务报表编制问题。如某一企业的全部股权由两个投资企业投资构成，各拥有其50%的股权，即共同控制企业。在这种情况下，其中任何一个投资企业都不能对该投资企业实施控制，根据母公司理论和实体理论都很难确定该企业的财务报表由哪一个投资企业合并。因为在这种情况下，既没有单一的母公司，也没有少数股权的股东；既不存在法定支配权，也不存在单一经济主体。为了弥补母公司理论和实体理论的不足，有的国家在编制合并财务报表时，就提出了所有权理论，以期解决共同控制下的合并财务报表的编制问题。

在采用所有权理论的情况下，对于某拥有所有权的企业的资产、负债和当期实现的净损益，均按照一定的比例合并计入合并财务报表。这也是一些国家合并财务报表相关准则规定比例合并法的理论基础。

## 二、合并财务报表的概念、特点及种类

### （一）合并财务报表的概念

合并财务报表，是指反映母公司和其全部子公司形成的企业集团整体财务状况、经营

成果和现金流量的财务报表。

母公司，是指控制一个或一个以上主体（含企业、被投资单位中可分割的部分，以及企业所控制的结构化主体等）的主体。

子公司，是指被母公司控制的主体。

### （二）合并财务报表的特点

与个别财务报表相比，合并财务报表具有以下特点：

（1）反映的对象是由母公司和其全部子公司组成的会计主体。

（2）编制者是母公司，但所对应的会计主体是由母公司及其控制的所有子公司所构成的企业集团。

（3）合并财务报表是站在合并财务报表主体的立场上，以纳入合并范围的企业个别财务报表为基础，根据其他有关资料，抵销母公司与子公司、子公司相互之间发生的内部交易，考虑了特殊交易事项对合并财务报表的影响后编制的，旨在反映合并财务报表主体作为一个整体的财务状况、经营成果和现金流量。

因此，合并财务报表的编制除应遵循财务报表编制的一般原则和要求外，还应当遵循以下原则和要求：

（1）以个别财务报表为基础编制的原则。使用合并财务报表的特有方法进行编制。

（2）一体性原则。应当将母公司和所有子公司作为整体来看待，视为一个会计主体。

（3）重要性原则。母公司与子公司、子公司相互之间发生的经济业务，对整个企业集团财务状况和经营成果影响不大时，为简化合并手续，也应根据重要性原则进行取舍，可以不编制抵销分录而直接编制合并财务报表。

### （三）合并财务报表的种类

合并财务报表至少应当包括下列组成部分：合并资产负债表、合并利润表、合并现金流量表、合并所有者权益（或股东权益）变动表、附注。

企业集团中期期末编制合并财务报表的，至少应当包括合并资产负债表、合并利润表、合并现金流量表和附注。

#### 1. 合并资产负债表

合并资产负债表是反映母公司和子公司所形成的企业集团某一特定日期财务状况的报表。与个别资产负债表相比，报表项目区别如下：

（1）在所有者权益项目下增加"归属于母公司所有者权益合计"，用于反映企业集团的所有者权益中归属于母公司所有者权益的部分。

（2）在所有者权益项目下增加"少数股东权益"项目，用于反映非全资子公司的所有者权益中不属于母公司的份额。

#### 2. 合并利润表

合并利润表是反映母公司和子公司所形成的企业集团整体在一定期间内经营成果的报

表。与个别利润表相比，报表项目区别如下：

（1）在"净利润"项目下增加"归属于母公司所有者的净利润"和"少数股东损益"两个项目，分别反映净利润中由母公司所有者享有的份额和非全资子公司当期实现的净利润中归属于少数股东的份额。

（2）同一控制下企业合并增加子公司的，当期合并利润表中还应在"净利润"项目下增加"其中：被合并方在合并前实现的净利润"项目，用于反映同一控制下企业合并中取得的被合并方在合并日前实现的净利润。

（3）在"综合收益总额"项目下增加"归属于母公司所有者的综合收益总额"和"归属于少数股东的综合收益总额"两个项目，分别反映综合收益总额中由母公司所有者享有的份额和非全资子公司当期综合收益总额中归属于少数股东的份额。

### 3. 合并现金流量表

合并现金流量表是反映母公司和子公司所形成的企业集团在一定期间现金流入、流出量，以及现金净增减变动情况的报表。合并现金流量表格式与个别现金流量表的格式基本相同。

### 4. 合并所有者权益（或股东权益）变动表

合并所有者权益（或股东权益）变动表是反映母公司在一定期间内，包括经营成果分配在内的所有者权益（或股东权益）增减变动情况的报表。与个别所有者权益变动表相比，报表项目区别为：增加"少数股东权益"栏目，反映少数股东权益变动的情况。

### 5. 附注

对在合并报表中列示项目的文字描述或明细资料，以及对未能在这些报表中列示项目的说明等。

# 第二节　合并财务报表的合并范围

## 一、以控制为基础的合并范围

### （一）控制的概念

#### 1. 控制

在实体理论下，合并财务报表的合并范围应当以控制为基础予以确定。

控制，是指投资方拥有对被投资方的权力，通过参与被投资方的相关活动而享有可变回报，并且有能力运用对被投资方的权力影响其回报金额。

#### 2. 相关活动

相关活动，是指对被投资方的回报产生重大影响的活动。被投资方的相关活动应当根据具体情况进行判断，通常包括商品或劳务的销售和购买、金融资产的管理、资产的购买和处置、研究与开发活动以及融资活动等。

### 3. 权力

投资方能够主导被投资方的相关活动时，称投资方对被投资方享有"权力"。在判断投资方是否对被投资方拥有权力时，应注意以下几点：

（1）权力只表明投资方主导被投资方相关活动的现时能力，并不要求投资方实际行使其权力。

（2）权力是一种实质性权利，而不是保护性权利。实质性权利是指持有人在对相关活动进行决策时，有实际能力行使的可执行权利。通常情况下，实质性权利应当是当前可执行的权利，但某些情况下，当前不可行使的权利也可能是实质性权利，如某些潜在表决权。保护性权利通常仅适用于被投资方的活动发生根本性改变或某些特殊例外的情况，但并非所有在例外情况下行使的权利或在不确定事项发生时才行使的权利都是保护性权利。例如，贷款方具有在借款方发生违约行为时扣押其资产的权利，此项权利只适用于贷款方限制借款方进行会对借款方信用风险产生不利影响从而损害贷款方利益的活动的特殊情况。

（3）权力是为自己行使的，而不是代其他方行使。权力是能够"主导"被投资方相关活动的现时能力的，权力行使人为主要责任人时，是为自己行使的，权力行使人为代理人时，是代其他方行使权力的。在评估控制时，代理人的决策权应被视为由主要责任人直接持有，权力属于主要责任人，而非代理人。

【例10-1】某主体A作为资产管理人发起设立一项投资计划，为多个投资者提供投资机会。主体A在投资授权设定的范围内，以全体投资者的利益最大化为前提作出决策，其拥有广泛的决策权以主导投资计划的相关活动，包括具体资产配置、买入卖出时点以及投资资产出现风险时（如信用违约等）的后续管理等。主体A按照计划资产净值的1%加上达到特定盈利水平后投资计划利润的20%收取管理费，该管理费符合市场和行业惯例，与主体A提供的服务相称。下面两种不同的情况分别表明权力的行使人为代理人和主要责任人。

本例中，若参与该计划的投资者人数众多，单个投资者的投资比例均小于0.5%且投资者之间不存在关联关系。没有单一的投资者可以无理由罢免主体A的资产管理人资格。该投资计划设有年度投资者大会，经占2/3以上份额的投资者一致通过，可以罢免主体A的资产管理人资格。主体A自身持有该投资计划2%的份额，主体A没有为该计划的其他投资者提供保证收回初始投资及最低收益率的承诺，主体A对超过其所拥有的2%的投资以外的损失不承担任何义务。主体A应被认定为该投资计划的代理人。

本例中，若在主体A违反合同的情况下，投资者有权罢免主体A。主体A自身持有该投资计划20%的份额，主体A没有为该计划的其他投资者提供保证收回初始投资及最低收益率的承诺，主体A对超过其所拥有的20%的投资以外的损失不承担任何义务。该回报的量级和可变动性均较为重大，主体A应被认定为该投资计划的主要责任人。

（4）权力通常表现为表决权。通常情况下，权力表现为表决权。当被投资方的相关活动由持有半数以上表决权的投资方表决决定，或者主导相关活动的权力机构的多数成员由持有半数以上表决权的投资方指派，而且权力机构的决策由多数成员主导时，持有半数以上表决权的投资方拥有对被投资方的权力。

【例10-2】 A企业和B企业分别持有C企业60%和40%的普通股，C企业的相关活动通过股东会议上多数表决权主导，在股东会议上，每股普通股享有一票投票权。假设不存在其他因素，C企业的相关活动由持有C企业大多数投票权的一方主导。如果不存在其他相关因素，A企业拥有对C企业的权力，因其是C企业大多数投票权的持有者。

本例中，若C企业的相关活动由董事会会议上多数表决权主导，A企业和B企业根据其享有C企业所有者权益的比例，各自有权任命6名和4名董事。如果不存在其他相关因素，A企业拥有对C企业的权力，因其有权任命主导C企业相关活动的董事会的大多数成员。

特殊情况下，持有被投资方半数以上表决权但并无权力。根据相关章程、协议或其他法律文件，主导相关活动的决策所要求的表决权比例高于持有半数以上表决权的一方持有的表决权比例。例如，相关活动有关的决策必须由出席会议的投资方所持 2/3 以上的表决权通过，此时虽然持有被投资方半数以上表决权但并无权力。

另一特殊情况下，直接或间接结合，也只拥有半数或半数以下表决权，但仍然可以通过表决权判断是否拥有权力。

【例10-3】 投资者持有被投资者48%的投票权，剩余投票权由数千位股东持有，但除A之外，没有任何股东持有超过1%的投票权，没有任何股东与其他股东达成协议或能够做出共同决策。当以其他股权的相对规模为基础判断所获得的投票权的比例时，A投资者拥有的48%的投票权将足以使其拥有控制权。

【例10-4】 E企业拥有4名股东，分别为A企业、B企业、C企业和D企业，A企业持有E企业40%的普通股，其他三位股东各持有20%，E企业的相关活动由其董事会主导，董事会由6名董事组成，其中3名董事由A企业任命，剩余3名分别由B企业、C企业和D企业任命。A企业和B企业单独签订合同安排，规定B企业任命的董事必须与A企业任命的董事以相同方式进行表决。由此判断A企业拥有权力。

（5）权力有时表现为其他合同安排。在某些情况下，某些主体的投资方对其的权力并非源自表决权，被投资方的相关活动由一项或多项合同安排决定，例如证券化产品、资产支持融资工具、部分投资基金等结构化主体。

结构化主体，是指在确定其控制方时没有将表决权或类似权利作为决定因素而设计的主体。主导该主体相关活动的依据通常是合同安排或其他安排。

【例10-5】 A公司为一家小额贷款公司，发起设立主体C，A公司向主体C转让一个资产池，其中包含多笔A公司向不同的第三方发放的期限在12个月内的小额贷款。主体C经批准以该资产池为基础资产公开推行一项资产管理计划，计划存续期为3年，自存续期内分期发行，每期期限为1年。第三方投资者共认购该计划75%的份额（每个单一投资者认购的比例都小于0.5%），A公司认购剩余25%的份额。根据主体C设立时订立的章程和协议安排，主体C唯一的经营活动是按照既定的还款计划向贷款人收取本金和利息，并在收到款项后，在既定时间内扣除按与市场水平相当的费率计算的固定比例收取的手续费后，将款项按份额比例支付给资产管理计划的投资方。主体C日常活动的事务，如人事、财务、行政等管理事务均由与A公司和主体C不存在关联关系的第三方资产管理公司B负责并按市价收取管理费。资产管理计划存续期间的所有相关资金流均由独立于各方的第三方银行D托管并按市价收取资金托管费。

本例中，若主体C在既定的还款时间收取既定的款项，主体C则按照投资者的投资比例将收取的款项分配给投资者。如果主体C未能在既定的还款时间内收取既定的款项，主体C则先将已收取的款项按约定比例分配后支付给除A公司以外的投资者，剩余部分再支付给A公司。当应收款项出现违约时，A公司有权根据违约时间、抵押品情况、违约方信用等级调整主体C下一步的收款计划。当已收取的款项已经无法向除A公司以外的投资方进行足额支付时，主体C按照某一事先约定的价格将应收款项全部出售给A公司，由A公司开展进一步的收款或者债务重组安排。由此判断，A公司享有对主体C的控制权，应将主体C纳入合并范围。

### 4. 可变回报

可变回报，是指不固定且可能随着被投资方业绩变化而变化的回报，可以仅是正回报，也可以仅是负回报，或者同时包括正回报和负回报。最典型的可变回报形式为股利。

投资方在评价其享有的被投资方的回报是否可变以及可变的程度时，需基于合同安排的实质，而不是法律形式。例如，投资方持有固定利息的债券投资时，由于债券存在违约风险，投资方需承担被投资方不履约而产生的信用风险，因此，投资方享有的固定利息回报也可能是一种可变回报。

### （二）控制的判断

### 1. 控制的基本条件

投资方只有同时具备下面两个要素时，才能控制被投资方。

（1）因涉入被投资方而享有可变回报。

（2）拥有对被投资方的权力，并且有能力运用对被投资方的权力影响其回报金额。

在被投资方相关活动被政府、法院、管理人、接管人、清算人或监管人等其他方主导时，投资方无法凭借其拥有的表决权主导被投资方的相关活动，因此，投资方此时即使持有被投资方过半数的表决权，也不拥有对被投资方的权力。

实际工作中，投资方在判断其能否控制被投资方时，应综合考虑以下相关事实和情况，以判断是否同时满足控制的两个要素。

（1）被投资方的设立目的和设计（如区分是否为结构化主体）；

（2）被投资方的相关活动以及如何对相关活动做出决策；

（3）投资方享有的权利是否使其目前有能力主导被投资方的相关活动；

（4）投资方是否通过参与被投资方的相关活动而享有可变回报；

(5)投资方是否有能力运用对被投资方的权力影响其回报金额；

(6)投资方与其他方的关系。

## 二、纳入合并范围的特殊情况——对被投资方可分割部分的控制

在少数情况下，如果有确凿证据表明同时满足下列条件并且符合相关法律法规规定的，投资方应当将被投资方的一部分视为被投资方可分割的部分，进而判断是否控制该可分割部分：

(1)该部分的资产是偿付该部分负债或该部分其他利益方的唯一来源，不能用于偿还该部分以外的被投资方的其他负债；

(2)除与该部分相关的各方外，其他方不享有与该部分资产相关的权利，也不享有与该部分资产剩余现金流量相关的权利。

## 三、合并范围的豁免——投资性主体

### (一)豁免规定

通常情况下，母公司应当将其全部子公司（包括母公司所控制的被投资单位可分割部分、结构化主体）纳入合并范围。但如果母公司是投资性主体，则只应将那些为投资性主体的投资活动提供相关服务的子公司纳入合并范围，其他子公司不应予以合并，母公司对其他子公司的投资应当按照公允价值计量且其变动计入当期损益。

一个投资性主体的母公司如果其本身不是投资性主体，则应当将其控制的全部主体，包括投资性主体以及通过投资性主体间接控制的主体，纳入合并财务报表范围。

### (二)投资性主体的定义

当母公司同时满足以下三个条件时，该母公司属于投资性主体：

(1)该公司以向投资方提供投资管理服务为目的，从一个或多个投资者处获取资金。这是一个投资性主体与其他主体的显著区别。

(2)该公司的唯一经营目的，是通过资本增值、投资收益或两者兼有而让投资者获得回报。

(3)该公司按照公允价值对几乎所有投资的业绩进行计量和评价。

### (三)投资性主体的特征

投资性主体通常应当符合下列4个特征：

(1)拥有一个以上投资；

(2)拥有一个以上投资者；

(3)投资者不是该主体的关联方；

(4)该主体的所有者权益以股权或类似权益存在。

### （四）因投资性主体转换引起的合并范围的变化

（1）当母公司由非投资性主体转变为投资性主体时，除仅将为其投资活动提供相关服务的子公司纳入合并财务报表范围编制合并财务报表外，企业自转变日起对其他子公司不应予以合并，其会计处理参照部分处置子公司股权但不丧失控制权的处理原则。

（2）当母公司由投资性主体转变为非投资性主体时，应将原未纳入合并财务报表范围的子公司于转变日纳入合并财务报表范围，将转变日视为购买日，将原未纳入合并财务报表范围的子公司于转变日的公允价值视为购买的交易对价，按照非同一控制下企业合并的会计处理方法进行会计处理。

## 四、控制的持续评估

控制的评估是持续的，当环境或情况发生变化时，投资方需要评估控制的两个基本要素中的一个或两个是否发生了变化。

如果有任何事实或情况表明控制的两个基本要素中的一个或两个发生了变化，投资方应重新评估对被投资方是否具有控制。

# 第三节 合并财务报表的编制程序及调整与抵销原理

## 一、合并财务报表编制的前期准备事项

**1. 统一母子公司的会计政策**

母公司应当统一子公司所采用的会计政策，使子公司采用的会计政策与母公司保持一致。子公司所采用的会计政策与母公司不一致的，应当按照母公司的会计政策对子公司财务报表进行必要的调整；或者要求子公司按照母公司的会计政策另行编报财务报表。

**2. 统一母子公司的资产负债表日及会计期间**

母公司应当统一子公司的会计期间，使子公司的会计期间与母公司保持一致。子公司的会计期间与母公司不一致的，应当按照母公司的会计期间对子公司财务报表进行必要的调整；或者要求子公司按照母公司的会计期间另行编报财务报表。

**3. 对子公司以外币表示的财务报表进行折算**

在编制合并财务报表时，母子公司个别财务报表所采用的货币计量单位必须一致。当子公司财务报表所采用的记账本位币与母公司不同时，应将其折算为母公司所采用的记账本位币表示的财务报表。有关报表折算的具体方法详见外币折算章节。

**4. 收集编制合并财务报表的相关资料**

为编制合并财务报表，母公司应当要求子公司及时提供下列有关资料：

（1）子公司相应期间的财务报表；

（2）与母公司及与其他子公司之间发生的内部购销交易、债权债务、投资及其产生的现金流量和未实现内部销售损益的期初、期末余额及变动情况等资料；

（3）子公司所有者权益变动和利润分配的有关资料；

（4）编制合并财务报表所需要的其他资料。

## 二、合并财务报表的编制步骤

**1. 按报表项目设置合并工作底稿**

一般情况下，合并资产负债表、合并利润表与合并所有者权益（或股东权益）变动表设计一张工作底稿，现金流量表单独设计工作底稿。

**2. 计算合计数**

将母公司、纳入合并范围的子公司个别资产负债表、利润表及所有者权益变动表各项目的数据合并工作底稿，并在合并工作底稿中对母公司和子公司个别财务报表各项目的数据进行加总，计算得出个别资产负债表、个别利润表及个别所有者权益变动表各项目合计数额。

**3. 编制调整分录与抵销分录**

将母公司与子公司、子公司相互之间发生的经济业务对个别财务报表有关项目的影响进行调整与抵销处理。

**4. 计算合并财务报表各项目的合并数额**

在母公司与纳入合并范围的子公司个别财务报表各项目加总数额的基础上，根据报表各项目的性质，按调整与抵销分录的方向及金额计算各项目的合并数额。

**5. 填列合并财务报表**

根据合并报表工作底稿中计算的报表各项目的合并数额，填列正式的合并财务报表。

## 三、编制合并财务报表需要调整与抵销的项目

**（一）编制合并资产负债表需要调整与抵销的项目**

（1）母公司对子公司股权投资项目与子公司所有者权益（或股东权益）项目；

（2）母公司与子公司、子公司相互之间未结算的内部债权债务项目；

（3）存货项目，即内部购进存货价值中包含的未实现内部销售损益；

（4）固定资产项目，即内部购进固定资产价值中包含的未实现内部销售损益；

（5）无形资产项目，即内部购进无形资产价值中包含的未实现内部销售损益。

**（二）编制合并利润表和合并所有者权益变动表需要调整与抵销的项目**

（1）内部销售收入和内部销售成本项目；

（2）内部投资收益项目，包括内部利息收入与利息支出项目、内部股权投资收益项目；

（3）资产减值损失项目，即与内部交易相关的内部应收账款、存货、固定资产、无形资产等项目的资产减值损失；

（4）纳入合并范围的子公司利润分配项目。

### （三）编制合并现金流量表需要调整与抵销的项目

（1）母公司与子公司、子公司相互之间当期以现金投资或收购股权方式增加的投资所产生的现金流量。

（2）母公司与子公司、子公司相互之间当期取得投资收益收到的现金与分配股利、利润或偿付利息支付的现金。

（3）母公司与子公司、子公司相互之间以现金结算债权与债务所产生的现金流量。

（4）母公司与子公司、子公司相互之间当期销售商品所产生的现金流量。

（5）母公司与子公司、子公司相互之间处置固定资产、无形资产和其他长期资产收回的现金净额与购建固定资产、无形资产和其他长期资产支付的现金。

（6）母公司与子公司、子公司相互之间当期发生的其他内部交易所产生的现金流量。

## 四、调整与抵销分录的基本原理

在合并财务报表编制程序中，调整与抵销处理的目的在于确定合并报表数据。从合并财务报表的特点可见，合并财务报表反映的是包括母公司和纳入合并范围的子公司在内的经济主体作为一个整体的财务状况、经营成果和现金流量信息，因此，构成这个整体的各成员之间的交易，从合并报表的视角来看，属于内部交易；在依据个别报表编制合并报表时，内部交易对相关成员企业个别报表产生的影响，应予以抵销，以便生成能够真正反映相关成员企业构成的企业集团的"合并"会计信息。

## 第四节　同一控制下合并日后长期股权投资的调整与抵销

同一控制下取得子公司、母公司在合并日需要编制合并日的合并资产负债表、合并利润表、合并现金流量表等合并财务报表。合并日编制合并财务报表时将母公司长期股权投资与子公司所有者权益抵销。具体会计处理举例详见第九章企业合并。

### 一、同一控制下合并日后长期股权投资的调整与抵销内容

（1）将母公司对子公司长期股权投资由成本法核算的结果调整为权益法核算的结果，使母公司对子公司长期股权投资项目反映其在子公司所有者权益中所拥有权益的变动情况。

（2）将母公司对子公司长期股权投资项目与子公司所有者权益项目等内部交易相关的

项目进行抵销处理,将内部交易对个别财务报表的影响予以抵销,同时将子公司的留存收益归属于母公司部分恢复。

(3)将母公司取得的投资收益与子公司当年利润分配相抵销,使合并财务报表反映母公司股东权益变动的情况。

## 二、同一控制下合并日后长期股权投资的调整与抵销会计处理

【例10-6】 甲公司于20×9年1月1日,以28 600万元的价格取得A公司80%的股权,使其成为子公司,两公司采用相同的会计政策。20×9年期间A公司实现净利润10 500万元,经公司董事会提议并经股东会批准,当年提取盈余公积2 000万元,向股东宣告分派现金股利4 500万元。甲公司当年确认投资收益3 600万元。假设不考虑所得税,甲公司和A公司20×9年度个别财务报表主要数据如表10-1所示。

表10-1 甲公司与A公司资产负债表相关数据 单位:万元

| 报表项目 | 甲公司数据 | | A公司数据 | |
| --- | --- | --- | --- | --- |
| | 20×9.1.1 | 20×9.12.31 | 20×9.1.1 | 20×9.12.31 |
| 长期股权投资 | 25 600 | 25 600 | | |
| 股本 | | | 20 000 | 20 000 |
| 资本公积 | | | 8 000 | 8 000 |
| 盈余公积 | | | 1 200 | 3 200 |
| 未分配利润 | | | 2 800 | 6 800 |
| 股东权益合计 | | | 32 000 | 38 000 |

20×9年末甲公司编制合并报表时会计处理如下:

### 1. 将成本法核算的结果调整为权益法核算的结果相关的调整分录

A公司净利润为10 500万元,调整分录如下:
 借:长期股权投资 (10 500×80%=84 000 000)84 000 000
  贷:投资收益 84 000 000
A公司宣告股利4 500万元,调整分录如下:
 借:投资收益 (4 500×80%=36 000 000)36 000 000
  贷:长期股权投资 36 000 000
调整后的长期股权投资账面价值=25 600+8 400-3 600=30 400(万元)

### 2. 甲公司的长期股权投资(调整后)与A公司的所有者权益合并抵销处理

甲公司长期股权投资与A公司所有者权益抵销时,其抵销分录如下:
 借:股本 200 000 000
  资本公积 80 000 000

| | |
|---|---|
| 盈余公积 | 32 000 000 |
| 未分配利润 | 68 000 000 |
| 贷：长期股权投资 | 304 000 000 |
| 少数股东权益 | 76 000 000 |

同时，同一控制下企业合并中按一体化存续原则，在合并财务报表上，对被合并方在企业合并前实现的留存收益中归属于合并方的部分，应自合并方资本公积（资本溢价或股本溢价）转入留存收益。

| | | |
|---|---|---|
| 借：资本公积 | | 32 000 000 |
| 贷：盈余公积 | （1 200×80%＝960 万元） | 9 600 000 |
| 未分配利润 | （2 800×80%＝2 240 万元） | 22 400 000 |

**3. 甲公司的投资收益与 A 公司当年利润分配合并抵销处理**

甲公司进行上述抵销处理时，其抵销分录如下：

| | | |
|---|---|---|
| 借：投资收益 | （10 500×80%＝8 4000 万元） | 84 000 000 |
| 少数股东损益 | （10 500×20%＝2 100 万元） | 21 000 000 |
| 年初未分配利润 | | 28 000 000 |
| 贷：提取盈余公积 | | 20 000 000 |
| 对所有者（或股东）的分配 | | 45 000 000 |
| 年末未分配利润 | | 68 000 000 |

另外，本例中 A 公司本年宣告分派现金股利 4 500 万元，股利款项尚未支付，A 公司已将其计列应付股利 4 500 万元。甲公司根据 A 公司宣告的分派现金股利的公告，按照其所享有的金额，已确认应收股利，并在其资产负债表中计列应收股利 3 600 万元。这属于母公司与子公司之间的债权债务，在编制合并资产负债表时必须将其予以抵销，其抵销分录如下：

| | |
|---|---|
| 借：应付股利 | 36 000 000 |
| 贷：应收股利 | 36 000 000 |

## 第五节　非同一控制下合并日后长期股权投资的调整与抵销

非同一控制下取得子公司、母公司在购买日需要编制购买日的合并资产负债表。母公司编制购买日的合并资产负债表时，因企业合并取得的子公司各项可辨认资产、负债及或有负债应当以公允价值在合并财务报表中列示。母公司合并成本大于取得的子公司可辨认净资产公允价值份额的差额，作为合并商誉在合并资产负债表中列示。购买日编制合并财务报表时将母公司长期股权投资与子公司所有者权益抵销。具体会计处理举例详见第九章企业合并。

## 一、非同一控制下购买日后长期股权投资的调整与抵销内容

（1）在对非同一控制下取得的子公司编制合并财务报表时，应当以购买日确定的各项可辨认资产、负债及或有负债的公允价值为基础对子公司的财务报表进行调整，评估增值或减值计入"资本公积"。将子公司的账面净利润调整为公允价值口径的净利润。

（2）将母公司对子公司长期股权投资由成本法核算的结果调整为权益法核算的结果，使母公司对子公司长期股权投资项目反映其在子公司所有者权益中所拥有权益的变动情况。

（3）将母公司对子公司长期股权投资项目与子公司所有者权益项目等内部交易相关的项目进行抵销处理，将内部交易对个别财务报表的影响予以抵销。

（4）将母公司取得的投资收益与子公司当年利润分配相抵销，使合并财务报表反映母公司股东权益变动的情况。

## 二、非同一控制下购买日后长期股权投资的调整与抵销会计处理

【例10-7】 甲公司于20×9年1月1日以29 500万元取得A公司70%的股权，使其成为子公司，两公司采用相同的会计政策。20×9年期间A公司评估增值的存货全部售出，应收账款按购买日确认的价值收回，固定资产按20年预计使用寿命、平均年限法计提折旧，折旧费用计入管理费用，A公司当年实现净利润10 500万元，经公司董事会提议并经股东会批准，当年提取盈余公积2 000万元，向股东宣告分派现金股利4 500万元。甲公司当年确认投资收益3 600万元。甲公司并购A公司属于非同一控制下的企业合并，假定不考虑所得税，甲公司和A公司的资产负债表及评估确认的资产负债数据如表10-2所示。

表10-2 甲公司与A公司资产负债表相关数据　　　　单位：万元

| 报表项目 | 甲公司数据 | | A公司数据 | | | |
| --- | --- | --- | --- | --- | --- | --- |
| | 20×9.1.1 | 20×9.12.31 | 20×9.1.1 | | 20×9.12.31 | |
| | | | 账面价值 | 公允价值 | 账面价值 | 公允价值 |
| 存货 | | | 20 000 | 21 100 | 0 | 0 |
| 应收账款 | | | 3 920 | 3 820 | 0 | 0 |
| 固定资产 | | | 18 000 | 21 000 | 17 100 | 19 950 |
| 长期股权投资 | 29 500 | 29 500 | | | | |
| 股本 | | | 20 000 | | 20 000 | |
| 资本公积 | | | 8 000 | | 8 000 | |
| 盈余公积 | | | 1 200 | | 3 200 | |
| 未分配利润 | | | 2 800 | | 6 800 | |
| 股东权益合计 | | | 32 000 | 36 000 | 38 000 | |

**1. 将子公司 20×9 年报表中数据调整为公允价值**

| | | |
|---|---|---|
| 借：存货 | | 11 000 000 |
| 　　固定资产 | | 30 000 000 |
| 　　贷：应收账款 | | 1 000 000 |
| 　　　　资本公积 | | 40 000 000 |

存货全部售出，调增营业成本，调整分录如下：

| | | |
|---|---|---|
| 借：营业成本 | | 11 000 000 |
| 　　贷：存货 | | 11 000 000 |

按固定资产的评估增值，20×9 年补提的折旧，调整分录如下：

| | | |
|---|---|---|
| 借：管理费用 | | 1 500 000 |
| 　　贷：固定资产（累计折旧） | | 1 500 000 |

应收账款按购买日确认的价值收回，应收账款评估确认的坏账已经核销，调整分录如下：

| | | |
|---|---|---|
| 借：应收账款（坏账准备） | | 1 000 000 |
| 　　贷：信用减值损失 | | 1 000 000 |

上述调整分录可以合并为：

| | | |
|---|---|---|
| 借：营业成本 | | 11 000 000 |
| 　　管理费用 | | 1 500 000 |
| 　　固定资产 | | 28 500 000 |
| 　　贷：信用减值损失 | | 1 000 000 |
| 　　　　资本公积 | | 40 000 000 |

A 公司 20×9 年账面净利润调整为公允价值口径净利润为：

$$10\,500 - 1\,100 - 150 + 100 = 9\,350（万元）$$

A 公司 20×9 年账面未分配利润调整为公允价值口径未分配利润为：

$$2\,800 + 9\,350 - 2\,000 - 4\,500 = 5\,650（万元）$$

**2. 将成本法核算的结果调整为权益法核算的结果相关的调整分录**

A 公司 20×9 年调整后公允价值口径的净利润为 9 350 万元，调整分录如下：

| | | |
|---|---|---|
| 借：长期股权投资 | （93 500 000×70%） | 65 450 000 |
| 　　贷：投资收益 | | 65 450 000 |

A 公司 20×9 年宣告股利为 4 500 万元，调整分录如下：

| | | |
|---|---|---|
| 借：投资收益 | （45 000 000×70%） | 31 500 000 |
| 　　贷：长期股权投资 | | 31 500 000 |

20×9 年调整后的长期股权投资 = 29 500 + 6 545 - 3 150 = 32 895（万元）

**3. 甲公司的长期股权投资（调整后）与 A 公司的所有者权益合并抵销处理**

合并确认的商誉为：29 500 - 36 000×70% = 4 300（万元）

甲公司长期股权投资与 A 公司所有者权益抵销时，其抵销分录如下：

借：股本　　　　　　　　　　　　　　　　　　　　　200 000 000
　　资本公积　　　　　　　　　　　　　　　　　　　120 000 000
　　盈余公积　　　　　　　　　　　　　　　　　　　 32 000 000
　　未分配利润　　　　　　　　　　　　　　　　　　 56 500 000
　　商誉　　　　　　　　　　　　　　　　　　　　　 43 000 000
　　贷：长期股权投资　　　　　　　　　　　　　　　328 950 000
　　　　少数股东权益　　　　　　　　　　　　　　　122 550 000

**4. 甲公司的投资收益与 A 公司当年利润分配合并抵销处理**

借：投资收益　　　　　　　　　　　（9 350×70%）65 450 000
　　少数股东损益　　　　　　　　　 （9 350×30%）28 050 000
　　年初未分配利润　　　　　　　　　　　　　　　　28 000 000
　　贷：提取盈余公积　　　　　　　　　　　　　　　20 000 000
　　　　对所有者（或股东）的分配　　　　　　　　　45 000 000
　　　　年末未分配利润　　　　　　　　　　　　　　56 500 000

另外，本例中 A 公司本年宣告分派现金股利 4 500 万元，股利款项尚未支付，A 公司已将其计列应付股利 4 500 万元。甲公司根据 A 公司宣告的分派现金股利的公告，按照其所享有的金额，已确认应收股利，并在其资产负债表中计列应收股利 3 150 万元。这属于母公司与子公司之间的债权债务，在编制合并资产负债表时必须将其予以抵销，其抵销分录如下：

借：应付股利　　　　　　　　　　　　　　　　　　 31 500 000
　　贷：应收股利　　　　　　　　　　　　　　　　　 31 500 000

**【例 10-8】** 续【例 10-7】，20×0 年期间 A 公司实现净利润 12 000 万元，经公司董事会提议并经股东会批准，当年提取盈余公积 2 400 万元，向股东宣告分派现金股利 6 000 万元。甲公司当年确认投资收益 4 200 万元。甲公司并购 A 公司属于非同一控制下的企业合并，假定不考虑所得税，A 公司各项资产负债表及评估确认的资产负债数据如表 10-3 所示。

表 10-3　A 公司各项资产负债表相关数据　　　　　　　　　　　单位：万元

| 报表项目 | A 公司数据 | | | | | |
| --- | --- | --- | --- | --- | --- | --- |
| | 20×9.1.1 | | 20×9.12.31 | | 20×0.12.31 | |
| | 账面价值 | 公允价值 | 账面价值 | 公允价值 | 账面价值 | 公允价值 |
| 存货 | 20 000 | 21 100 | 0 | 0 | 0 | 0 |
| 应收账款 | 3 920 | 3 820 | 0 | 0 | 0 | 0 |
| 固定资产 | 18 000 | 21 000 | 17 100 | 19 950 | 16 200 | 18 900 |
| 股本 | 20 000 | | 20 000 | | 20 000 | |
| 资本公积 | 8 000 | | 8 000 | | 8 000 | |
| 盈余公积 | 1 200 | | 3 200 | | 5 600 | |
| 未分配利润 | 2 800 | | 6 800 | | 10 400 | |
| 股东权益合计 | 32 000 | 36 000 | 38 000 | | 44 000 | |

**1. 将子公司 20×0 报表中数据调整为公允价值**

借：存货　　　　　　　　　　　　　　　　　　　　　　　　11 000 000
　　固定资产　　　　　　　　　　　　　　　　　　　　　　30 000 000
　　贷：应收账款　　　　　　　　　　　　　　　　　　　　　1 000 000
　　　　资本公积　　　　　　　　　　　　　　　　　　　　　40 000 000

存货 20×9 年全部售出，调增营业成本，调整分录如下：

借：年初未分配利润　　　　　　　　　　　　　　　　　　　11 000 000
　　贷：存货　　　　　　　　　　　　　　　　　　　　　　11 000 000

按固定资产的评估增值，20×9 年补提的折旧，调整分录如下：

借：年初未分配利润　　　　　　　　　　　　　　　　　　　 1 500 000
　　贷：固定资产（累计折旧）　　　　　　　　　　　　　　　1 500 000

应收账款按购买日确认的价值收回，应收账款评估确认的坏账已经核销，调整分录如下：

借：应收账款（坏账准备）　　　　　　　　　　　　　　　　 1 000 000
　　贷：年初未分配利润　　　　　　　　　　　　　　　　　　1 000 000

按固定资产的评估增值，20×0 年补提的折旧，调整分录如下：

借：管理费用　　　　　　　　　　　　　　　　　　　　　　 1 500 000
　　贷：固定资产（累计折旧）　　　　　　　　　　　　　　　1 500 000

上述调整分录可以合并为：

借：年初未分配利润　　　　　　　　　　　　　　　　　　　11 500 000
　　管理费用　　　　　　　　　　　　　　　　　　　　　　 1 500 000
　　固定资产　　　　　　　　　　　　　　　　　　　　　　27 000 000
　　贷：资本公积　　　　　　　　　　　　　　　　　　　　40 000 000

A 公司 20×0 年账面净利润调整为公允价值口径净利润为：

$$12\,000 - 150 = 11\,850（万元）$$

A 公司 20×0 年账面未分配利润调整为公允价值口径未分配利润为：

$$5\,650 + 11\,850 - 2\,400 - 6\,000 = 9\,100（万元）$$

**2. 将成本法核算的结果调整为权益法核算的结果相关的调整分录**

A 公司 20×9 年调整后公允价值口径的净利润为 9 350 万元，调整分录如下：

借：长期股权投资　　　　　　　　　（9 350×70%＝6 545 万元）65 450 000
　　贷：年初未分配利润　　　　　　　　　　　　　　　　　　65 450 000

A 公司 20×9 年宣告股利为 4 500 万元，调整分录如下：

借：年初未分配利润　　　　　　　　（4 500×70%＝3 150 万元）31 500 000
　　贷：长期股权投资　　　　　　　　　　　　　　　　　　　31 500 000

A公司20×0年调整后公允价值口径的净利润为11 850万元,调整分录如下:
借:长期股权投资　　　　　　　　　(11 850×70%＝8 295万元)82 950 000
　　贷:投资收益　　　　　　　　　　　　　　　　　　　　　82 950 000

A公司20×0年宣告股利为6 000万元,调整分录如下:
借:投资收益　　　　　　　　　　　(6 000×70%＝4 200万元)42 000 000
　　贷:长期股权投资　　　　　　　　　　　　　　　　　　　42 000 000

调整后的长期股权投资＝29500＋6545－3150＋8 295－4 200＝36 990(万元)

### 3. 甲公司的长期股权投资(调整后)与A公司的所有者权益合并抵销处理

甲公司长期股权投资与A公司所有者权益抵销时,其抵销分录如下:
借:股本　　　　　　　　　　　　　　　　　　　　　　　　200 000 000
　　资本公积　　　　　　　　　　　　　　　　　　　　　　120 000 000
　　盈余公积　　　　　　　　　　　　　　　　　　　　　　 56 000 000
　　未分配利润　　　　　　　　　　　　　　　　　　　　　 91 000 000
　　商誉　　　　　　　　　　　　　　　　　　　　　　　　 43 000 000
　　贷:长期股权投资　　　　　　　　　　　　　　　　　　 369 900 000
　　　　少数股东权益　　　　　　　　　　　　　　　　　　 140 100 000

### 4. 甲公司的投资收益与A公司当年利润分配合并抵销处理

借:投资收益　　　　　　　　　　　(11 850×70%＝8 295万元)82 950 000
　　少数股东损益　　　　　　　　　(11 850×30%＝3 555万元)35 550 000
　　年初未分配利润　　　　　　　　　　　　　　　　　　　 56 500 000
　　贷:提取盈余公积　　　　　　　　　　　　　　　　　　  24 000 000
　　　　对所有者(或股东)的分配　　　　　　　　　　　　　 60 000 000
　　　　年末未分配利润　　　　　　　　　　　　　　　　　 91 000 000

另外,本例中A公司本年宣告分派现金股利6 000万元,股利款项尚未支付,A公司已将其计列应付股利6 000万元。甲公司根据A公司宣告的分派现金股利的公告,按照其所享有的金额,已确认应收股利,并在其资产负债表中计列应收股利4 200万元。这属于母公司与子公司之间的债权债务,在编制合并资产负债表时必须将其予以抵销,其抵销分录如下:

借:应付股利　　　　　　　　　　　　　　　　　　　　　　 42 000 000
　　贷:应收股利　　　　　　　　　　　　　　　　　　　　 42 000 000

## 第六节　内部交易的合并处理

### 一、内部资产交易的合并处理

为了满足编制合并报表的需要,母公司在合并报表工作底稿中还需要将母公司与子公司之间、子公司相互之间销售商品、提供劳务或其他形式形成的存货、固定资产、工程物资、在建工程、无形资产等所包含的未实现的内部销售损益予以抵销，并抵销与未实现内部销售损益相关的资产减值准备。

### （一）内部商品交易的合并处理

**1. 内部销售收入和内部销售成本的抵销**

在个别报表中存在集团内部销售收入、销售成本重复报告问题。

**2. 期末存货价值中包含的未实现交易损益的抵销**

企业集团内部存货交易的买方期末存货成本中包含卖方已入账的销售利润，而从企业集团整体立场来看，这部分利润尚未实现，属于虚增资产。因此，在内部交易当年，合并财务报表时应将这一未实现利润以及产生这一利润的未实现销售均予以抵销。

**3. 内部存货交易计提的跌价准备的抵销**

企业集团有关成员企业发生内部存货交易后，内部交易的买方期末按存货的可变现净值低于该存货成本（内部交易卖方的价格）的差额计提存货跌价准备、确认存货跌价损失。而从集团的立场来看，该存货的期末跌价准备和本期应确认的跌价损失应该是以该存货仍保留在内部交易的卖方为假设条件，按照该存货的可变现净值低于其内部交易卖方的账面价值的差额计提跌价准备、确认跌价损失。

**【例 10-9】** 甲公司系 A 公司的母公司。甲公司本期个别利润表的营业收入中有 2 000 万元，系向 A 公司销售商品实现的收入，其商品成本为 1 400 万元。A 公司本期从甲公司购入的商品本期均向集团外实现销售，销售价格为 2 400 万元。

（1）内部销售收入和内部销售成本的抵销：

借：营业收入　　　　　　　　　　　　　　　　　　　　　20 000 000
　　贷：营业成本　　　　　　　　　　　　　　　　　　　　　20 000 000

（2）期末存货价值中包含的未实现交易损益的抵销：

期末无存货无须抵销。

若案例中，A 公司本期从甲公司购入的商品均未向集团外实现销售。

（1）内部销售收入和内部销售成本的抵销：

借：营业收入　　　　　　　　　　　　　　　　　　　　　20 000 000
　　贷：营业成本　　　　　　　　　　　　　　　　　　　　　20 000 000

（2）期末存货价值中包含的未实现交易损益的抵销：

借：营业成本　　　　　　　　　　　　　　　　　　　　　　6 000 000
　　贷：存货　　　　　　　　　　　　　　　　　　　　　　　6 000 000

上述分录可合并为：

借：营业收入　　　　　　　　　　　　　　　　　　　　　20 000 000
　　贷：营业成本　　　　　　　　　　　　　　　　　　　　　14 000 000

  贷：存货                                6 000 000

  若案例中，A 公司从甲公司购入的商品上期均未向集团外实现销售，本期仍未对集团外实现销售。

  （1）上期内部销售收入和内部销售成本的抵销：

  借：期初未分配利润（营业收入）               20 000 000
    贷：期初未分配利润（营业成本）             20 000 000

  （2）上期期末存货价值中包含的未实现交易损益的抵销：

  借：期初未分配利润（营业成本）               6 000 000
    贷：存货                         6 000 000

  上述分录可合并为：

  借：期初未分配利润                     6 000 000
    贷：存货                         6 000 000

  若案例中，A 公司从甲公司购入的商品上期均未向集团外实现销售，本期实现对集团外销售。

  （1）上期内部销售收入和内部销售成本的抵销：

  借：期初未分配利润（营业收入）               20 000 000
    贷：期初未分配利润（营业成本）             20 000 000

  （2）上期期末存货价值中包含的未实现交易损益的抵销：

  借：期初未分配利润（营业成本）               6 000 000
    贷：存货                         6 000 000

  （3）本期期末存货价值中包含的未实现交易损益的抵销：

本期期末无存货，需将上期（2）调整分录进行抵销

  借：存货                         6 000 000
    贷：营业成本                      6 000 000

  上述分录可合并为：

  借：期初未分配利润                     6 000 000
    贷：营业成本                      6 000 000

  **【例 10-10】** 甲公司本期个别利润表的营业收入有 5 000 万元，系向 A 公司销售产品取得的销售收入，该产品销售成本为 3 500 万元。A 公司在本期将该批内部购进商品的 60% 实现销售，其销售收入为 3 750 万元，销售成本为 3 000 万元，并列示于其个别利润表中；该批商品另外的 40% 则形成 A 公司期末存货，即期末存货为 2 000 万元，列示于 A 公司的个别资产负债表中。

  （1）内部销售收入和内部销售成本的抵销：

  借：营业收入                       50 000 000
    贷：营业成本                     50 000 000

（2）期末存货价值中包含的未实现交易损益的抵销：

借：营业成本　　　　　　　　（2 000－3 500×40%＝600 万元）6 000 000
　　贷：存货　　　　　　　　　　　　　　　　　　　　　　　　　6 000 000

上述分录可合并为：

借：营业收入　　　　　　　　　　　　　　　　　　　　　　　50 000 000
　　贷：营业成本　　　　　　　　　　　　　　　　　　　　　　44 000 000
　　　　存货　　　　　　　　　　　　　　　　　　　　　　　　　6 000 000

【例 10-11】　甲公司系 A 公司的母公司，甲公司本期向 A 公司销售商品 2 000 万元，其销售成本为 1 400 万元；A 公司购进的该商品当期全部未实现对外销售而形成期末存货。A 公司期末对存货进行检查时，发现该商品已经部分陈旧，其可变现净值已降至 1 840 万元。为此，A 公司期末对该存货计提存货跌价准备 160 万元，并在其个别财务报表中列示。在本例中，该存货的可变现净值降至 1 840 万元，高于抵销未实现内部销售损益后的金额 1 400 万元。

（1）内部销售收入和内部销售成本的抵销：

借：营业收入　　　　　　　　　　　　　　　　　　　　　　　20 000 000
　　贷：营业成本　　　　　　　　　　　　　　　　　　　　　　20 000 000

（2）期末存货价值中包含的未实现交易损益的抵销：

借：营业成本　　　　　　　　　　　　　　　　　　　　　　　　6 000 000
　　贷：存货　　　　　　　　　　　　　　　　　　　　　　　　　6 000 000

（3）内部存货交易计提的跌价准备的抵销：

A 公司个别报表计提 160 万元存货跌价准备，而从集团的立场来看，该批存货成本为 1 400 万元，可变现净值为 1 840 万元，无须计提存货跌价准备，将个别报表中计提的存货跌价准备抵销。

借：存货（存货跌价准备）　　　　　　　　　　　　　　　　　　1 600 000
　　贷：资产减值损失　　　　　　　　　　　　　　　　　　　　　1 600 000

【例 10-12】　甲公司为 A 公司的母公司。甲公司本期向 A 公司销售商品 2 000 万元，其销售成本为 1 400 万元，并以此在其个别利润表中列示。A 公司购进的该商品当期全部未实现对外销售而形成期末存货；A 公司期末对存货进行检查时，发现该存货已经部分陈旧，其可变现净值降至 1 320 万元。为此，A 公司期末对该存货计提存货跌价准备 680 万元。

（1）内部销售收入和内部销售成本的抵销：

借：营业收入　　　　　　　　　　　　　　　　　　　　　　　20 000 000
　　贷：营业成本　　　　　　　　　　　　　　　　　　　　　　20 000 000

（2）期末存货价值中包含的未实现交易损益的抵销：

借：营业成本　　　　　　　　　　　　　　　　　　　　　　　　6 000 000
　　贷：存货　　　　　　　　　　　　　　　　　　　　　　　　　6 000 000

（3）内部存货交易计提的跌价准备的抵销：

A公司个别报表计提680万元存货跌价准备，而从集团的立场来看，该批存货成本为1 400万元，可变现净值为1 320万元，只需计提存货跌价准备80万元，抵销个别报表中多计提的存货跌价准备600万元。

  借：存货                      6 000 000
    贷：资产减值损失                 6 000 000

**【例10-13】** 甲公司上期向A公司销售商品2 000万元，其销售成本为1 400万元；A公司购进的该商品当期未实现对外销售而形成期末存货。A公司期末对存货进行检查时，发现该存货已经部分陈旧，其可变现净值降至1 840万元，A公司期末对该存货计提存货跌价准备160万元。甲公司本期向A公司销售商品3 000万元，甲公司销售该商品的销售成本为2 100万元。

A公司本期对外销售内部购进商品实现的销售收入为4 000万元，销售成本为3 200万元，其中上期从甲公司购进商品本期全部售出，销售收入为2 500万元，销售成本为2 000万元；本期从甲公司购进商品销售40%，销售收入为1 500万元，销售成本为1 200万元。另60%形成期末存货，其取得成本为1 800万元，期末其可变现净值为1 620万元，A公司本期期末对该内部购进形成的存货计提存货跌价准备180万元。

（1）上期存货本期对集团外售出的调整分录为：

  借：期初未分配利润                 6 000 000
    贷：营业成本                   6 000 000

（2）上期存货本期已对外销售，对上期存货跌价准备的抵销：

  借：营业成本                    1 600 000
    贷：期初未分配利润                1 600 000

（3）本期内部销售收入和内部销售成本的抵销：

  借：营业收入                   30 000 000
    贷：营业成本                  30 000 000

（4）本期期末存货价值中包含的未实现交易损益的抵销：

  借：营业成本      [（3 000－2 100）×60%＝540万元] 5 400 000
    贷：存货                     5 400 000

（5）本期内部存货交易计提的跌价准备的抵销：

  借：存货（存货跌价准备）              1 800 000
    贷：资产减值损失                 1 800 000

## （二）内部固定资产交易的合并处理

### 1. 内部交易的固定资产价值中包含的未实现销售损益的抵销

企业集团内部固定资产交易的买方期末固定资产成本中包含卖方已入账的利润，而从企业集团整体立场来看，这部分损益尚未实现，属于虚增资产。因此，在编制合并财务报表时应将这一未实现利润以及产生这一利润的未实现销售均予以抵销。

**2. 内部交易的固定资产持有期间价值中包含的未实现交易损益涉及折旧的抵销**

企业集团内部固定资产交易的买方是以该固定资产的取得成本作为其原价计提折旧的,在取得成本中包含销售企业由于该内部固定资产交易所实现的损益,相应地在该内部交易固定资产使用过程中其各期计提的折旧额中,也包含未实现内部销售损益摊销的金额。因此需将当期该内部交易固定资产计提折旧额中相当于未实现内部销售损益的摊销金额即多计提折旧的数额,从该内部交易固定资产当期计提的折旧费用和该固定资产累计折旧中予以抵销。

**3. 内部交易的固定资产清理期间资产处置损益的抵销**

对于销售企业来说,因该内部交易固定资产实现的利润,作为期初未分配利润的一部分结转到以后的会计期间,直到购买企业对该内部交易固定资产进行清理的会计期间。从购买企业来说,对内部交易固定资产进行清理的会计期间,在其个别报表中表现为固定资产和累计折旧的减少;该固定资产清理收入减去固定资产净值及清理费用后,在其个别利润表中以资产处置收益项目列示。在进行固定资产清理的会计期间末,购买企业内部固定资产实体已不存在,其包含的未实现内部销售损益也转化为已实现的处置损益,按内部交易固定资产中包含的未实现内部销售利润,调整期初未分配利润。同时,在固定资产清理的会计期间,仍需计提折旧,本期计提的折旧中仍然包含因内部未实现销售损益而多计提的折旧额,因此也需要将当期多计提的折旧额予以抵销。

【例10-14】 A公司和B公司为甲公司控制下的两个子公司。A公司将其净值为1 280万元的某厂房,以1 500万元的价格变卖给B公司作为固定资产使用。A公司因该内部固定资产交易实现收益220万元,并列示于其个别利润表之中。B公司以1 500万元的金额将该厂房作为该固定资产的原价入账,并列示于其个别资产负债表之中。

甲公司在编制合并报表时,将内部交易的固定资产在交易时价值中包含的未实现销售损益抵销:

借:资产处置收益                               2 200 000
    贷:固定资产                                 2 200 000

【例10-15】 A公司和B公司为甲公司控制下的两个子公司。A公司于20×1年1月1日将自己生产的产品销售给B公司作为固定资产使用,A公司销售该产品的销售收入为1 680万元,销售成本为1 200万元,B公司以1 680万元的金额作为该固定资产的原价入账。

甲公司20×1年末编制合并报表时调整分录如下:

(1)内部交易的固定资产交易时价值中包含的未实现销售损益的抵销:

借:营业收入                                   16 800 000
    贷:营业成本                               12 000 000
        固定资产                               4 800 000

（2）内部交易的固定资产持有期间价值中包含的未实现交易损益涉及折旧的抵销：

假设B公司购买的该固定资产用于公司的行政管理，该固定资产属于不需要安装的固定资产，当月投入使用，其折旧年限为4年，预计净残值为零。为简化合并处理，假定该内部交易固定资产在交易当年按12个月计提折旧。

借：固定资产（累计折旧） 1 200 000
　　贷：管理费用 1 200 000

【例10-16】续【例10-15】，甲公司20×2年末编制合并报表时调整分录如下：

（1）调整固定资产在交易时价值中包含的未实现销售损益的抵销：

借：期初未分配利润 4 800 000
　　贷：固定资产 4 800 000

（2）调整前期固定资产价值中包含的未实现交易损益涉及折旧的抵销：

借：固定资产（累计折旧） 1 200 000
　　贷：期初未分配利润 1 200 000

（3）调整本期固定资产价值中包含的未实现交易损益涉及折旧的抵销：

借：固定资产（累计折旧） 1 200 000
　　贷：管理费用 1 200 000

【例10-17】续【例10-15】，甲公司20×3年末编制合并报表时调整分录如下：

（1）调整固定资产在交易时价值中包含的未实现销售损益的抵销：

借：期初未分配利润 4 800 000
　　贷：固定资产 4 800 000

（2）调整前期固定资产价值中包含的未实现交易损益涉及折旧的抵销：

借：固定资产（累计折旧） 2 400 000
　　贷：期初未分配利润 2 400 000

（3）调整本期固定资产价值中包含的未实现交易损益涉及折旧的抵销：

借：固定资产（累计折旧） 1 200 000
　　贷：管理费用 1 200 000

若该固定资产在20×3年12月末提前进行清理处置，期末编制合并报表时调整分录如下：

（1）调整固定资产在交易时价值中包含的未实现销售损益的抵销：

借：期初未分配利润 4 800 000
　　贷：资产处置收益 4 800 000

（2）调整前期固定资产价值中包含的未实现交易损益涉及折旧的抵销：

借：资产处置收益 2 400 000
　　贷：期初未分配利润 2 400 000

（3）调整本期固定资产价值中包含的未实现交易损益涉及折旧的抵销：

借：资产处置收益 1 200 000
　　贷：管理费用 1 200 000

【例10-18】 续【例10-15】，该固定资产在20×4年12月末如期进行清理处置，期末编制合并报表时调整分录如下：

（1）调整固定资产在交易时价值中包含的未实现销售损益的抵销：

借：期初未分配利润 4 800 000
　　贷：资产处置收益 4 800 000

（2）调整前期固定资产价值中包含的未实现交易损益涉及折旧的抵销：

借：资产处置收益 3 600 000
　　贷：期初未分配利润 3 600 000

（3）调整本期固定资产价值中包含的未实现交易损益涉及折旧的抵销：

借：资产处置收益 1 200 000
　　贷：管理费用 1 200 000

若该固定资产在20×4年12月末仍未进行清理处置，期末编制合并报表时调整分录如下：

（1）调整固定资产在交易时价值中包含的未实现销售损益的抵销：

借：期初未分配利润 4 800 000
　　贷：固定资产 4 800 000

（2）调整前期固定资产价值中包含的未实现交易损益涉及折旧的抵销：

借：固定资产（累计折旧） 3 600 000
　　贷：期初未分配利润 3 600 000

（3）调整本期固定资产价值中包含的未实现交易损益涉及折旧的抵销：

借：固定资产（累计折旧） 1 200 000
　　贷：管理费用 1 200 000

【例10-19】 续【例10-15】，若该固定资产在20×5年继续使用，期末进行清理处置，期末编制合并报表时调整分录如下：

（1）调整固定资产在交易时价值中包含的未实现销售损益的抵销：

借：期初未分配利润 4 800 000
　　贷：资产处置收益 4 800 000

（2）调整前期固定资产价值中包含的未实现交易损益涉及折旧的抵销：

借：资产处置收益 4 800 000
　　贷：期初未分配利润 4 800 000

若该固定资产在20×5年12月末仍未进行清理处置，期末编制合并报表时调整分录如下：

（1）调整固定资产在交易时价值中包含的未实现销售损益的抵销：

借：期初未分配利润 4 800 000

|  |  |
|---|---|
| 贷：固定资产 | 4 800 000 |

（2）调整前期固定资产价值中包含的未实现交易损益涉及折旧的抵销：

|  |  |
|---|---|
| 借：固定资产（累计折旧） | 4 800 000 |
| 　　贷：期初未分配利润 | 4 800 000 |

### （三）内部无形资产交易的合并处理

**1. 内部交易的无形资产交易时价值中包含的未实现销售损益的抵销**

企业集团内部无形资产交易的买方期末无形资产成本中包含卖方已入账的利润，而从企业集团整体立场来看，这部分损益尚未实现，属于虚增资产。因此，在内部交易当年，合并财务报表时应将这一未实现利润以及产生这一利润的未实现销售均予以抵销。

**2. 内部交易的无形资产持有期间价值中包含的未实现交易损益涉及摊销的抵销**

企业集团内部无形资产交易的买方是以该资产的取得成本作为其原价进行摊销，在取得成本中包含销售企业由于该内部无形资产交易所实现的损益，相应地在该内部交易无形资产使用过程中其各期的摊销额中，也包含未实现内部销售损益摊销的金额。因此需将当期该内部交易无形资产计提摊销额中相当于未实现内部销售损益的摊销金额即多摊销的数额，从该内部交易无形资产当期计提的摊销费用和该无形资产累计摊销中予以抵销。

【例10-20】A公司和B公司为甲公司控制下的两个子公司。A公司于20×1年1月1日将其净值为1 200万元的某无形资产，以1 680万元的价格变卖给B公司作为无形资产使用。A公司因该内部无形资产交易实现收益480万元，并列示于其个别利润表之中。B公司以1 680万元的金额作为该无形资产的原价入账，并列示于其个别资产负债表之中。

甲公司20×1年末编制合并报表时调整分录如下：

（1）内部交易的无形资产在交易时价值中包含的未实现销售损益的抵销：

|  |  |
|---|---|
| 借：资产处置收益 | 4 800 000 |
| 　　贷：无形资产 | 4 800 000 |

（2）内部交易的无形资产在持有期间价值中包含的未实现交易损益涉及摊销的抵销：

假设B公司购买的该无形资产用于公司的行政管理，该无形资产当月投入使用，其摊销年限为4年，预计净残值为零。

|  |  |
|---|---|
| 借：无形资产（累计摊销） | 1 200 000 |
| 　　贷：管理费用 | 1 200 000 |

【例10-21】 续【例10-20】，甲公司20×2年末编制合并报表时调整分录如下：

（1）调整无形资产在交易时价值中包含的未实现销售损益的抵销：

|  |  |
|---|---|
| 借：期初未分配利润 | 4 800 000 |
| 　　贷：无形资产 | 4 800 000 |

（2）调整前期无形资产价值中包含的未实现交易损益涉及摊销的抵销：

|  |  |
|---|---|
| 借：无形资产（累计摊销） | 1 200 000 |

贷：期初未分配利润　　　　　　　　　　　　　　　　　　　　　　　　　1 200 000
（3）调整本期无形资产价值中包含的未实现交易损益涉及摊销的抵销：
　借：无形资产（累计摊销）　　　　　　　　　　　　　　　　　　　　　　　1 200 000
　　贷：管理费用　　　　　　　　　　　　　　　　　　　　　　　　　　　　1 200 000

【例10-22】续【例10-20】，甲公司20×3年末编制合并报表时调整分录如下：
（1）调整无形资产在交易时价值中包含的未实现销售损益的抵销：
　借：期初未分配利润　　　　　　　　　　　　　　　　　　　　　　　　　　4 800 000
　　贷：无形资产　　　　　　　　　　　　　　　　　　　　　　　　　　　　4 800 000
（2）调整前期无形资产价值中包含的未实现交易损益涉及摊销的抵销：
　借：无形资产（累计摊销）　　　　　　　　　　　　　　　　　　　　　　　2 400 000
　　贷：期初未分配利润　　　　　　　　　　　　　　　　　　　　　　　　　2 400 000
（3）调整本期无形资产价值中包含的未实现交易损益涉及摊销的抵销：
　借：无形资产（累计摊销）　　　　　　　　　　　　　　　　　　　　　　　1 200 000
　　贷：管理费用　　　　　　　　　　　　　　　　　　　　　　　　　　　　1 200 000

【例10-23】续【例10-20】，甲公司20×4年末编制合并报表时调整分录如下：
（1）调整无形资产在交易时价值中包含的未实现销售损益的抵销：
　借：期初未分配利润　　　　　　　　　　　　　　　　　　　　　　　　　　4 800 000
　　贷：无形资产　　　　　　　　　　　　　　　　　　　　　　　　　　　　4 800 000
（2）调整前期无形资产价值中包含的未实现交易损益涉及摊销的抵销：
　借：无形资产（累计摊销）　　　　　　　　　　　　　　　　　　　　　　　3 600 000
　　贷：期初未分配利润　　　　　　　　　　　　　　　　　　　　　　　　　3 600 000
（3）调整本期无形资产价值中包含的未实现交易损益涉及摊销的抵销：
　借：无形资产（累计摊销）　　　　　　　　　　　　　　　　　　　　　　　1 200 000
　　贷：管理费用　　　　　　　　　　　　　　　　　　　　　　　　　　　　1 200 000

## 二、内部债权债务的合并处理

在编制合并资产负债表时需要进行合并处理的内部债权债务项目主要包括应收账款与应付账款、应收票据与应付票据、预付账款与预收账款、债权投资与应付债券、应收股利与应付股利、其他应收款与其他应付款等。

### （一）内部债权债务的合并处理

对于发生在母公司与子公司之间、子公司与子公司之间的内部债权债务项目，从债权方企业来说，在资产负债表中表现为一项债权资产；从债务方来说，在资产负债表中表现为一项负债。发生的这种内部债权债务，从集团的立场来看，它只是集团内部资金运动，既不增加集团的资产，也不增加集团的负债。为此，在编制合并财务报表时应当将内部债权债务项目予以抵销。

### （二）内部债权坏账准备的合并处理

集团内部的债权债务项目，对于债权方来说，在根据其债权预计可收回金额变动情况，确认信用减值损失，计提了坏账准备的情况下，在编制合并财务报表时，随着内部债权债务的抵销，与此项债权相联系的坏账准备及信用减值损失也应予以抵销。

**【例10-24】** 甲公司系A公司的母公司。甲公司个别资产负债表应收账款中有600万元为应收A公司账款；应收票据中有400万元为应收A公司票据。

（1）内部应收账款与应付账款的抵销：

借：应付账款　　　　　　　　　　　　　　　　　　　　　6 000 000
　　贷：应收账款　　　　　　　　　　　　　　　　　　　　6 000 000

（2）内部应收票据与应付票据的抵销：

借：应付票据　　　　　　　　　　　　　　　　　　　　　4 000 000
　　贷：应收票据　　　　　　　　　　　　　　　　　　　　4 000 000

**【例10-25】** 甲公司为A公司的母公司。甲公司本期个别资产负债表应收账款中有580万元为应收A公司账款，该应收账款账面余额为600万元，甲公司当年计提坏账准备20万元。A公司本期个别资产负债表中列示应付甲公司账款600万元。

（1）应收账款与应付账款的抵销：

借：应付账款　　　　　　　　　　　　　　　　　　　　　6 000 000
　　贷：应收账款　　　　　　　　　　　　　　　　　　　　6 000 000

（2）坏账准备与信用减值损失的抵销：

借：应收账款（坏账准备）　　　　　　　　　　　　　　　　200 000
　　贷：信用减值损失　　　　　　　　　　　　　　　　　　　200 000

**【例10-26】** 甲公司为A公司的母公司。甲公司本期个别资产负债表应收账款中有应收A公司账款580万元，该应收账款系上期发生的，账面余额为600万元，甲公司上期对其计提坏账准备20万元，该坏账准备结转到本期。本期对上述内部应收账款未计提坏账准备。

（1）应收账款与应付账款的抵销：

借：应付账款　　　　　　　　　　　　　　　　　　　　　6 000 000
　　贷：应收账款　　　　　　　　　　　　　　　　　　　　6 000 000

（2）上期坏账准备与信用减值损失的抵销：

借：应收账款（坏账准备）　　　　　　　　　　　　　　　　200 000
　　贷：期初未分配利润　　　　　　　　　　　　　　　　　　200 000

**【例10-27】** 甲公司为A公司的母公司。甲公司本期个别资产负债表应收账款中有应收A公司账款735万元，该应收账款账面余额为800万元，甲公司对该应收账款累计计提坏账准备 65 万元，其中有 20 万元系上期结转至本期的，本期对其补提坏账准备 45 万元。

（1）应收账款与应付账款的抵销：

借：应付账款　　　　　　　　　　　　　　　　　　　　　　　　8 000 000
　　贷：应收账款　　　　　　　　　　　　　　　　　　　　　　　　8 000 000

（2）上期坏账准备与信用减值损失的抵销：

借：应收账款（坏账准备）　　　　　　　　　　　　　　　　　　　 200 000
　　贷：期初未分配利润　　　　　　　　　　　　　　　　　　　　　 200 000

（3）本期坏账准备与信用减值损失的抵销：

借：应收账款（坏账准备）　　　　　　　　　　　　　　　　　　　 450 000
　　贷：信用减值损失　　　　　　　　　　　　　　　　　　　　　　 450 000

【例 10-28】 甲公司为 A 公司的母公司。甲公司本期个别资产负债表应收账款中有应收 A 公司账款 538 万元，该应收账款账面余额为 550 万元，甲公司对该应收账款累计计提坏账准备 12 万元，其中上期结转至本期的坏账准备 20 万元，本期冲减坏账准备 8 万元。

（1）应收账款与应付账款的抵销：

借：应付账款　　　　　　　　　　　　　　　　　　　　　　　　5 500 000
　　贷：应收账款　　　　　　　　　　　　　　　　　　　　　　　　5 500 000

（2）上期坏账准备与信用减值损失的抵销：

借：应收账款（坏账准备）　　　　　　　　　　　　　　　　　　　 200 000
　　贷：期初未分配利润　　　　　　　　　　　　　　　　　　　　　 200 000

（3）本期冲减坏账准备与信用减值损失的抵销：

借：信用减值损失　　　　　　　　　　　　　　　　　　　　　　　  80 000
　　贷：应收账款（坏账准备）　　　　　　　　　　　　　　　　　　  80 000

## 第七节　其他合并处理

### 一、所得税会计相关的合并处理

在编制合并财务报表时，由于需要对企业集团内部交易进行合并抵销处理，由此可能导致在合并财务报表中反映的资产、负债账面价值与其计税基础不一致，存在着差异。

（一）内部应收款项相关所得税会计的合并抵销处理

【例 10-29】甲公司为 A 公司的母公司。甲公司本期个别资产负债表应收账款中有 1 700 万元为应收 A 公司账款，该应收账款账面余额为 1 800 万元，甲公司当年对其计提坏账准备 100 万元。甲公司和 A 公司适用的所得税税率均为 25%，个别资产负债表列示递延所得税资产 25 万元。

甲公司在编制合并财务报表时，其合并抵销处理如下。

（1）将内部应收账款与应付账款相互抵销，其抵销分录如下：

| 借：应付账款 | 18 000 000 | |
|---|---|---|
| 　　贷：应收账款 | | 18 000 000 |

（2）应收账款已抵销，应将内部应收账款计提的坏账准备予以抵销，其抵销分录如下：

| 借：应收账款 | 1 000 000 | |
|---|---|---|
| 　　贷：信用减值损失 | | 1 000 000 |

（3）坏账准备已抵销，应把原来确认的递延所得税资产予以抵销，其抵销分录如下：

| 借：所得税费用 | 250 000 | |
|---|---|---|
| 　　贷：递延所得税资产 | | 250 000 |

【例10-30】 甲公司为A公司的母公司。甲公司20×8年12月31日个别资产负债表中的内部应收账款为475万元，坏账准备余额为25万元。假定甲公司20×8年系首次编制合并财务报表。甲公司20×9年12月31日个别资产负债表中的内部应收账款金额为380万元，坏账准备账户期末余额为20万元。甲公司、A公司适用的所得税税率均为25%。

（1）20×8年12月31日抵销分录为：

| 借：应付账款 | 5 000 000 | |
|---|---|---|
| 　　贷：应收账款 | | 5 000 000 |
| 借：应收账款（坏账准备） | 250 000 | |
| 　　贷：信用减值损失 | | 250 000 |
| 借：所得税费用 | 62 500 | |
| 　　贷：递延所得税资产 | | 62 500 |

（2）20×9年抵销分录为：

| 借：应付账款 | 4 000 000 | |
|---|---|---|
| 　　贷：应收账款 | | 4 000 000 |
| 借：应收账款（坏账准备） | 250 000 | |
| 　　贷：期初未分配利润 | | 250 000 |
| 借：信用减值损失 | 50 000 | |
| 　　贷：应收账款（坏账准备） | | 50 000 |
| 借：期初未分配利润 | 62 500 | |
| 　　贷：递延所得税资产 | | 62 500 |
| 借：递延所得税资产 | 12 500 | |
| 　　贷：所得税费用 | | 12 500 |

## （二）内部交易存货相关所得税会计的合并抵销处理

【例10-31】 甲公司持有A公司80%的股权，系A公司的母公司。甲公司20×9年利润表列示的营业收入中有5 000万元，系当年向A公司销售产品取得的销售收入，该产品销售成本为3 500万元。A公司在20×9年将该批内部购进商品的60%实现对外销售，其销售收入为3 750万元，销售成本为3 000万元，并列示于其利润表中；该批商品的另外

40%则形成 A 公司期末存货，即期末存货为 2 000 万元，列示于 A 公司 20×9 年的资产负债表之中。甲公司和 A 公司适用的企业所得税税率均为 25%。

甲公司在编制合并财务报表时，其合并抵销处理如下。

（1）将内部销售收入与内部销售成本抵销：

借：营业收入　　　　　　　　　　　　　　　　　　　　　　　50 000 000
　　贷：营业成本　　　　　　　　　　　　　　　　　　　　　　50 000 000

（2）将存货价值中包含的未实现内部销售利润抵销：

借：营业成本　　　　　　　　　　　　　　　　　　　　　　　　6 000 000
　　贷：存货　　　　　　　（2 000－3500×40%＝600 万元）6 000 000

（3）合并报表中存货账面价值比个别报表中的少 600 万元，税法规定计税基础应按照个别报表中存货的价值计算，因此应确认递延所得税资产 150 万元（600×25%＝150 万元）：

借：递延所得税资产　　　　　　　　　　　　　　　　　　　　　1 500 000
　　贷：所得税费用　　　　　　　　　　　　　　　　　　　　　1 500 000

### （三）内部交易固定资产等相关所得税会计的合并抵销处理

**【例 10-32】** A 公司和 B 公司均为甲公司控制下的子公司。A 公司于 20×9 年 1 月 1 日将自己生产的产品销售给 B 公司作为固定资产使用，A 公司销售该产品的销售收入为 1 680 万元，销售成本为 1 200 万元。

B 公司以 1 680 万元的价格作为该固定资产的原价入账。B 公司购买的该固定资产用于公司的销售业务，该固定资产属于不需要安装的固定资产，当月投入使用，其折旧年限为 4 年，预计净残值为零。B 公司对该固定资产确定的折旧年限和预计净残值与税法规定一致。为简化合并处理，假定该内部交易固定资产在交易当年按 12 个月计提折旧。B 公司在 20×9 年 12 月 31 日的资产负债表中列示该固定资产，其原价为 1 680 万元、累计折旧为 420 万元、固定资产净值为 1 260 万元。

A 公司、B 公司和甲公司适用的所得税税率均为 25%。

甲公司在编制合并财务报表时，应当进行如下抵销处理。

（1）将内部交易固定资产销售收入与销售成本予以抵销：

借：营业收入　　　　　　　　　　　　　　　　　　　　　　　16 800 000
　　贷：营业成本　　　　　　　　　　　　　　　　　　　　　16 800 000

（2）将内部交易固定资产原价中包含的未实现内部销售利润予以抵销：

借：营业成本　　　　　　　　　　　　　　　　　　　　　　　　4 800 000
　　贷：固定资产　　　　　　　　　　　　　　　　　　　　　　4 800 000

（3）将当年计提的折旧和累计折旧中包含的未实现内部销售损益的金额予以抵销：

借：固定资产（累计折旧）　　　　　　　　　　　　　　　　　　1 200 000
　　贷：销售费用　　　　　　　　　　　　　　　　　　　　　　1 200 000

（4）合并报表中固定资产账面价值比个别报表中的少，税法规定计税基础应按照个别报表中固定资产的价值计算，因此应确认递延所得税资产。

固定资产原价减少480万元，累计折旧减少120万元，因此固定资产账面价值减少360万元，产生递延所得税资产90万元（360×25%＝90万元）：

借：递延所得税资产　　　　　　　　　　　　　　　　900 000
　　贷：所得税费用　　　　　　　　　　　　　　　　　　　900 000

## 二、合并现金流量表的编制

### （一）合并现金流量表的概念

合并现金流量表，是综合反映母公司及其子公司组成的企业集团，在一定会计期间现金流入、现金流出数量以及其增减变动情况的财务报表。

### （二）合并现金流量表编制方法

合并现金流量表以母公司和子公司的现金流量表为基础，在抵销母公司与子公司、子公司相互之间发生的内部交易对合并现金流量表的影响后，由母公司编制；合并现金流量表也可以合并资产负债表和合并利润表为依据进行编制。一般情况下现金流量表需单独设计工作底稿来完成合并报表的编制。

### （三）编制合并现金流量表需要抵销的项目

（1）母公司与子公司、子公司相互之间当期以现金投资或收购股权增加的投资所产生的现金流量应当抵销。例如，当母公司从子公司中购买其持有的其他企业的股票时，借"投资支付的现金"，贷"收回投资收到的现金"；在母公司对子公司投资的情况下，借"投资支付的现金"，贷"吸收投资收到的现金"。

（2）母公司与子公司、子公司相互之间当期取得投资收益收到的现金，应当与分配股利、利润或偿付利息支付的现金相互抵销。例如，当子公司分配现金股利时，借"分配股利、利润或偿付利息支付的现金"，贷"取得投资收益收到的现金"。

（3）母公司与子公司、子公司相互之间以现金结算债权与债务所产生的现金流量应当抵销。例如，在以现金结算的债权与债务属于母公司与子公司、子公司相互之间内部销售商品和提供劳务所产生的情况下，应借"购买商品、接受劳务支付的现金"，贷"销售商品、提供劳务收到的现金"；在以现金结算的债权与债务属于内部往来所产生的情况下，应借"支付的其他与经营活动有关的现金"，贷"收到的其他与经营活动有关的现金"。

（4）母公司与子公司、子公司相互之间当期销售商品所产生的现金流量应当抵销。例如，在母公司与子公司、子公司相互之间当期销售商品没有形成固定资产、在建工程、无形资产等资产的情况下，应借"购买商品、接受劳务支付的现金"，贷"销售商品、提供劳务收到的现金"；在母公司与子公司、子公司相互之间当期销售商品形成固定资产、工程物资、在建工程、无形资产等资产的情况下，应借"购建固定资产、无形资产和其他长期资产支付的现金"，贷"销售商品、提供劳务收到的现金"。

（5）母公司与子公司、子公司相互之间处置固定资产、无形资产和其他长期资产收回的现金净额，应当与购建固定资产、无形资产和其他长期资产支付的现金相互抵销。例如，当母公司将固定资产出售给子公司收回现金净额时，应借"购建固定资产、无形资产和其他长期资产支付的现金"，贷"处置固定资产、无形资产和其他长期资产收回的现金净额"。

（6）母公司与子公司、子公司相互之间当期发生的其他内部交易所产生的现金流量应当抵销。

### 三、合并所有者（或股东）权益变动表的编制

合并所有者（或股东）权益变动表主要是反映归属于母公司股东的各股东权益项目在本期的增减变动，包括实收资产（或股本）、资本公积、库存股、盈余公积和未分配利润等项目的增减变动；少数股东权益的增减变动。在设计合并报表的工作底稿时，一般将所有者（或股东）权益变动表中未分配利润变动部分置于合并利润表与合并资产负债表的工作底稿上。合并所有者（或股东）权益变动表中，归属于母公司的股本、资本公积、库存股一般变动较少，不借助于工作底稿也可完成；归属于母公司的盈余公积的增减变动，可以借助于母公司个别报表获取数据或者从所有者（或股东）权益变动表中的未分配部分联合编制的工作底稿中取得；少数股东权益的增减变动主要是因为少数股东净利润、子公司分配股利，这些变动数据可以从合并利润表、合并资产负债表以及所有者（或股东）权益变动表中的未分配部分联合编制的工作底稿中取得；所有者（或股东）权益变动表的编制，其重点在于合并未分配利润项目。

 思考题

1. 合并报表的原理是什么？
2. 如何判断是否取得对被投资方的控制权？
3. 调整与抵销分录的原理是什么？

# 第十一章 分支机构会计

【学习目标】
1. 理解分支机构与分支机构会计的概念。
2. 理解分支机构会计基本核算内容。
3. 理解联合财务报表的编制方法。

案例引导：S 公司分支机构的财务问题

## 第一节 分支机构会计概述

随着经济的发展，企业的规模会不断扩张。这种扩张表现在两个方面，一是地域的扩大；二是行业的突破，实现多元化经营。这种扩张的基本表现就是企业分支机构的出现和增加，分支机构通常是指企业所属的不具有独立的法人地位的派出机构，包括企业分部、事业部、分公司、分厂、分店等。企业分支机构的出现带来了一些新的会计问题，即分支机构会计。

### 一、销售代理处与分公司

企业总部与分支机构的关系是决定分支机构如何进行会计处理的前提。在分支机构规模不大的情况下，一般只从事销售代理等工作，即销售代理处（或代表处）。销售代理处通常为商品展销和与顾客签订单而设立，其本身不储存商品，不申领营业执照，不以自己的名义签订商业贸易合同进行营利性的贸易或投资活动；客户来代理处看样订货后，代理处立即将购货定单转交公司总部，由公司总部决定客户能否享受赊销及赊销额度，并由公司总部直接向客户发货，应收账款也由公司总部登记入账并负责催收；销售代理处不是独立的经济主体或营业主体，只需设置定额备用金，由企业总部拨款以应付日常开支，在将近用完时向公司总部报销补足，除此之外，不经办其他现金收支活动。由于销售代理处的会计处理相对比较简单，本章不专门举例说明。

在分支机构的规模进一步扩大时，为了提高分部的积极性，企业总部会赋予分部更多的经营自主权。这种拥有更多自主权的分支机构称为分公司（或事业部）。分公司不是独立的法律主体，却是相对独立的会计主体，可以独立开设银行账户、独立核算其经营业务、独立编制会计报表；当然，其核算的内容只是分公司所能控制和负责的部分，所编制的财务报表也只是满足内部管理需要，不对外提供。

## 二、子公司与分公司

从法律的角度而言，子公司是一个独立的法律实体，虽然控制权由母公司掌握，但日常经营由子公司独立完成，能以自身名义签订商业贸易或投融资合同，有其独立的会计处理体系，并单独纳税。在子公司中，绝大多数情况下还存在少数股东。

分公司（或事业部）虽然是一个独立的经济主体，但不是一个独立的法律主体，其所有的投资来源于总公司，纳税也由总公司统一进行。分公司（或事业部）在经营上拥有较大的自主权，但这种自主权的多少是直接由总公司决定的，一个分公司拥有多少自主权也是千差万别的。

## 三、合并财务报表与联合财务报表

将母子公司的个别财务报表进行合并，就是合并财务报表。作为两个独立的法人，母子公司必须分别向其股东或其他报表使用者提供财务报表；而母公司除提供母公司的财务报表外，还要提供合并的财务报表。联合财务报表是总分公司的"合并报表"，对外只需提供这一报表。分公司单独的财务报表只供内部管理和考核使用。当然，在联合财务报表中，分公司的相关信息可以通过"分部报告"补充披露。

联合财务报表与合并财务报表在很多地方非常相似，如都对相对账户进行抵销，合并财务报表中将母公司的"长期股权投资"与子公司的"所有者权益"进行抵销，而联合财务报表中则是将总公司的"对分支机构往来"与分公司的"对公司总部往来"进行抵销；对内部交易中所产生的未实现的损益进行抵销。当然，两者之间也存在很大区别，如分支机构会计中的分公司不设置所有者权益类账户，公司总部会将一些费用分摊给分公司等。当然，联合财务报表编制的复杂程度远低于合并财务报表的编制。

## 第二节 分支机构会计的基本核算

分支机构会计除设置一般会计科目外，总部、分支机构双方还需单独设立两个独立的账户：一是总部设置"对分支机构往来"（简称"分支往来"）；二是分支机构设置"对公司总部往来"（简称"总部往来"）。"分支往来"是一个非流动资产项目，借方反映总部向分部提供的现金、资产、劳务和分部的净利润，贷方反映从分部收回的现金、资产及分部的亏损等。如前所述，企业分支机构是不单独设立权益类账户的，"总部往来"只是一个准权益类账户，发挥类似权益类账户的作用，其贷方登记由总部提供的现金、资产、劳务等，借方登记上交总部或向总部提供的现金、资产等；期末结账时，分部将利润（或亏损）转入该账户。

分支机构会计的日常业务如采购、生产和销售等的处理与一般工商企业会计处理无异，在此不再单独进行讲解。本章主要阐述分支机构的设立，与总部之间的往来、分部之间的往来、总分部费用分摊、期末联合报表编制（包括联合抵销和总部调整）等内容。

## 一、分支机构的设立

当分支机构成立时，总部会将一定的现金和设备拨付给分支机构。此时总部和分支机构都要进行会计记录。

总部的会计分录为：

借：分支往来

　　贷：银行存款

　　　　固定资产——设备

分支机构的会计分录为：

借：银行存款

　　固定资产——设备

　　贷：总部往来

## 二、与总部之间的往来

与子公司不同，分公司的大量经济业务是企业内部之间的往来，包括与总部之间的往来和与其他分支机构之间的往来。这些往来既包括商品往来，也包括固定资产、劳务等的往来，其核算原理大体相同。本部分以商品往来为例，说明与总部往来中按三种不同的转移价格转移商品的核算，即按成本价转移商品、按成本加价转移商品、按零售价转移商品。

**1. 按成本价转移商品**

按成本价转移商品的核算比较简单，当总部向分部发送商品后，双方的会计处理如下：

（1）总部向分支机构发送商品后，其会计分录为：

借：分支往来

　　贷：库存商品——发送分支机构

（2）分支机构收到商品后，其会计分录为：

借：库存商品——总部发送

　　贷：总部往来

**2. 按成本加价转移商品**

按成本加价转移商品的核算要复杂一些。一方面，在总部的账上要反映这一加价因素；另一方面，期末总部要对加价部分对分支机构利润的影响进行调整。

【**例 11-1**】 2015 年度，珠江公司 A 分部期初存货为 5 500 元，全部来自总部。本期来自总部的商品金额为 33 000 元。期末存货为 6 000 元，其中 1 050 元直接从外部采购。总部对分支机构的销货均以成本加价 10% 计价。

公司总部及 A 分部的会计处理如下。

（1）公司总部向分部发送商品后，进行如下会计处理：

借：分支往来——A　　　　　　　　　　　　　　　　　　　　　　33 000
　　贷：库存商品——发送分支机构　　　　　　　　　　　　　　　　30 000
　　　　存货加价　　　　　　　　　　　　　　　　　　　　　　　　3 000

（2）期末，公司总部将"存货加价"对分支机构利润的影响进行调整。由于总部向分部发送商品后，并未登记销售，所有的销售利润是在分部销售后通过销售收入与销售成本的结转来计算的，而分部是在成本加价的基础上来结转销售成本的，因此，需要通过一个调整分录将成本调整为总部发送前商品的成本：

借：存货加价　　　　　　　　　　　　　　　　　　　　　　　　　3 050
　　贷：分支机构利润——A　　　　　　　　　　　　　　　　　　　3 050

（3）分支机构收到商品后，按加价后的价格记录"库存商品"和"总部往来"：

借：库存商品——总部发送　　　　　　　　　　　　　　　　　　　33 000
　　贷：总部往来　　　　　　　　　　　　　　　　　　　　　　　33 000

### 3. 按零售价转移商品

这种核算方法与第二种方法的区别在于，总部在平时发送后按零售价登记库存商品的减少，期末再调整"存货加价"。

仍以【例11-1】的资料为例，假设珠江公司按零售价格进行核算，分部的核算没有差别，总部的核算如下：

（1）向分部发送商品后，总部登记如下：

借：分支往来——A　　　　　　　　　　　　　　　　　　　　　　33 000
　　贷：库存商品——发送分支机构　　　　　　　　　　　　　　　33 000

（2）期末，总部对存货加价和加价对分支机构利润的影响进行调整：

借：库存商品——发送分支机构　　　　　　　　　　　　　　　　　3 000
　　贷：存货加价　　　　　　　　　　　　　　　　　　　　　　　3 000
借：存货加价　　　　　　　　　　　　　　　　　　　　　　　　　3 050
　　贷：分支机构利润——A　　　　　　　　　　　　　　　　　　　3 050

在上例中，没有考虑运费的问题，下面结合例题说明考虑运费的情况。总部运往分部的商品的运费构成分部商品成本的一部分，而总部与分部之间以及分部相互之间商品往来所发生的超额运费则不应该包括在商品成本中。

【例11-2】接【例11-1】，假设总部向分部发送商品时产生600元的运费，由总部进行支付。期末，由于商品质量问题，分部将其中一半商品退回总部。分部支付运费300元，双方的会计核算如下。

（1）总部向分部发送商品后，登记如下：

借：分支往来　　　　　　　　　　　　　　　　　　　　　　　　　33 600
　　贷：库存商品——发送分支机构　　　　　　　　　　　　　　　30 000

|  |  |
|---|---|
| 　　存货加价 | 3 000 |
| 　　银行存款 | 600 |

（2）分支机构收到商品后，会计分录为：

|  |  |
|---|---|
| 借：库存商品——总部发送 | 33 000 |
| 　　库存商品——运费 | 600 |
| 　贷：总部往来 | 33 600 |

退回商品是因为质量问题，所以退回商品的往返运费计入管理费用，代表管理的失误，不能作为正常的营业费用。双方的会计处理如下：

（1）总部的会计分录为：

|  |  |
|---|---|
| 借：库存商品——发送分支机构 | 15 000 |
| 　　存货加价 | 1 500 |
| 　　管理费用——超额运费损失 | 600 |
| 　贷：分支往来 | 17 100 |

（2）分支机构的会计分录为：

|  |  |
|---|---|
| 借：总部往来 | 17 100 |
| 　贷：库存商品——总部发送 | 16 500 |
| 　　　库存商品——运费 | 300 |
| 　　　银行存款 | 300 |

## 三、分部之间的往来

各分部之间也可能发生往来，理论上说也可以相互间设置往来账，年终编制联合财务报表时予以抵销。不过，为了便于总部的控制，此类往来通常由总部处理，分部之间不设置往来账。

【例 11-3】 假设在【例 11-1】 中，珠江公司总部将 30 000 元的商品加价 10%运送给甲分部。由于乙分部急需销售此商品，甲分部将此批商品转发给乙分部。相关会计处理如下。

（1）总部的会计分录为：

|  |  |
|---|---|
| 借：库存商品——发送分支机构（甲） | 30 000 |
| 　　存货加价 | 3 000 |
| 　贷：分支往来——甲 | 33 000 |
| 借：分支往来——乙 | 33 000 |
| 　贷：库存商品——发送分支机构（乙） | 30 000 |
| 　　　存货加价 | 3 000 |

上述两笔分录也可以合二为一，即：

|  |  |
|---|---|
| 借：分支往来——乙 | 33 000 |
| 　贷：分支往来——甲 | 33 000 |

（2）甲分部的会计分录为：

借：总部往来 33 000
　　贷：库存商品——总部发送 33 000

（3）乙分部的会计分录为：

借：库存商品——总部发送 33 000
　　贷：总部往来 33 000

## 四、总分部之间费用的分摊

为了更加真实地反映各个分部的业绩，需要对总部或分部的一些共同费用在总、分部之间进行分摊。

【例11-4】2015年，珠江公司甲分部发生广告费10 000元，由总部和甲分部共同承担。此外，总部社会保险费用和一般管理费用分别为80 000元和100 000元，这些费用已经支出，甲分部和乙分部分别承担其中的40%。

### 1. 广告费的会计处理

（1）甲分部的会计分录为：

借：营业费用——广告费 5 000
　　总部往来 5 000
　　贷：银行存款 10 000

（2）总部的会计分录为：

借：营业费用——广告费 5 000
　　贷：分支往来——甲 5 000

### 2. 社会保险费用和一般管理费用的会计处理

（1）总部的会计分录为：

借：分支往来——甲 72 000
　　　　　　——乙 72 000
　　贷：管理费用——一般费用 80 000
　　　　　　　——社会保险费 64 000

甲分部的会计分录为：

借：管理费用——一般费用 40 000
　　　　　——社会保险费 32 000
　　贷：总部往来 72 000

（3）乙分部的会计分录为：

借：管理费用——一般费用 40 000
　　　　　——社会保险费 32 000
　　贷：总部往来 72 000

## 第三节 联合财务报表的编制

### 一、期末调整与结账

期末,分部将所有收入、费用和成本类账户结转至"总部往来"账户;总部则编制相应的调整和结账分录。不过,在结账之前,还需要核对"总部往来"与"分支往来"这两个对应的账户是否相等。如果不相等,则表示总部与分部的某一方未及时入账或者出现记账错误,要及时进行核查,其方法与银行存款余额调节表的编制类似。属于会计差错的,及时纠正;属于未达账项的,可以在工作底稿上调整,或编制调整分录。

【例11-5】 某公司总部与分支机构期末往来账户资料如表11-1、表11-2所示。

表11-1 公司总部"分支往来"账户　　　　　　　　单位:元

| 日期 | 摘要 | 借方 | 贷方 | 余额 |
|---|---|---|---|---|
| 12.01 | 期初余额 | | | 100 000 |
| 12.08 | 分支机构汇来现金 | | 40 000 | 60 000 |
| 12.22 | 发往分支机构商品 | 60 000 | | 120 000 |
| 12.29 | 代分支机构支付费用 | 30 000 | | 150 000 |
| 12.30 | 发往分支机构商品 | 80 000 | | 230 000 |
| 12.31 | 代分支机构收款 | | 50 000 | 180 000 |

表11-2 分支机构"总部往来"账户　　　　　　　　单位:元

| 日期 | 摘要 | 借方 | 贷方 | 余额 |
|---|---|---|---|---|
| 12.01 | 期初余额 | | | 100 000 |
| 12.05 | 汇往总部现金 | 40 000 | | 60 000 |
| 12.25 | 总部发来商品 | | 60 000 | 120 000 |
| 12.30 | 汇往总部现金 | 70 000 | | 50 000 |
| 12.31 | 代总部支付费用 | 20 000 | | 30 000 |

在期末结账前,编制往来账户调整表对往来账户进行核对及调整,具体如表11-3所示。

表11-3 往来账户调整表　　　　　　　　单位:元

| 总部 | | 分支机构 | |
|---|---|---|---|
| 调整前余额 | 180 000 | 调整前余额 | 30 000 |
| 加: | | 加:总部代付费用 | 30 000 |
| 减:分支机构汇来现金 | 70 000 | 　　总部发来商品 | 80 000 |
| 　　分支机构代付费用 | 20 000 | 减:总部代收货款 | 50 000 |
| 调整后余额 | 90 000 | 调整后余额 | 90 000 |

第十一章 分支机构会计

根据以上资料，编制以下调整分录。

（1）公司总部的调整分录：

借：在途现金　　　　　　　　　　　　　　　　　　　　70 000
　　贷：分支往来　　　　　　　　　　　　　　　　　　　　　70 000
借：管理费用　　　　　　　　　　　　　　　　　　　　20 000
　　贷：分支往来　　　　　　　　　　　　　　　　　　　　　20 000

（2）分支机构的调整分录：

借：营业费用　　　　　　　　　　　　　　　　　　　　30 000
　　贷：总部往来　　　　　　　　　　　　　　　　　　　　　30 000
借：在途商品　　　　　　　　　　　　　　　　　　　　80 000
　　贷：总部往来　　　　　　　　　　　　　　　　　　　　　80 000
借：总部往来　　　　　　　　　　　　　　　　　　　　50 000
　　贷：应收账款　　　　　　　　　　　　　　　　　　　　　50 000

经过上述调整，公司总部与分支机构的往来账户完全对应相等。

在核对无误的基础上，总部与分支机构分别将各自的收入、费用和成本类账户结转至"本年利润"账户。

（1）分支机构的结账分录：

借：主营业务收入
　　贷：主营业务成本
　　　　营业费用
　　　　本年利润

（2）总部的结账分录：

借：主营业务收入
　　贷：主营业务成本
　　　　营业费用
　　　　所得税费用
　　　　本年利润

## 二、联合财务报表编制方法

联合财务报表是将企业总部和所有分支机构视为一个整体而编制的财务报表。联合财务报表应根据总部与各分支机构的个别财务报表，综合反映总部和各分支机构的资产、负债、收入、费用等项目。

联合财务报表的编制与合并财务报表的编制在原理上非常相似，首先，要抵销相对应的账户，以免合并时重复计算；其次，抵销内部交易中所产生的未实现的损益。

### （一）对应账户的抵销

由于总部与分部之间的往来都是通过"分支往来"和"总部往来"这两个科目来核算

的，因此抵销相对应科目的会计分录为：

借：总部往来
  贷：分支往来

### （二）抵销内部交易中所产生的未实现的损益

如果总部发往分支机构的商品按成本加价或销售价计价，则导致分支机构库存商品成本高于总部原成本。此时，如果总部发往分支机构的商品当期全部实现对外销售，则库存商品价值高于成本的部分只影响分支机构的销售成本；如果总部发往分支机构的商品当期未全部实现对外销售，则库存商品价值高于成本的部分不仅影响分支机构的销售成本，还影响期末存货。

总部与分支机构之间内部商品交易所产生的未实现损益可以分为三个方面：一是期初存货中所包含的未实现损益；二是本期购货中所包含的未实现损益；三是期末存货中所包含的未实现损益。

（1）抵销期初存货中包含的加价：

借：存货加价
  贷：主营业务成本

（2）抵销本年度发送分支机构商品中包含的加价：

借：存货加价
  贷：主营业务成本

（3）抵销分支机构期末存货中包含的加价：

借：主营业务成本
  贷：存货

前面两笔分录是将子公司已经登记的商品销售成本调整到总部成本的基础上；第三笔分录则是将未销售的存货成本调整到总部成本的基础上，同时，抵销期末存货中未实现的损益。

### （三）联合报表编制完成后，总部与分支机构分别编制各自的调整分录

**1. 分支机构的调整分录**

借：本年利润
  贷：总部往来

**2. 总部的调整分录**

（1）分支机构实现的利润归总部所有，作为总部追加的对分支机构的投入：

借：分支往来
  贷：分支机构利润

（2）将发往分支机构的商品加价中已实现部分，作为分支机构的利润处理：

借：存货加价
　　贷：分支机构利润

（3）将分支机构利润并入总部利润：

借：分支机构利润
　　贷：本年利润

## 三、联合财务报表编制过程举例

**【例11-6】** 珠江公司20×5年12月31日总部及分支机构的资产负债表如表11-4所示。

表11-4　珠江公司20×5年12月31日总部及分支机构的资产负债表　　单位：元

| 报表项目 | 总部 | 分支机构 |
| --- | --- | --- |
| 货币资金 | 14 000 | 4 000 |
| 应收账款——净额 | 20 000 | 7 000 |
| 存货 | 30 000 | 11 000 |
| 固定资产——净额 | 90 000 | 40 000 |
| 分支往来 | 56 000 | |
| 资产合计 | 210 000 | 62 000 |
| 应付账款 | 9 000 | 5 000 |
| 其他应付款 | 6 000 | 1 000 |
| 存货加价 | 1 000 | |
| 总部往来 | | 56 000 |
| 股本 | 160 000 | |
| 未分配利润 | 34 000 | |
| 负债及股东权益合计 | 210 000 | 62 000 |

以下是20×6年珠江公司总部及分支机构的营业情况汇总。

（1）总部销售收入为266 000元，其中包括对分部的销货66 000元。对分部的销货均以成本加价10%计价，分支机构对其顾客销货总计100 000元。

（2）总部和分部向外界购货金额分别为200 000元和14 000元。

（3）总部和分部销货收入回收现金为256 000元（包括分支机构支付现金60 000元）、102 000元。

（4）总部和分部分别支付应付账款103 000元和8 000元。

（5）总部和分部分别支付营业费用40 000元和12 000元。

（6）固定资产折旧，总部为8 000元，分部为2 000元。

（7）总部营业费用分摊至分部4 000元。

（8）20×6年12月31日总部的存货为22 000元；分部的存货为12 000元，其中2 100

元从外界购入。

（9）总部及分部分别将各自的收入、成本费用结转至"本年利润"。

下面分五步说明联合财务报表编制的基本过程。

（1）编制20×6年度珠江公司总部及分支机构相应的会计分录，具体如表11-5所示。

**表11-5 珠江公司总部及分支机构会计分录**　　　　　　　单位：元

| 总　部　账 | | 分支机构账 | |
|---|---|---|---|
| 1. 记录赊销：<br>借：应收账款　　　　　　　　200 000<br>　贷：主营业务收入　　　　　　　　200 000<br>按成本加价10%发货给分支机构：<br>借：分支往来　　　　　　　　 66 000<br>　贷：库存商品——发送分支机构　　60 000<br>　　　存货加价　　　　　　　　　　6 000 | | 记录赊销：<br>借：应收账款　　　　　　　　100 000<br>　贷：主营业务收入　　　　　　　　100 000<br>收到总部运来商品：<br>借：库存商品——总部发送　　66 000<br>　贷：总部往来　　　　　　　　　　66 000 | |
| 2. 记录赊购：<br>借：库存商品　　　　　　　　200 000<br>　贷：应付账款　　　　　　　　　　200 000 | | 记录赊购：<br>借：库存商品　　　　　　　　 14 000<br>　贷：应付账款　　　　　　　　　　14 000 | |
| 3. 记录收到账款：<br>借：银行存款　　　　　　　　196 000<br>　贷：应收账款　　　　　　　　　　196 000<br>收到分支机构现金：<br>借：银行存款　　　　　　　　 60 000<br>　贷：分支往来　　　　　　　　　　60 000 | | 记录收到账款：<br>借：银行存款　　　　　　　　102 000<br>　贷：应收账款　　　　　　　　　　102 000<br>将现金汇给总部：<br>借：总部往来　　　　　　　　 60 000<br>　贷：银行存款　　　　　　　　　　60 000 | |
| 4. 记录归还欠款：<br>借：应付账款　　　　　　　　103 000<br>　贷：银行存款　　　　　　　　　　103 000 | | 记录归还欠款：<br>借：应付账款　　　　　　　　  8 000<br>　贷：银行存款　　　　　　　　　　 8 000 | |
| 5. 记录费用支出：<br>借：营业费用　　　　　　　　 40 000<br>　贷：银行存款　　　　　　　　　　40 000 | | 记录费用支出：<br>借：营业费用　　　　　　　　 12 000<br>　贷：银行存款　　　　　　　　　　12 000 | |
| 6. 计提折旧费用：<br>借：营业费用　　　　　　　　  8 000<br>　贷：累计折旧　　　　　　　　　　 8 000 | | 计提折旧费用：<br>借：营业费用　　　　　　　　  2 000<br>　贷：累计折旧　　　　　　　　　　 2 000 | |
| 7. 记录分摊给分支机构的费用：<br>借：分支往来　　　　　　　　  4 000<br>　贷：营业费用　　　　　　　　　　 4 000 | | 记录总部分摊来的费用：<br>借：营业费用　　　　　　　　  4 000<br>　贷：总部往来　　　　　　　　　　 4 000 | |
| 8. 结转销售成本：<br>借：主营业务成本　　　　　　148 000<br>　贷：库存商品　　　　　　　　　　148 000 | | 结转销售成本：<br>借：主营业务成本　　　　　　 79 000<br>　贷：库存商品　　　　　　　　　　79 000 | |
| 9. 结转本年利润：<br>借：主营业务收入　　　　　　200 000<br>　贷：主营业务成本　　　　　　　　148 000<br>　　　营业费用　　　　　　　　　　44 000<br>　　　本年利润　　　　　　　　　　 8 000 | | 结转本年利润：<br>借：主营业务收入　　　　　　100 000<br>　贷：主营业务成本　　　　　　　　79 000<br>　　　营业费用　　　　　　　　　　18 000<br>　　　本年利润　　　　　　　　　　 3 000 | |

总部及分支机构的销售成本计算如表11-6所示。

表 11-6  总部及分支机构销售成本    单位：元

| 项目 | 总部 | 分支机构 |
|---|---|---|
| 期初存货（2016年1月1日） | 30 000 | 11 000 |
| 加：本期购入存货 | 200 000 | 14 000 |
| 减：发送分支机构商品 | 60 000 | — |
| 加：总部发来商品 | — | 66 000 |
| 可供销售商品 | 170 000 | 91 000 |
| 减：期末存货（2016年12月31日） | 22 000 | 12 000 |
| 商品销售成本 | 148 000 | 79 000 |

（2）编制联合报表抵销分录。

①抵销包括在销售成本中的期初存货加价：

借：存货加价　　　　　　　　　　　　　　　　　　　　　　　　1 000

　　贷：主营业务成本　　　　　　　　　　　　　　　　　　　　　　　　1 000

②抵销本年度运交分支机构商品存货的加价：

借：存货加价　　　　　　　　　　　　　　　　　　　　　　　　6 000

　　贷：主营业务成本　　　　　　　　　　　　（66 000 - 66 000÷110%）6 000

③抵销分支机构期末存货的加价：

借：主营业务成本　　　　　　　　　　　　（9 900 - 9 900÷110%）900

　　贷：存货　　　　　　　　　　　　　　　　　　　　　　　　　　　900

④抵销"总部往来"与"分支往来"两个相对账户：

借：总部往来　　　　　　　　　　　　　　　　　　　　　　　　66 000

　　贷：分支往来　　　　　　　　　　　　　　　　　　　　　　　　　66 000

（3）编制联合报表工作底稿。

联合报表工作底稿与合并报表的工作底稿不同，它是在总分部结账前的试算表的基础上进行的。

珠江公司总部及分支机构联合报表工作底稿如表11-7所示。

表 11-7  总部与分支机构联合报表工作底稿    单位：元

| 项目 | 总部 | 分支机构 | 调整与抵销 | 联合报表 |
|---|---|---|---|---|
| 货币资金 | 127 000 | 26 000 | | 153 000 |
| 应收账款（净额） | 24 000 | 5 000 | | 29 000 |
| 存货 | 22 000 | 12 000 | ③900 | 33 100 |
| 固定资产（净额） | 82 000 | 38 000 | | 120 000 |
| 分支往来 | 66 000 | | ④66 000 | |
| **资产合计** | **321 000** | **81 000** | | **335 100** |
| 应付账款 | 106 000 | 11 000 | | 117 000 |
| 其他应付款 | 6 000 | 1 000 | | 7 000 |
| 存货加价 | 7 000 | | ①1 000<br>②6 000 | |
| 总部往来 | | 66 000 | ④66 000 | |

续表

| 项　目 | 总部 | 分支机构 | 调整与抵销 | | 联合报表 |
|---|---|---|---|---|---|
| 股本 | 160 000 | | | | 160 000 |
| 未分配利润 | 42 000 | 3 000 | 7 000 | 900 | 51 100 |
| 负债及股东权益合计 | **321 000** | **81 000** | | | **335 100** |
| 营业收入 | 200 000 | 100 000 | | | 300 000 |
| 减：营业成本 | 148 000 | 79 000 | ③900 | ①1 000<br>②6 000 | 220 900 |
| 　　营业费用 | 44 000 | 18 000 | | | 62 000 |
| 利润总额 | 8 000 | 3 000 | 900 | 7 000 | 17 100 |
| 减：所得税费用 | | | | | |
| 　　净利润 | 8 000 | 3 000 | 900 | 7 000 | 17 100 |
| 加：年初未分配利润 | 34 000 | | | | 34 000 |
| 减：对股东的分配 | | | | | |
| 年末未分配利润 | **42 000** | **3 000** | **900** | **7 000** | **51 100** |

（4）编制总部和分支机构调整分录。

①分支机构调整分录如下：

借：本年利润　　　　　　　　　　　　　　　　　　　　　　　3 000
　　贷：总部往来　　　　　　　　　　　　　　　　　　　　　　　　3 000

②总部调整分录如下：

登记分支机构利润，并调整分支往来账户。

借：分支往来　　　　　　　　　　　　　　　　　　　　　　　3 000
　　贷：分支机构利润　　　　　　　　　　　　　　　　　　　　　　3 000

调整存货加价及分支机构利润账户。

借：存货加价　　　　　　　　　　　　　　　　　　　　　　　6 100
　　贷：分支机构利润　　　　　　　　　　　　　　　　　　　　　　6 100

分支机构利润结转本年利润。

借：分支机构利润　　　　　　　　　　　　　　　　　　　　　9 100
　　贷：本年利润　　　　　　　　　　　　　　　　　　　　　　　　9 100

（5）编制联合财务报表。（略）

**思考题**

1. 请区别以下几组概念：母子公司与总分部、合并财务报表与联合财务报表、分支机构与销售代理机构。

2. 请解释"分支往来"和"总部往来"这两个账户的性质。

3. 合并抵销与联合抵销的相同点和不同点是什么？

4. 请评价总分部之间三种转移定价的优缺点。

5. 将总部的费用分摊给分部或者将分部的费用分配给总部，对企业的整个利润会产生什么影响？为什么要进行这种分摊？

6. 总部净利润与分部净利润之和等于联合财务报表的净利润吗？为什么？

7. 总部编制的调整分录包括哪些方面？其目的是什么？

# 第十二章 企业破产清算会计

【学习目标】

1. 理解破产清算会计的基本概念、程序。
2. 掌握破产清算的会计要素。
3. 掌握破产清算的会计处理。
4. 掌握破产清算会计报告的编制。

案例引导：东星航空有限公司的破产方案

优胜劣汰是保证市场经济运行效率的基本前提。从 1986 年我国颁布《中华人民共和国企业破产法（试行）》（目前已废止）起，企业破产法已经在我国实施 30 余年。与一般会计核算不同，破产清算会计是建立在非持续经营前提下的一种特殊业务会计。本章讨论企业破产的相关问题，破产清算的基本会计理论、会计处理和会计报告。

## 第一节　企业破产清算概述

### 一、企业破产的概念、分类及其原因

破产（bankruptcy）是指企业经营活动的失败，导致不能清偿到期债务的事件或状态。破产表现为两种形式，一种是事实上的破产，即债务人的负债总额大于其资产总额，资产不足以清偿到期债务的情况；另一种是法律上的破产，即虽然债务人的资产总额大于其负债总额，但因缺少足够多的现金流以清偿到期债务，而采用变卖资产的方式清偿到期债务，从而导致企业无法持续经营，不得不申请宣告破产清算的情况。

并不是所有资不抵债的企业都需要破产清算，企业破产必须履行一系列必要的法律手续，有时即使企业并不处于资不抵债的状况，但由于出现了严重的财务危机，也可依法由一定数量的债权人或者企业本身向法院申请破产。破产可以分为"强制性破产"（involuntary bankruptcy）和"自愿申请破产"（voluntary bankruptcy），前者是由法律规定的一定数量的债权人向法院提出，经法院判决而宣告破产，后者是由企业（即债务人）向法院提出，经法院判决而宣告破产。

《中华人民共和国企业破产法》（以下简称《企业破产法》）规定："企业法人不能清偿到期债务，并且资产不足以清偿全部债务或者明显缺乏清偿能力的，依照本法规定清理债务。企业法人有前款规定情形，或者有明显丧失清偿能力可能的，可以依照本法规定进行重整。"

导致企业破产的一个重要原因是企业资不抵债，即企业所有资产的公平市价不足以偿

还其全部债务。导致企业资不抵债的原因一般有：

（1）经营管理不善，导致企业严重亏损。当企业持续亏损的时候，将无法为企业带来持续的现金流，净资产将越来越少，最终出现资不抵债的现象。

（2）会计核算不恰当。由于会计核算未按公允价值计量，尽管企业的账面并未出现资不抵债的现象，但由于公允价值低于账面价值，按公允价值核算，企业实质上已经存在资不抵债的状况。

（3）物价变动的影响。企业在账面上虽然盈利，但是由于通货膨胀或物价大幅上涨，无论是企业的财务资本还是实物资本都无法维持企业运营，企业实际上可能已出现资不抵债的现象。

当然，企业的资不抵债不一定导致企业破产，企业破产必须履行一系列法律程序，最终由人民法院裁决。

## 二、破产清算的特征

破产清算是指由于企业经营不善等而导致其不能清偿到期债务，由法院依据破产法对其进行破产宣告，并对其财产进行处理的行为。这些行为主要包括破产财产的清理、估价、变卖及其他处理；清偿破产企业的债务；分配剩余财产等。

破产清算的特征如下：

（1）破产清算的目的是规范企业破产程序，公平清理债权债务，保护债权人和债务人的合法权益，维护社会主义市场经济秩序。

（2）破产清算是由法律严格规范的经济状态，任何企业都不得自行宣布破产，应由人民法院依据当事人的申请或法定职权裁定宣布债务人破产以清偿债务。

（3）破产清算是一种特定的法律程序，从破产申请到宣告破产清算，均须在法院主持下按照一定的法定程序进行。

（4）破产清算是一种特殊的偿债手段。破产清算是以债务人法律上的民事主体资格的丧失以及相应的行为能力和权利能力的消亡为最终结果，是以全部资产作为偿债基础的一次性偿债。

## 三、企业破产程序

我国于2006年8月发布《企业破产法》，并于2007年6月1日在所有法人型企业施行。此外，1991年4月颁布的《中华人民共和国民事诉讼法》（以下简称《民事诉讼法》）中，规定了企业法人破产还债程序；2006年1月1日实施的《公司法》中，对公司的破产、解散和清算做出了法律规定，为在公司制企业中实行企业破产制度提供了法律依据。

根据我国《企业破产法》的有关规定，企业破产的基本程序可分为三个阶段：破产申请、重整与和解及破产清算。

### （一）破产申请

破产申请可以由债权人，或者由债务人向债务人住所地人民法院提出申请。

债权人或债务人向人民法院提出破产申请的，应当提交破产申请书和有关证据。破产申请书应当载明下列事项：（1）申请人、被申请人的基本情况；（2）申请目的；（3）申请的事实和理由；（4）人民法院认为应当载明的其他事项。

债务人提出破产申请的，还应当向人民法院提交财产状况说明、债务清册、债权清册、有关财务会计报告、职工安置预案以及职工工资的支付和社会保险费用的缴纳情况。

债权人提出破产申请的，人民法院应当自收到申请之日起5日内通知债务人，并在15日内裁定是否受理。人民法院在裁定受理破产申请之日起25日内通知已知债权人，对下列信息给予公告，并通知债权人和债务人：

（1）申请人、被申请人的名称或者姓名；

（2）受理申请的时间；

（3）申报债权的期限、地点和注意事项；

（4）管理人的名称或者姓名及其处理事务的地址；

（5）债务人或者财产持有人应当向管理人清偿债务或者交付财产；

（6）第一次债权人会议召开的时间和地点等。

债权人应当自人民法院发布受理破产申请公告之日起，在1～3个月之间向管理人申报债权，债权人未在规定期限内申报债权的，可以在破产财产最后分配前补充申报，但此前已经进行的分配，不再对其补充分配。

破产案件受理后，人民法院实施破产保全，债务人对个别债权人的债务清偿无效，债务人的债务人或者财产持有人应当向管理人清偿债务或者交付财产。自人民法院受理破产申请的裁定送达债务人之日起至破产程序终结之日，债务人应当：

（1）妥善保管其占有和管理的财产、印章和账簿、文书等资料；

（2）根据人民法院、管理人的要求进行工作，并如实回答询问；

（3）列席债权人会议并如实回答债权人的询问；

（4）未经人民法院许可，不得离开住所地；

（5）不得新任其他企业的董事、监事、高级管理人员。

人民法院受理破产案件后，应召集第一次债权人会议，债权人会议由全体债权人组成，会议主席由人民法院从有表决权的债权人中指定。债权人会议成员享有表决权，但有财产担保的债权人未放弃优先受偿权利的除外。债权人会议的主要职权是：核查债权；申请人民法院更换管理人，审查管理人的费用和报酬；监督管理人；选任和更换债权人委员会成员；决定继续或者停止债务人的营业；通过重整计划；通过和解协议；通过债务人财产的管理方案；通过破产财产的变价方案；通过破产财产的分配方案等。债权人会议的决议由出席会议的有表决权的债权人过半数通过，并且其所代表的债权额占无财产担保债权总额的1/2以上。经债权人会议表决未通过的，由人民法院裁定。债权人会议可以决定设立债权人委员会，由债权人代表和一名债务人的职工代表或者工会代表组成，一般不得超过9人，其职权包括：监督债务人财产的管理和处分；监督破产财产分配；提议召开债权人会议等。

### （二）重整与和解

我国《企业破产法》也规定了重整与和解制度。重整可由企业或其债权人直接申请，重整计划由企业或管理人向法院提交，由债权人分组表决，经法院批准后由管理人监督重整计划的执行。此外，债务人也可直接向人民法院申请和解。债权人会议通过和解协议的，由人民法院裁定认可，并予以公告。和解协议草案经债权人会议表决未获得通过，或者已通过但未获得人民法院认可的，以及债务人不能执行或者不执行和解协议的，人民法院将宣告债务人破产，进入破产程序。

### （三）破产清算

破产清算是企业破产程序中的核心内容，主要包括：

**1. 破产宣告**

破产宣告是指人民法院依据当事人的申请，裁定宣布债务人破产，决定对债务人开始破产清算以清偿债务并予以公告的法律行为。

**2. 采用破产管理人制度，指定破产管理人负责清算工作**

人民法院裁定受理破产申请的，应当同时指定管理人。管理人可以是由有关部门、机构的人员组成的清算组或者依法设立的律师事务所、会计师事务所、破产清算事务所等社会中介机构。管理人应向人民法院报告工作，并接受债权人会议和债权人委员会的监督，且应当列席债权人会议，向债权人会议报告职务执行情况，回答询问。管理人应及时拟定破产财产变价方案，提交债权人会议讨论，适时变价出售破产财产。管理人需要履行下列主要职责：

（1）接管债务人的财产、印章和账簿、文书等资料；
（2）调查债务人财产状况，制作财产状况报告；
（3）决定债务人的内部管理事务；
（4）决定债务人的日常开支和其他必要开支；
（5）在第一次债权人会议召开之前，决定继续或者停止债务人的营业；
（6）管理和处分债务人的财产；
（7）代表债务人参加诉讼、仲裁或者其他法律程序；
（8）提议召开债权人会议等。

管理人在最后分配完成后，应当及时向人民法院提交破产财产分配报告，并提请人民法院裁定终结破产程序。管理人应持人民法院终结破产程序的裁定，向破产人的原登记机关办理注销登记，并于办理注销登记完毕的次日终止执行职务。

## 第二节　破产清算会计基本理论

破产清算会计基本理论包括破产清算会计及其目标、破产清算会计的基本假设、破产清算会计的会计原则、破产清算会计要素、破产清算会计的内容与程序。

## 一、破产清算会计及其目标

破产清算会计是财务会计的一个分支。它是以现有的各种会计方法为基础，依据破产法律制度，对破产资产、破产债务、破产净资产、破产损益等进行确认、计量、记录和报告的程序和方法。

破产清算会计的目标与一般财务会计不尽相同。一般财务会计的目标主要在于向企业的投资者、债权人及相关利益集团提供企业财务状况、经营成果以及现金流量情况等信息，以利于信息使用者做出投资和信贷的决策；而破产清算会计则主要关注破产企业财产资源的处理状况和结果，其目标是及时客观地向债务人、普通债权人、劳动债权人、破产管理人、政府部门及其他利益相关者提供破产企业资产变现、破产债务偿付等信息，监督破产程序实施的合法性、有效性和公平性，维护债权人的合法权益。

## 二、破产清算会计的基本假设

破产清算会计的基本假设与一般财务会计有不同之处，主要体现在：

### （一）会计主体假设

一旦企业被宣告破产，其对属于破产清算的财产便失去了保管和处分权。对破产资产的保管、清理、作价、处理和分配等事宜，以及在此过程中的民事活动和民事责任，全部由破产管理人负责。因此，一般意义上的会计主体将发生移位，即转移为破产管理人。企业进入破产清算状态以后，会计核算特定的空间范围和对象虽仍然是原企业，但实质上原来的会计主体已消失，只在形式上保持相同，这是因为：①原企业管理者已由破产管理人代替；②原经营管理目标已发生变化，从原来以盈利为目的转变为保护债权人利益最大化；③会计核算将从破产管理人的角度对企业清算业务进行计量、记录和报告。

### （二）终止经营假设

企业破产清算将会终止正常经营，进入清算状态，因此建立在持续经营基础上的财产、收益计量等会计方法，会计核算原则如历史成本计价原则、权责发生制原则等都发生变化。破产清算会计将在终止经营假设基础上进行资产的估价、变现和债务的偿还，采用一系列与持续经营假设不同的会计处理程序和方法、不同的计量基础和报告形式。

### （三）会计期间不确定假设

自企业被宣告破产之日起至破产程序终结，此期间为破产会计期间，这一会计期间具有不确定性。在这个不确定的期间内，将以整个清算过程作为一个单一的计算清算结果的会计期间。

破产清算会计期间是从人民法院依法宣告企业破产之日起至人民法院裁定宣告企业清算程序终结之日止所经历的时间；在清算期内完成一个记账、算账、报账的循环周期后即告终止。破产清算会计以整个清算过程作为一个单一的计算清算结果的会计期间,其会计核算是一次性的,时间长短取决于破产宣告的时日、破产清算程序实施期间,以及整个破产清算的进度,因此清算会计的会计期间长短不一,具有不确定性。

### (四)多种币值假设

企业进入破产程序后,尽管其会计核算仍采用货币单位,但因为资产要在短时间内变现,因此将以币值变动(变现值或可变现值)计价,破产会计对财产、债权及债务的确认、计量、记录和报告等大多采用清算价值或变现价值等,这种币值多元化是为了适应清算不同财产时计量的需要。

## 三、破产清算会计的会计原则

破产清算会计的会计原则与一般财务会计有一定的差异。一般财务会计的会计原则包括客观性、实质重于形式、相关性、一贯性、及时性、明晰性、配比、谨慎性、可比性、重要性、权责发生制、历史成本、划分收益性和资本性支出等。破产清算会计遵循财务会计的一般原则,但也有其特殊性,主要表现在:

**1. 合法性原则**

合法性原则指破产清算会计应依据《企业破产法》《公司法》《民法典》《民事诉讼法》等法律法规进行破产会计核算;整个破产清算过程要在人民法院的监督之下按照规范的程序进行。

**2. 收付实现制原则**

企业进入破产清算程序后,按照终止经营假设组织会计核算,不能采用可持续经营假设的权责发生制原则,而采用收付实现制,对收入和费用以实际收到现金或实际付出现金为标准加以确认。

**3. 可变现净值原则**

破产清算的资产要在短期内变现,应采用可变现净值进行重新计量,而不采用破产清算前的账面价值计量。对于破产企业资产负债表中不可变现的资产,如"待摊费用""长期待摊费用""待处理财产损溢"以及"固定资产清理"等,在计量时一次性作为损失处理。

**4. 划分破产费用与非破产费用原则**

企业在破产清算过程中会发生各种费用,包括破产财产管理、变卖费用,破产案件诉讼费用,债权人申报债权费用等,为此,应正确划分破产费用和非破产费用。凡是为破产债权人的共同利益而支付的费用,属于破产费用,由破产财产支付;凡是债权人为个人利益而支付的费用,属于非破产费用,不应由破产财产支付。

**5. 依序偿债原则**

在破产清算会计中，应依据《企业破产法》的有关规定，正确区分各种不同性质的债务，如担保债务、抵销债务、优先偿付债务、破产债务等，并分别按其债务与相应资产的对等关系，依据一定的顺序进行清偿。例如，以担保资产偿付担保债务，以抵销资产偿付抵销债务，以破产财产优先清偿优先偿付债务后，再偿付破产债务。

## 四、破产清算会计要素

### （一）资产

在破产清算会计下，资产按归属对象分为担保资产、抵销资产、受托资产、可追索资产、破产资产和其他资产。

**1. 担保资产**

担保资产是指根据法律或协议规定，为企业的债务提供担保，使债权人享有物资保证的资产。在企业进入破产清算状态后，债权人对于作为担保物的资产享有排他性受偿权，可以不经破产程序而优先于其他任何破产债权人接受清偿。因此，担保资产实际上是在符合一定条件下，支配权和处分权属于债权人而不是债务人的资产。担保资产包括抵押担保资产、质押担保资产和留置担保资产。

（1）抵押担保资产是指为企业债务提供抵押的特定资产。这种资产不为债权人所占有，但当企业不履行债务时，债权人有权依法将该资产折价或者以拍卖、变卖该资产的价款优先受偿。

（2）质押担保资产是指为企业的债务提供质押的动产。该资产由企业或第三人移交债权人占有，以担保债务的履行。当企业不履行债务时，债权人有权将该动产折价或者以拍卖、变卖该动产的价款优先受偿。

（3）留置担保资产是指按合同规定由债权人行使留置权的动产。该资产由债权人占有，当企业不按合同约定的期限履行债务时，债权人可以依法以该动产折价或者以拍卖、变卖该动产的价款优先受偿。

**2. 抵销资产**

抵销资产是指破产企业与债权人互为债权人、债务人时，以债权抵销债务的那部分资产。根据《企业破产法》的规定，债权人对破产企业负有债务的，可以在破产清算前抵销。从破产企业的角度来说，可以与债权人的债务相抵销的债权，应确认为抵销资产。需要注意的是，破产企业债权人行使抵销权中所涉及的债权债务必须是在破产宣告日之前成立的，且应由破产企业债权人一方在破产财产分配之前提出行使抵销权的申请。

**3. 受托资产**

受托资产是指破产企业在破产前接受其他企业的委托，代为加工、销售、保管，所有权属于其他企业的资产。

### 4. 可追索资产

可追索资产是指所有权属于破产企业，但由其他企业、个人非法占有或因破产企业发生《企业破产法》所特指的无效行为或欺诈行为而转移的资产，这部分资产应予追回，归入破产资产。

### 5. 破产资产

破产资产是指企业被宣告破产后，可以用来支付破产费用、偿付破产债务的资产。它是破产企业担保资产、抵销资产、受托资产以外的资产以及上述资产可变现净值高于相关债务的部分。

### 6. 其他资产

其他资产是指根据有关法律法规的规定，所有权属于国家、个人或社团组织的资产以及为满足社会保障需要而限定的资产等。

所有权属于国家的专有资产，如军事设施、装备，保卫部门的枪支、弹药，涉及国家机密的文件档案等，除国家以外，其他任何民事主体都只能享有对这些资产的合法使用权，而不享有处分权。

个人或社团组织的资产，如企业在破产前为了维持生产经营而向职工个人筹借的款项，应作为破产企业所欠职工工资处理；破产企业党、团、工会等社团组织的经费及所购置的资产，不应列为企业破产资产。

为满足社会保障需要而限定的资产，如破产企业的职工住房、学校、幼儿园、医院等公益福利性设施，应交由破产企业所在地的市或者市辖区、县的人民政府处理，但不再续办并能整体出让的，也可以计入企业破产资产。企业土地使用权的转让所得优先用于对破产企业职工的安置，如有剩余，列入企业破产资产，用于对破产债务的偿付。

另外，不具备清偿债务或变现能力的资产，如待摊费用、长期待摊费用、商誉、递延所得税资产等，进入破产程序后不再列作资产加以确认。

## （二）负债

在破产清算会计下，负债按其对资产要求权的不同分为担保债务、抵销债务、受托债务、次优先清偿债务、破产债务和其他债务。

### 1. 担保债务

担保债务是与担保资产相对应的债务，它也可以进一步分为抵押担保债务、质押担保债务和留置担保债务。

（1）抵押担保债务是企业（债务人）或第三人以财产抵押给债权人，以此为债务履行担保的债务。当债务人不履行偿债义务时，债权人可以依法将抵押物变卖或折价，使其债权优先得到偿付。

（2）质押担保债务是债务人或第三人将其动产移交债权人占有，以此为债务履行担保的债务。当债务人不履行偿债义务时，债权人有权依法将动产折价或变卖，使其债权优先得到偿付。

（3）留置担保债务是债权人按合同规定占有债务人的动产，以其为债务履行担保的债务。

**2. 抵销债务**

抵销债务是指与抵销资产相对应的债务。

**3. 受托债务**

受托债务是指与受托资产相对应的债务。

**4. 次优先清偿债务**

次优先清偿债务是根据《企业破产法》规定在偿还担保债务之后次优先偿付的债务，包括破产费用和共益债务；破产企业所欠职工的工资和医疗、伤残补助，抚恤费用，所欠的基本养老保险、基本医疗保险费用，以及法律、行政法规规定应当支付给职工的补偿金；破产企业欠缴的除前项规定以外的社会保险费用和破产人所欠税款。

其中，破产费用包括破产案件的诉讼费用，管理、变现和分配债务人财产的费用，管理人执行职务的费用、报酬和聘用工作人员的费用。

共益债务是指破产管理人在清算过程中为了债权人的共同利益而新增的各项债务，包括因管理人或者债务人请求对方当事人履行双方均未履行完毕的合同所产生的债务；债务人财产受无因管理所产生的债务；因债务人不当得利所产生的债务；为债务人继续营业而应支付的劳动报酬和社会保险费用以及由此产生的其他债务；管理人或者相关人员执行职务致人损害所产生的债务；债务人财产致人损害所产生的债务等。

**5. 破产债务**

破产债务是指按规定由破产企业以破产财产清偿的普通债务。它是破产企业担保债务、抵销债务、受托债务、次优先清偿债务以外的债务，以及上述债务高于相对应资产可变现价值的部分。

**6. 其他债务**

其他债务是指根据有关法律法规的规定，为满足社会保障等需要而发生的债务，如应支付的破产安置费用等。

不能确定为破产企业的债务以及不会导致现金流出或者其他经济利益减损的负债，如预提费用、递延所得税负债等，进入破产程序后均不确认为负债。

**（三）清算净资产**

清算净资产是指破产企业所有者权益净额，表现为资产可变现净值总额大于确定的债务总额的差额。

### （四）清算损益

清算损益是指破产企业破产清算期间所发生的收益与损失及费用相减后的余额，即清算损益＝清算收益－清算损失－清算费用。

**1. 清算收益**

清算收益是指破产财产在按可变现净值计价、重新确认债务中以及其他原因导致的资产价值的增加或负债金额的减少。具体包括以下内容。

（1）清算期间财产变现收益。破产管理人按照债权人会议通过的或者人民法院依法裁定的破产财产变价方案，变价出售财产的收入高于其账面价值的差额，即财产变现收益，如应收账款变现收益、存货变现收益、对外投资变现收益、固定资产变现收益、无形资产变现收益等。

（2）清算期间的财产盘盈收入。

（3）未履行完毕的合约产生的经营损益。

（4）清算期间因破产企业债务豁免而获得的收益。如破产清算期间由于债权人的影响导致破产企业的债务无法支付，或由于债权人在《企业破产法》规定的期限内未按期申报债权而依法消除的债务，以及破产企业在偿付债务过程中由于破产资产变现不足以清偿破产债务而依法形成的免责债务等。

（5）破产管理人追回的破产企业自人民法院受理破产案件前一年内至破产宣告之日，因隐匿私分或无偿转让财产、放弃债权等而转移的财产的价值。

**2. 清算损失**

清算损失是指在按可变现净值计价、重新确认债务时发生的资产价值的减少或负债金额的增加。具体包括：清算期间财产变现损失；清算期间因破产企业重新确认债务而产生的损失。

**3. 清算费用**

清算费用也称破产费用，是指在破产清算过程中合理预计的、为破产企业债权人的共同利益而从破产财产中支付的费用。根据我国《企业破产法》的规定，清算费用包括以下内容。

（1）破产案件诉讼费用是指破产管理人在破产案件审理过程中支付的费用，包括破产宣告公告费、破产案件受理费、破产债权调查费等。

（2）管理费用是指在管理、变价和分配债务人财产过程中支付的费用，包括破产管理人及其他参与清算人员的办公费、破产财产保管费、水电费、公证费、变卖财产的广告宣传费、场地租赁费，以及破产管理人为收回破产企业的债权，追回不法转移、隐匿的财产而支付的费用；破产管理人为继续履行破产企业原来未履行或未履行完毕的合同而支付的费用等。

（3）破产管理人执行职务的报酬，管理人聘请的会计师、审计师、律师和其他技术人员的聘用费，破产企业留守人员的工资和劳动保险费等。

### 五、破产清算会计的内容与程序

（1）接管破产企业的会计资料和其他文书档案，设置新账，并对破产企业的资产、负债按破产清算会计的要求进行再分类，结束旧账。

（2）全面清查破产企业的财产、债务，确认计量破产资产和破产债务，编制清查后资产负债表。

（3）变现清算资产，记录变现价值和变现损益。

（4）核算破产损益，包括清算费用、清算收益、清算损失和共益债务等。

（5）按法定顺序清偿破产债务，分配剩余资产。

（6）编制破产清算会计报表，结束清算工作。

## 第三节　破产清算的会计处理

### 一、全面清查破产企业资产及债务

破产管理人接管破产企业后，应以破产企业原资产负债表为基础，全面清查破产企业的资产、债务，并按破产清算会计的要求，确认与计量破产资产和破产债务，编制清查后的资产负债表。

【例 12-1】假设 A 公司因发生严重亏损，无法清偿到期债务而向法院申请破产，法院于 2019 年 1 月 1 日宣告该公司进入破产清算程序，并指定破产管理人接管企业。破产宣告日该公司资产负债表如表 12-1 所示。

表 12-1　A 公司资产负债表

2019 年 1 月 1 日　　　　　　　　　　　　　　　单位：元

| 资　产 | 金　额 | 负债及所有者权益 | 金　额 |
| --- | --- | --- | --- |
| 现金 | 3 000 | 短期借款 | 6 750 000 |
| 银行存款 | 300 000 | 应付票据 | 450 000 |
| 交易性金融资产 | 750 000 | 应付账款 | 3 000 000 |
| 应收账款（净额） | 750 000 | 应付职工薪酬 | 901 500 |
| 其他应收款 | 225 000 | 应交税费 | 316 500 |
| 存货 |  | 预提费用 | 300 000 |
| 　原材料 | 1 500 000 | 流动负债合计 | 11 718 000 |
| 　在产品 | 2 340 000 | 长期借款 | 7 800 000 |
| 　产成品 | 1 500 000 | 负债合计 | 19 518 000 |
| 待摊费用 | 300 000 |  |  |
| 流动资产合计 | 7 668 000 | 实收资本 | 6 000 000 |
| 固定资产原价 | 7 500 000 | 资本公积 | 0 |
| 减：累计折旧 | 4 650 000 | 盈余公积 | 750 000 |
| 在建工程 | 3 000 000 | 未分配利润 | −10 500 000 |
| 无形资产 | 2 250 000 | 所有者权益合计 | −3 750 000 |
| 　非流动资产合计 | 8 100 000 |  |  |
| 资产总计 | 15 768 000 | 负债及所有者权益总计 | 15 768 000 |

其他资料如下：

（1）短期借款以原材料和产成品担保，长期借款以固定资产担保。

（2）在存货清查中，发现材料短缺525 000元。

（3）破产清查中发现，固定资产中有一台设备已经报废，原价为300 000元，已提累计折旧240 000元，无残值。

（4）其他应收款系本公司职工出差借出，按规定可抵销职工应付工资。

（5）无形资产中有1 050 000元为商标权，其余为土地使用权。

要求：根据以上资料，对接管的A公司进行会计处理，并编制清查后的公司资产负债表。

（1）破产管理人根据破产宣告日资产负债表数据及有关财产担保等资料，将A公司资产、负债进行再分类，编制会计分录，并据以建立新账。

| | |
|---|---:|
| 借：担保资产——原材料 | 1 500 000 |
| ——产成品 | 1 500 000 |
| ——固定资产（净值） | 2 850 000 |
| 抵销资产——其他应收款 | 225 000 |
| 其他资产——破产安置资产 | 1 200 000 |
| 破产资产——现金 | 3 000 |
| ——银行存款 | 300 000 |
| ——交易性金融资产 | 750 000 |
| ——应收账款 | 750 000 |
| ——在产品 | 2 340 000 |
| ——在建工程 | 3 000 000 |
| 待摊费用 | 300 000 |
| 无形资产——商标权 | 1 050 000 |
| 贷：担保债务——短期借款 | 6 750 000 |
| ——长期借款 | 7 800 000 |
| 抵销债务——应付职工薪酬 | 225 000 |
| 次优先清偿债务——应付职工薪酬 | 676 500 |
| ——应交税费 | 316 500 |
| 破产债务——应付账款 | 3 000 000 |
| ——应付票据 | 450 000 |
| 预提费用 | 300 000 |
| 清算净资产 | −3 750 000 |

（2）根据财产清查情况，编制调整分录。

借：清算损益　　　　　　　　　　　　　　　　　　　　　　585 000
　　贷：担保资产——原材料　　　　　　　　　　　　　　　　525 000
　　　　　　　　——固定资产（净值）　　　　　　　　　　　 60 000

（3）将抵销资产与抵销负债对冲，会计分录为：
借：抵销债务——应付职工薪酬　　　　　　　　　　　　　225 000
　　贷：抵销资产——其他应收款　　　　　　　　　　　　　225 000

（4）核销没有变现价值的账面资产，会计分录为：
借：清算损益　　　　　　　　　　　　　　　　　　　　1 350 000
　　贷：待摊费用　　　　　　　　　　　　　　　　　　　　300 000
　　　　无形资产——商标权　　　　　　　　　　　　　　1 050 000

（5）注销不必用现金清偿的负债项目，会计分录为：
借：预提费用　　　　　　　　　　　　　　　　　　　　　300 000
　　贷：清算损益　　　　　　　　　　　　　　　　　　　　300 000

（6）在完成上述清查结果的账务处理之后，编制清查后的公司资产负债表（见表12-2）。

**表12-2　A公司破产清算资产负债表**

2019年1月1日　　　　　　　　　　　　　　　　　　　　　　　单位：元

| 资　产 | 账面金额 | 预计可变现金额 | 债务及清算净损益 | 账面金额 | 确认金额 |
|---|---|---|---|---|---|
| 担保资产 | | | 担保债务 | | |
| 原材料 | 975 000 | | 短期借款 | 6 750 000 | |
| 产成品 | 1 500 000 | | 长期借款 | 7 800 000 | |
| 固定资产(净值) | 2 790 000 | | 小计 | 14 550 000 | |
| 小计 | 5 265 000 | | 次优先清偿债务 | | |
| 其他资产 | | | 应付职工薪酬 | 676 500 | |
| 破产安置资产 | 1 200 000 | | 应交税费 | 316 500 | |
| 破产资产 | | | 小计 | 993 000 | |
| 现金 | 3 000 | | 破产债务 | | |
| 银行存款 | 300 000 | | 应付账款 | 3 000 000 | |
| 交易性金融资产 | 750 000 | | 应付票据 | 450 000 | |
| 应收账款 | 750 000 | | 小计 | 3 450 000 | |
| 在产品 | 2 340 000 | | 清算净资产 | -3 750 000 | |
| 在建工程 | 3 000 000 | | 清算损益 | -1 635 000 | |
| 小计 | 7 143 000 | | 小计 | -5 385 000 | |
| 资产总计 | 13 608 000 | | 债务及清算净损益总计 | 13 608 000 | |

## 二、变现破产资产，记录清算损益

破产资产变现是指破产管理人依据一定程序和方式变卖非货币性资产，并获取货币性资产的行为,它是破产清算业务中的重要环节。一般来说,对成套设备应整体变卖,以保持其整体效用。此外,对财产的变卖应在法律约束下和不破坏他人经营的前提下进行。

破产资产的变现方式主要有拍卖和出售两种。拍卖是指破产管理人将变卖资产委托给专门拍卖机构或临时成立拍卖机构,按合法的拍卖程序变现的方式。出售是指破产管理人按照资产的重新估价,与买主协商成交或委托其他企业代卖以变现的方式。对这些方式的选择,应与变卖对象、市场状况、债权人权益等相结合,灵活选择。

接【例12-1】 假设前述A公司在被破产管理人接管以后,资产陆续变卖,以清偿债务,至6月30日资产变现及清算损益情况如下。

(1) 原材料、在产品、产成品分别以900 000元、2 025 000元、1 500 000元出售。另收取增值税752 250元,均存入银行。

| | |
|---|---|
| 借:担保资产——银行存款 | 2 400 000 |
| 破产资产——银行存款 | 2 777 250 |
| 清算损益 | 390 000 |
| 贷:担保资产——原材料 | 975 000 |
| ——产成品 | 1 500 000 |
| 破产资产——在产品 | 2 340 000 |
| 次优先清偿债务——应交税费 | 752 250 |

(2) 担保的固定资产整体作价3 000 000元出售,款项存入银行。

| | |
|---|---|
| 借:担保资产——银行存款 | 3 000 000 |
| 贷:担保资产——固定资产 | 2 790 000 |
| 清算损益 | 210 000 |

(3) 应收账款收回600 000元,其余确认无法收回。

| | |
|---|---|
| 借:破产资产——银行存款 | 600 000 |
| 清算损益 | 150 000 |
| 贷:破产资产——应收账款 | 750 000 |

(4) 折价出售交易性金融资产,取得价款600 000元,款项存入银行。

| | |
|---|---|
| 借:破产资产——银行存款 | 600 000 |
| 清算损益 | 150 000 |
| 贷:破产资产——交易性金融资产 | 750 000 |

(5) 在清算过程中,发现A公司在破产宣告日之前3个月曾无偿转让一批设备,价值300 000元。此笔转让按《企业破产法》规定属于无效行为,应予追回,会计分录如下:

| | |
|---|---|
| 借:应追索资产——设备 | 300 000 |
| 贷:清算损益 | 300 000 |

(6) 将土地使用权以2 550 000元转让,款项存入银行。

| | | |
|---|---|---|
| 借：其他资产——银行存款 | 2 550 000 | |
| 　　贷：其他资产——破产安置资产 | | 1 200 000 |
| 　　　　清算损益 | | 1 350 000 |

（7）通过银行转账，从土地使用权转让所得中向再就业中心划转职工安置费 1 500 000 元。

| | | |
|---|---|---|
| 借：清算损益 | 1 500 000 | |
| 　　贷：其他资产——银行存款 | | 1 500 000 |

（8）通过银行转账，从土地使用权转让所得中支付养老、医疗社会保险 750 000 元，土地使用权转让金余款 300 000 元转作破产资产。

| | | |
|---|---|---|
| 借：清算损益 | 750 000 | |
| 　　破产资产——银行存款 | 300 000 | |
| 　　贷：其他资产——银行存款 | | 1 050 000 |

（9）将在建工程整体转让，收入 2 700 000 元，款项存入银行。

| | | |
|---|---|---|
| 借：破产资产——银行存款 | 2 700 000 | |
| 　　清算损益 | 300 000 | |
| 　　贷：破产资产——在建工程 | | 3 000 000 |

（10）应计处置固定资产、在建工程、无形资产等应缴纳的增值税、教育费附加等 435 000 元。

| | | |
|---|---|---|
| 借：清算损益 | 435 000 | |
| 　　贷：次优先清偿债务——应交税费 | | 435 000 |

（11）追回无效转让的设备价款 270 000 元，款项存入银行。

| | | |
|---|---|---|
| 借：破产资产——银行存款 | 270 000 | |
| 　　清算损益 | 30 000 | |
| 　　贷：应追索资产——设备 | | 300 000 |

（12）支付有关破产费用：清算期间职工生活费 150 000 元，破产企业水电费 15 000 元，破产财产拍卖广告费 187 500 元，诉讼费 240 000 元，审计评估费 52 500 元，财产保管费 22 500 元，债权人会议费 27 000 元，公证费 7 500 元，其他费用 30 000 元。

| | | |
|---|---|---|
| 借：清算费用 | 732 000 | |
| 　　贷：破产资产——银行存款 | | 732 000 |

## 三、清偿破产债务，分配剩余财产

破产债务的清偿可以有多种方式。一是中途清偿，指在破产清算的资产变现过程中，向已明确的债权人逐次地清偿分配已变现的破产财产，这有利于债权人及早受偿和破产财产效益的充分发挥，并可减轻破产管理人的负担和减少费用开支；二是终结清偿，指破产管理人将全部破产财产变现后，对所有债权人的债权进行一次性完结分配与清偿，这种方式简洁明了,有利于债权人会议监督,但时间较长,债权人不能及早受偿;三是追加分配与清偿,指终结清偿后,由人民法院主持将追回财产进行分配与清偿。

《企业破产法》规定的清偿分配顺序如下:

(1)对破产企业的特定财产享有担保权的权利人,对该特定财产享有优先受偿的权利,但债权人行使优先受偿权利未能完全受偿的,其未受偿的债权作为普通债权;而放弃优先受偿权利的,其债权作为普通债权。

(2)特定财产偿付担保债务后,优先清偿破产费用和共益债务。

(3)破产财产在优先清偿破产费用和共益债务后,依照下列顺序清偿:

①破产企业所欠职工的工资和医疗、伤残补助、抚恤费用,所欠的应当划入职工个人账户的基本养老保险、基本医疗保险费用,以及法律、行政法规规定的应当支付给职工的补偿金。破产企业的董事、监事和高级管理人员的工资按照该企业职工的平均工资计算。

②破产企业欠缴的除前项规定以外的社会保险费用和破产企业所欠税款。

③普通破产债权。

清偿分配时不允许越序实施,且只有在清偿完前一顺序的债务后,方能清偿后一顺序的债务。当清偿进行至某一顺序时,如果全部财产已清偿完毕,则破产程序即告结束,剩余顺序不再执行。如果破产财产不足以清偿同一顺序的清偿要求,则按照比例分配。如果破产企业资产大于负债,清偿分配后仍有剩余财产的,这部分财产应归企业所有者(股东),由所有者按投资比例进行清偿。

接【例 12-1】,假设至 6 月 30 日,公司在变卖了资产、支付了破产清算费用以后,债务清偿前资产负债表如表 12-3 所示。

**表 12-3 A 公司清算资产负债表**

2019 年 6 月 30 日             单位:元

| 资　　产 | 金　　额 | 债务及清算净损益 | 金　　额 |
| --- | --- | --- | --- |
| 担保资产 | | 担保债务 | |
| 银行存款 | 5 400 000 | 短期借款 | 6 750 000 |
| 破产资产 | | 长期借款 | 7 800 000 |
| 现金 | 3 000 | 小计 | 14 550 000 |
| 银行存款 | 6 815 250 | 次优先清偿债务 | |
| 小计 | 6 818 250 | 应付职工薪酬 | 676 500 |
| 清算费用 | 732 000 | 应交税费 | 1 503 750 |
| | | 小计 | 2 180 250 |
| | | 破产债务 | |
| | | 应付账款 | 3 000 000 |
| | | 应付票据 | 450 000 |
| | | 小计 | 3 450 000 |
| | | 清算净资产 | −3 750 000 |
| | | 清算损益 | −3 480 000 |
| | | 小计 | −7 230 000 |
| 资产总计 | 12 950 250 | 债务及清算净资产总计 | 12 950 250 |

其债务清偿情况如下。

（1）以担保资产（原材料及产成品）变现价值清偿担保债务（短期借款），不足清偿部分转为破产债务，会计分录为：

借：担保债务——短期借款　　　　　　　　　　　　　　　6 750 000
　　贷：担保资产——银行存款　　　　　　　　　　　　　　2 400 000
　　　　破产债务——短期借款　　　　　　　　　　　　　　4 350 000

（2）以担保资产（固定资产）变现价值清偿担保债务（长期借款），不足清偿部分转为破产债务，会计分录为：

借：担保债务——长期借款　　　　　　　　　　　　　　　7 800 000
　　贷：担保资产——银行存款　　　　　　　　　　　　　　3 000 000
　　　　破产债务——长期借款　　　　　　　　　　　　　　4 800 000

（3）以破产资产变现价值偿付所欠职工工资676 500元，会计分录为：

借：优先清偿债务——应付职工薪酬　　　　　　　　　　　　676 500
　　贷：破产资产——银行存款　　　　　　　　　　　　　　　676 500

（4）以破产资产变现价值缴纳所欠税金1 503 750元，会计分录为：

借：优先清偿债务——应交税费　　　　　　　　　　　　　1 503 750
　　贷：破产资产——银行存款　　　　　　　　　　　　　　1 503 750

（5）至9月1日，破产资产剩余银行存款4 635 000元，现金3 000元，不足清偿企业破产债务，应依法按比例清偿。

破产债务受偿比例＝破产资产余额/破产债务余额×100%
　　　　　　　　＝（4 635 000＋3 000）/（4 800 000＋4 350 000＋3 000 000＋
　　　　　　　　　450 000）×100%＝36.81%

据此计算A公司破产债务清偿金额如下：

长期借款清偿金额＝4 800 000×36.81%＝1 766 880（元）
短期借款清偿金额＝4 350 000×36.81%＝1 601 235（元）
应付账款清偿金额＝3 000 000×36.81%＝1 104 300（元）
应付票据清偿金额＝450 000×36.81%＝165 645（元）

上述合计金额为4 638 060元，比4 638 000元多了60元，应进行尾数调整。

以破产资产清偿上述破产债务，不足清偿部分按规定不再清偿，转入清算损益，会计分录为：

借：破产债务——长期借款　　　　　　　　　　　　　　　4 800 000
　　　　　　——短期借款　　　　　　　　　　　　　　　4 350 000
　　　　　　——应付账款　　　　　　　　　　　　　　　3 000 000
　　　　　　——应付票据　　　　　　　　　　　　　　　　450 000
　　贷：破产资产——银行存款　　　　　　　　　　　　　4 635 000
　　　　　　　　——现金　　　　　　　　　　　　　　　　　3 000
　　　　清算损益　　　　　　　　　　　　　　　　　　　7 962 000

（6）将"清算费用"账户余额转入"清算损益"，会计分录为：

借：清算损益　　　　　　　　　　　　　　　　　732 000
　　贷：清算费用　　　　　　　　　　　　　　　　　　732 000

（7）将"清算损益"及"清算净资产"账户结平，会计分录为：

借：清算损益　　　　　　　　　　　　　　　　3 750 000
　　贷：清算净资产　　　　　　　　　　　　　　　　3 750 000

将上述破产清算会计分录全部过账后，将会结平所有的资产、负债及损益账户，A公司破产清算记账工作到此结束。

## 第四节　破产清算会计报告

破产清算会计报告是综合反映被清算企业的清算过程和结果的一系列财务报表。破产管理人在清算期间应向人民法院、主管部门、债权人及投资者报送下列会计报告：破产清算资产负债表、破产清算财产表、破产清算损益表和破产债务清偿表。

### 一、破产清算资产负债表

破产清算资产负债表是全面反映破产企业的资产、负债、清算净资产和清算损益的报表。破产管理人应在破产清算开始日编制破产清算资产负债表。

××公司在破产清算开始日的破产清算资产负债表如表12-4所示。

表12-4　××公司破产清算资产负债表

2019年×月×日　　　　　　　　　　　　　　　　　　　　单位：元

| 资　产 | 账面金额 | 预计可变现金额 | 债务及清算净损益 | 账面金额 | 确认数 |
| --- | --- | --- | --- | --- | --- |
| 担保资产 | | | 担保债务 | | |
| 原材料 | | | 短期借款 | | |
| 产成品 | | | 长期借款 | | |
| 固定资产（净值） | | | 小计 | | |
| 小计 | | | 优先清偿债务 | | |
| 其他资产 | | | 应付职工薪酬 | | |
| 破产安置资产 | | | 应交税费 | | |
| 破产资产 | | | 小计 | | |
| 现金 | | | 破产债务 | | |
| 银行存款 | | | 应付账款 | | |
| 交易性金融资产 | | | 应付票据 | | |
| 应收账款 | | | 小计 | | |
| 在产品 | | | 清算净资产 | | |
| 在建工程 | | | 清算损益 | | |
| 小计 | | | | | |
| 资产总计 | | | 债务及清算净损益 | | |

表中的"账面金额"栏反映破产企业破产清算日的资产、负债、破产清算净资产，以及清算净损益的账面金额。该栏应根据破产管理人接管日企业编制的资产负债表中的有关资料，并在全面清理的基础上按照破产资产、非破产资产、破产债务、非破产债务和清算净资产的确认标准进行确认后填列。

"预计可变现金额"栏反映在破产清算日破产企业的各项资产的可出售价格或可抵偿债务的金额。该栏应在由专门的资产评估机构运用专门的计量方法，对每种资产进行充分分析的基础上填列。

"确认数"栏反映在债务清理过程中重新确认债务的金额。该栏应在各种债务的账面金额的基础上，扣除因债权人原因而无须偿付的债务额，加上依据有关法律规定而增加的债务额后计算而得，它可以根据破产债务、非破产债务、清算净资产得到确认后的各账户的余额直接填列。

另外，在破产清算资产负债表附注中应进一步说明资产可实现金额及债务金额的确定方法和依据、有争议资产和债务的具体情况以及未列作资产和债务的具体情况等。

## 二、破产清算财产表

破产清算财产表是反映破产清算企业财产的期初账面金额、预计可变现金额、实际变现金额以及实际变现损益的报表，它是破产清算资产负债表的附表。其基本格式如表12-5所示。

**表12-5　××公司破产清算财产表**

2019年×月×日　　　　　　　　　　　　　　　　　　　单位：元

| 项　目 | 期初账面金额 | 预计可变现金额 | 实际变现金额 | 实际变现损益 |
|---|---|---|---|---|
| 担保资产 | | | | |
| 　有价证券 | | | | |
| 　房屋 | | | | |
| 　设备 | | | | |
| 　原材料 | | | | |
| 　产成品 | | | | |
| | | | | |
| 破产资产 | | | | |
| 　现金 | | | | |
| 　银行存款 | | | | |
| 　有价证券 | | | | |
| 　应收账款 | | | | |
| 　应收票据 | | | | |
| 　原材料 | | | | |
| 　产成品 | | | | |
| 　房屋 | | | | |
| 　设备 | | | | |
| 　土地使用权 | | | | |
| 　专利权 | | | | |
| | | | | |

表中的"期初账面金额"栏反映企业破产清算开始日各项资产的账面价值，该栏根据破产清算开始日确认的各项破产资产和非破产资产的账面价值填列。

"预计可变现金额"栏反映企业各项资产预计可变现的价值，该栏根据有关评估机构及破产管理人的评估结果填列。

"实际变现金额"栏反映企业各项资产实际已变现金额，该栏根据各项资产账簿中所记录的实际变现结果填列。

"实际变现损益"栏反映企业各项资产账面价值与实际变现价值的差额。

## 三、破产清算损益表

破产清算损益表是反映企业在破产清算期间所发生的清算收益、清算损失、清算费用以及最终结果的报表，一般在破产清算结束时编制。

前述 A 公司破产清算损益表如表 12-6 所示。

**表 12-6　A 公司破产清算损益表**

2019 年×月×日　　　　　　　　　　　　　　　单位：元

| 项　　　目 | 金　　额 |
| --- | --- |
| 清算收益 | |
| 　预提费用核销 | |
| 　固定资产溢价 | |
| 　土地使用权溢价 | |
| 　追回设备 | |
| 　小计 | |
| 清算损失 | |
| 　财产盘亏与报废 | |
| 　无价值资产核销 | |
| 　应收账款损失 | |
| 　有价证券折价损失 | |
| 　存货折价 | |
| 　在建工程折价 | |
| 　职工安置支出 | |
| 　增值税等 | |
| 　小计 | |
| 清算费用 | |
| 　诉讼费 | |
| 　审计评估费 | |
| 　拍卖广告费 | |
| 　水电费 | |
| 　债权人会议费 | |
| 　管理人报酬 | |
| 　留守人员薪酬 | |
| 　其他 | |
| 　小计 | |
| 清算损益 | |

表中的"清算收益"项目反映在资产处置过程中取得的资产变卖收入超过资产的账面价值所形成的收益、重新确认债务时产生的负债的减少金额以及由于其他因素而增加的收益。该项目根据"清算收益"账户的贷方发生额分析填列。

"清算损失"项目反映在资产处置过程中取得的资产变卖收入小于资产的账面价值所发生的损失、不能收回的应收款项、重新确认债务时产生的负债增加金额以及由于其他因素而发生的损失。该项目根据"清算损益"账户的借方发生额分析填列。

"清算费用"项目反映在破产清算过程中所发生的破产清算费用。该项目根据"清算费用"账户的借方发生额分析填列。

"清算损益"项目反映破产清算期间的清算结果,它等于清算收益减去清算损失和清算费用之后的余额。

## 四、破产债务清偿表

破产企业债务清偿表是反映破产企业清偿各类债务情况的报表。

以 A 公司为例,其破产债务清偿表如表 12-7 所示。

**表 12-7　A 公司破产债务清偿表**

2019 年×月×日　　　　　　　　　　　　　　　　单位:元

| 项　　目 | 账面数 | 确认数 | 偿还比例 | 实际需偿还数 | 累计偿还数 | 尚未偿还数 |
|---|---|---|---|---|---|---|
| 担保债务 | | | | | | |
| 短期借款 | | | | | | |
| 其中:××银行 | | | | | | |
| 长期借款 | | | | | | |
| 其中:××银行 | | | | | | |
| 优先清偿债务 | | | | | | |
| 清算费用 | | | | | | |
| 应付职工薪酬 | | | | | | |
| 应交税费 | | | | | | |
| 小计 | | | | | | |
| 破产债务 | | | | | | |
| 应付账款 | | | | | | |
| 其中:××公司 | | | | | | |
| 应付票据 | | | | | | |
| 其中:××公司 | | | | | | |
| 债务合计 | | | | | | |

表中"账面数"栏,根据企业破产清算开始日的账面金额填列。

"确认数"栏,根据破产债务和非破产债务重新确认后的金额填列。

"偿还比例"栏,根据破产企业不同的债务偿还情况分别填列,其中担保债务偿还比例应同时考虑以担保资产偿还和以破产资产偿还两个部分。

"实际需偿还数"栏，分别以各项债务的确认数乘以其偿还比例计算填列。

"累计偿还数"栏，根据各项债务的累计实际偿还金额填列。

"尚未偿还数"栏，以各项债务的实际需偿还数减去累计偿还数填列。

破产清算会计报告编好以后，破产管理人应将其连同接收的会计账册、在清算期间形成的会计档案等一并移交破产企业的业务主管部门或者人民法院，由业务主管部门或者人民法院指定有关单位保存。会计档案保管要求和保管期限应当符合《会计档案管理办法》的规定。

最后，破产管理人应向破产企业原登记机关办理注销登记并解散破产管理人和债权人会议及债权人委员会，破产企业的破产清算工作宣告结束。

### 思考题

1. 企业破产的类型有哪两种？各有什么特点？
2. 企业破产的原因是什么？其特征如何？
3. 简述企业破产清算的基本程序。
4. 如何确认与计量破产企业的破产资产与非破产资产？
5. 如何确认与计量破产企业的破产债务与非破产债务？
6. 如何确认与计量破产企业的清算损益？破产企业债务的清偿顺序如何？
7. 说明破产清算的会计处理程序。
8. 如何编制破产清算会计的会计报告？

# 第十三章 政府补助

【学习目标】

1. 理解政府补助的定义、特征及分类。
2. 掌握政府补助的会计处理方法。
3. 了解政府补助的列报方式。

案例引导：3487家A股上市公司获政府补助究竟有何利弊？

一个国家的政府向企业提供经济支持，以鼓励或扶持特定行业、地区或领域的发展，是政府进行宏观调控的重要手段。通过学习政府补助相关内容，有利于引导学生理解我国新发展理念和共同富裕理念，让学生思考：伴随着我国经济进入新发展阶段，改革开放进入深水区，贯彻和注重企业高质量发展战略的重要意义。在学习和理解本章内容时，应当特别关注政府补助的定义及其特征，因为并不是所有来源于政府的经济资源都属于《企业会计准则第16号——政府补助》（以下简称政府补助准则）规范的政府补助，除政府补助外，还可能是政府对企业的资本性投入或者政府购买服务所支付的对价。因此，要根据交易或者事项的实质对来源于政府的经济资源所归属的类型做出判断，再进行相应的会计处理。

## 第一节 政府补助概述

### 一、政府补助的定义

根据政府补助准则的规定，政府补助是指企业从政府无偿取得货币性资产或非货币性资产。其主要形式包括政府对企业的无偿拨款、税收返还、财政贴息，以及无偿给予的非货币性资产等。通常情况下，直接减征、免征、增加计税抵扣额、抵免部分税额等不涉及资产直接转移的经济资源，不适用政府补助准则。但是，部分减免税款需要按照政府补助准则进行会计处理。例如，属于一般纳税人的加工型企业根据税法规定招用自主就业退役士兵，并按定额扣减增值税的，应当将减征的税额计入当期损益，借记"应交税费——应交增值税（减免税额）"科目，贷记"其他收益"科目。还需要说明的是，增值税出口退税不属于政府补助。根据税法规定，在对出口货物取得的收入免征增值税的同时，退付出口货物前道环节发生的进项税额。增值税出口退税实际上是政府退回企业事先垫付的进项税，因此不属于政府补助。

### 二、政府补助的特征

政府补助具有如下特征：

**1. 政府补助是来源于政府的经济资源**

政府主要是指行政事业单位及类似机构。对企业收到的来源于其他方的补助,如有确凿证据表明政府是补助的实际拨付者,其他方只是起到代收代付的作用,则该项补助也属于来源于政府的经济资源。例如,某集团公司母公司收到一笔政府补助款,有确凿证据表明该补助款实际的补助对象为该母公司下属子公司,母公司只是起到代收代付作用,在这种情况下,该补助款属于对子公司的政府补助。

**2. 政府补助是无偿的**

企业取得来源于政府的经济资源,不需要向政府交付商品或服务等对价。无偿性是政府补助的基本特征。这一特征将政府补助与政府作为企业所有者投入的资本、政府购买服务等互惠性交易区别开来。

如以企业所有者身份向企业投入资本,享有相应的所有权权益,政府与企业之间是投资者与被投资者的关系,属于互惠性交易。

企业从政府取得的经济资源,如果与企业销售商品或提供劳务等活动密切相关,且来源于政府的经济资源是企业商品或服务的对价或者是对价的组成部分,应当按照《企业会计准则第14号——收入》的规定进行会计处理,不适用政府补助准则。需要说明的是,政府补助通常附有一定条件,这与政府补助的无偿性并无矛盾,只是政府为了推行其宏观经济政策,对企业使用政府补助的时间、使用范围和方向进行了限制。

**【例13-1】** 甲企业是一家生产和销售高效照明产品的企业。国家为了支持高效照明产品的推广使用,通过统一招标的形式确定中标企业、高效照明产品及其中标协议供货价格。甲企业作为中标企业,需以中标协议供货价格减去财政补贴资金后的价格将高效照明产品销售给终端用户,并按照高效照明产品实际安装数量、中标供货协议价格、补贴标准,申请财政补贴资金。2×15年度,甲企业因销售高效照明产品获得财政资金5 000万元。

此例中,甲企业虽然取得财政补贴资金,但最终受益人是从甲企业购买高效照明产品的大宗用户和城乡居民,相当于政府以中标协议供货价格从甲企业购买了高效照明产品,再以中标协议供货价格减去财政补贴资金后的价格将产品销售给终端用户。实际操作时,政府并没有直接从事高效照明产品的购销,但以补贴资金的形式通过甲企业的销售行为实现了政府推广使用高效照明产品的目标。对于甲企业而言,销售高效照明产品是其日常经营活动,甲企业仍按照中标协议供货价格销售了产品,其销售收入由两部分构成:一是终端用户支付的购买价款,二是财政补贴资金,财政补贴资金是甲企业产品对价的组成部分。可见,甲企业收到的补贴资金5 000万元应当按照收入准则的规定进行会计处理。

**【例13-2】** 2×15年2月,乙企业与所在城市的开发区人民政府签订了项目合作投资协议,实施"退城进园"技改搬迁。根据协议,乙企业在开发区内投资约4亿元建设电子信息设备生产基地。生产基地占地面积400亩,该宗项目用地按开发区工业用地基准地价挂牌出让,乙企业摘牌并按挂牌出让价格缴纳土地款及相关税费4 800万元。乙企业自开工之日起须在18个月内完成搬迁工作,从原址搬迁至开发区,同时将乙企业位于城区繁华地段的原址用地（200亩，按照所在地段工业用地基准地价评估为1亿元）移交给开发区政府收储，开发区政府将向乙企业支付补偿资金1亿元。

本例中，为实施"退城进园"技改搬迁，乙企业将其位于城区繁华地段的原址用地移交给开发区政府收储，开发区政府为此向乙企业支付补偿资金1亿元。由于开发区政府对乙企业的搬迁补偿是基于乙企业原址用地的公允价值确定的，实质上是政府按照相应资产的市场价格向企业购买资产，企业从政府取得的经济资源是企业让渡其资产的对价，双方的交易是互惠性交易，不符合政府补助无偿性的特点，因此乙企业收到的1亿元搬迁补偿资金不应作为政府补助处理，而应作为处置非流动资产的收入。

【例13-3】 丙企业是一家生产和销售重型机械的企业。为推动科技创新，丙企业所在地政府于2×15年8月向丙企业拨付了3 000万元资金，要求丙企业将这笔资金用于技术改造项目研究，研究成果归丙企业享有。

本例中，丙企业的日常经营活动是生产和销售重型机械，其从政府取得了3 000万元资金用于研发支出，且研究成果归丙企业享有。因此，这项财政拨款具有无偿性，丙企业收到的3 000万元资金应当按照政府补助准则的规定进行会计处理。

## 三、政府补助的分类

确定了来源于政府的经济利益属于政府补助后，还应当对其进行恰当的分类。根据政府补助准则规定，政府补助应当划分为与资产相关的政府补助和与收益相关的政府补助，这是因为两类政府补助给企业带来经济利益或者弥补相关成本或费用的形式不同，从而在具体账务处理上存在差别。

**1. 与资产相关的政府补助**

与资产相关的政府补助，是指企业取得的、用于购建或以其他方式形成长期资产的政府补助。通常情况下，相关补助文件会要求企业将补助资金用于取得长期资产。长期资产将在较长的期间内给企业带来经济利益，会计上有两种处理方法可供选择，一是将与资产相关的政府补助确认为递延收益，随着资产的使用而逐步结转计入损益；二是将补助冲减资产的账面价值，以反映长期资产的实际取得成本。

**2. 与收益相关的政府补助**

与收益相关的政府补助，是指除与资产相关的政府补助之外的政府补助。此类补助主要是用于补偿企业已发生或即将发生的费用或损失。受益期相对较短，所以通常在满足补助所附条件时计入当期损益或冲减相关成本。

# 第二节 政府补助的会计处理

## 一、会计处理方法

根据政府补助准则的规定，政府补助同时满足下列条件的，才能予以确认：一是企业能够满足政府补助所附条件；二是企业能够收到政府补助。在计量方面，政府补助为货币性资产的，应当按照收到或应收的金额计量。如果企业已经实际收到补助资金，应当按照实际收到的金额计量；如果资产负债表日企业尚未收到补助资金，但企业在符合了相关政策规定后就相应获得了收款权，且与之相关的经济利益很可能流入企业，企业应当在这项补助成为应收款时按照应收的金额计量。政府补助为非货币性资产的，应当按照公允价值计量；公允价值不能可靠取得的，按照名义金额计量。

政府补助有两种会计处理方法：一是总额法，在确认政府补助时将政府补助全额确认为收益，而不是作为相关资产账面价值或者费用的扣减；二是净额法，将政府补助作为相关资产账面价值或所补偿费用的扣减。根据《企业会计准则——基本准则》的要求，同一企业不同时期发生的相同或者相似的交易或者事项，应当采用一致的会计政策，不得随意变更。确需变更的，应当在附注中说明。企业应当根据经济业务的实质，判断对某一类政府补助业务应当采用总额法还是净额法，通常情况下，对同类或类似政府补助业务只能选用一种方法，同时，企业对该业务应当一贯地运用该方法，不得随意变更。

与企业日常活动相关的政府补助，应当按照经济业务实质，计入其他收益或冲减相关成本费用。与企业日常活动无关的政府补助，计入营业外收支。通常情况下，若政府补助补偿的成本费用是营业利润之中的项目，或该补助与日常销售等经营行为密切相关，如增值税即征即退等，则认为该政府补助与日常活动相关。企业选择总额法对与日常活动相关的政府补助进行会计处理的，应增设"其他收益"科目进行核算。"其他收益"科目核算总额法下与日常活动相关的政府补助以及其他与日常活动相关且应直接计入本科目的项目。对于总额法下与日常活动相关的政府补助，企业在实际收到或应收时，或者将先确认为"递延收益"的政府补助分摊计入损益，借记"银行存款""其他应收款""递延收益"等科目，贷记"其他收益"科目。

## 二、与资产相关的政府补助

实务中，企业通常先收到补助资金，再按照政府要求将补助资金用于购建固定资产或无形资产等长期资产。企业在收到补助资金时，有两种会计处理方法可供选择：一是总额法，即按照补助资金的金额借记有关资产科目，贷记"递延收益"科目；然后在相关资产使用寿命内按合理、系统的方法分期计入损益。如果企业先收到补助资金，再购建长期资产，则应当在开始对相关资产计提折旧或摊销时将递延收益分期计入损益；如果企业先开始购建长期资产，再收到补助资金，则应当在相关资产的剩余使用寿命内按照合理、系统的方法将递延收益分期计入损益。企业对与资产相关的政府补助选择总额法后，为避免出现前后方法不一致的情况，结转递延收益时不得冲减相关成本费用，而是将递延收益分期转入其他收益或营业外收入，借记"递延收益"科目，贷记"其他收益"或"营业外收入"科目。相关资产在使用寿命结束时或结束前被处置（出售、转让、报废等），尚未分摊的递延收益余额应当一次性转入资产处置当期的损益，不再予以递延。二是净额法，将补助冲减相关资产账面价值，企业按照扣减了政府补助后的资产价值对相关资产计提折旧或进行摊销。

实务中存在政府无偿给予企业长期非货币性资产的情况,如无偿给予的土地使用权和天然起源的天然林等。对无偿给予的非货币性资产,企业在收到时,应当按照公允价值借记有关资产科目,贷记"递延收益"科目,在相关资产使用寿命内按合理、系统的方法分期计入损益,借记"递延收益"科目,贷记"其他收益"或"营业外收入"科目。对以名义金额(1元)计量的政府补助,在取得时计入当期损益。

【例13-4】 按照国家有关政策,企业购置环保设备可以申请补贴以补偿其环保支出。丁企业于2×18年1月向政府有关部门提交了210万元的补助申请,作为对其购置环保设备的补贴。2×18年3月15日,丁企业收到了政府补贴款210万元。2×18年4月20日,丁企业购入不需要安装的环保设备,实际成本为480万元,使用寿命为10年,采用直线法计提折旧(不考虑净残值)。2×26年4月,丁企业的这台设备发生毁损。本例中不考虑相关税费。

丁企业的账务处理如下。

方法一:丁企业选择总额法进行会计处理

(1)2×18年3月15日实际收到财政拨款,确认递延收益:

借:银行存款　　　　　　　　　　　　　　　　　　　　　2 100 000
　　贷:递延收益　　　　　　　　　　　　　　　　　　　　　　2 100 000

(2)2×18年4月20日购入设备:

借:固定资产　　　　　　　　　　　　　　　　　　　　　4 800 000
　　贷:银行存款　　　　　　　　　　　　　　　　　　　　　　4 800 000

(3)自2×18年5月起每个资产负债表日(月末)计提折旧,同时分摊递延收益:

①计提折旧(假设该设备用于污染物排放测试,折旧费用计入制造费用):

借:制造费用　　　　　　　　　　　　　　　　　　　　　40 000
　　贷:累计折旧　　　　　　　　　　　　　　　　　　　　　　40 000

②分摊递延收益(月末):

借:递延收益　　　　　　　　　　　　　　　　　　　　　17 500
　　贷:其他收益　　　　　　　　　　　　　　　　　　　　　　17 500

(4)2×26年4月设备毁损,同时转销递延收益余额:

①设备毁损:

借:固定资产清理　　　　　　　　　　　　　　　　　　　960 000
　　累计折旧　　　　　　　　　　　　　　　　　　　　3 840 000
　　贷:固定资产　　　　　　　　　　　　　　　　　　　　　　4 800 000

借:营业外支出　　　　　　　　　　　　　　　　　　　　960 000
　　贷:固定资产清理　　　　　　　　　　　　　　　　　　　　960 000

②转销递延收益余额:

借:递延收益　　　　　　　　　　　　　　　　　　　　　420 000
　　贷:营业外收入　　　　　　　　　　　　　　　　　　　　　420 000

第十三章　政府补助

方法二：丁企业选择净额法进行会计处理

（1）2×18年3月15日实际收到财政拨款：

| | |
|---|---:|
| 借：银行存款 | 2 100 000 |
| 　　贷：递延收益 | 2 100 000 |

（2）2×18年4月20日购入设备：

| | |
|---|---:|
| 借：固定资产 | 4 800 000 |
| 　　贷：银行存款 | 4 800 000 |
| 借：递延收益 | 2 100 000 |
| 　　贷：固定资产 | 2 100 000 |

（3）自2×18年5月起每个资产负债表日（月末）计提折旧：

| | |
|---|---:|
| 借：制造费用 | 22 500 |
| 　　贷：累计折旧 | 22 500 |

（4）2×26年4月设备毁损：

| | |
|---|---:|
| 借：固定资产清理 | 540 000 |
| 　　累计折旧 | 2 160 000 |
| 　　贷：固定资产 | 2 700 000 |
| 借：营业外支出 | 540 000 |
| 　　贷：固定资产清理 | 540 000 |

## 三、与收益相关的政府补助

对于与收益相关的政府补助，企业应当选择采用总额法或净额法进行会计处理。选择总额法的，应当计入其他收益或营业外收入。选择净额法的，应当冲减相关成本费用或营业外支出。

（1）用于补偿企业以后期间的相关成本费用或损失的政府补助，在收到时应当先判断企业能否满足政府补助所附条件。根据政府补助准则的规定，只有满足政府补助确认条件的才能予以确认。客观情况通常表明企业能够满足政府补助所附条件的，企业应当将补助确认为递延收益，并在确认相关费用或损失的期间，计入当期损益或冲减相关成本。

**【例13-5】** 甲企业于2×14年3月15日与企业所在地地方政府签订合作协议，根据协议约定，当地政府将向甲企业提供1 000万元奖励资金，用于企业的人才激励和人才引进奖励，甲企业必须按年向当地政府报送详细的资金使用计划并按规定用途使用资金。协议同时还约定，甲企业自获得奖励起10年内注册地址不迁离本区，否则政府有权追回奖励资金。甲企业于2×14年4月10日收到1 000万元补助资金，分别在2×14年12月、2×15年12月、2×16年12月使用了400万元、300万元和300万元，用于发放给总裁级别类高管年度奖金。

本例中，甲企业在实际收到补助资金时应当先判断是否满足递延收益确认条件。如果客观情况表明甲企业在未来10年内离开该地区的可能性很小，比如通过成本效益分析认为甲企业迁离该地区的成本大大高于收益,则甲企业在收到补助资金时应当计入"递延收益"科目,实际按规定用途使用补助资金时,再计入当期损益。

甲企业选择净额法对此类补助进行会计处理,其账务处理如下。

(1) 2×14年4月10日甲企业实际收到补贴资金:

借:银行存款　　　　　　　　　　　　　　　　　　　　　　10 000 000
　　贷:递延收益　　　　　　　　　　　　　　　　　　　　　10 000 000

(2) 2×14年12月、2×15年12月、2×16年12月甲企业将补贴资金用于发放高管奖金,相应结转递延收益:

①2×14年12月:

借:递延收益　　　　　　　　　　　　　　　　　　　　　　　4 000 000
　　贷:管理费用　　　　　　　　　　　　　　　　　　　　　　4 000 000

②2×15年12月:

借:递延收益　　　　　　　　　　　　　　　　　　　　　　　3 000 000
　　贷:管理费用　　　　　　　　　　　　　　　　　　　　　　3 000 000

③2×16年12月:

借:递延收益　　　　　　　　　　　　　　　　　　　　　　　3 000 000
　　贷:管理费用　　　　　　　　　　　　　　　　　　　　　　3 000 000

如果甲企业在收到补助资金时暂时无法确定能否满足政府补助所附条件(即在未来10年内不得离开该地区),则应当将收到的补助资金先记入"其他应付款"科目,待客观情况表明企业能够满足政府补助所附条件后再转入"递延收益"科目。

(2) 用于补偿企业已发生的相关成本费用或损失的政府补助,直接计入当期损益或冲减相关成本费用。这类补助通常与企业已经发生的行为有关,是对企业已发生的成本费用或损失的补偿,或是对企业过去行为的奖励。

【例13-6】 乙企业销售其自主开发生产的动漫软件,按照国家有关规定,该企业的这种产品适用增值税即征即退政策,按17%的税率征收增值税后,对其增值税实际税负超过3%的部分,实行即征即退。乙企业2×17年8月在进行纳税申报时,对归属于7月的增值税即征即退提交退税申请,经主管税务机关审核后的退税额为10万元。软件企业即征即退增值税属于与企业的日常销售密切相关,属于与企业日常活动相关的政府补助。乙企业2×17年8月申请退税并确定了增值税退税额,账务处理如下:

借:其他应收款　　　　　　　　　　　　　　　　　　　　　　100 000
　　贷:其他收益　　　　　　　　　　　　　　　　　　　　　　100 000

【例13-7】 丙企业于2×15年11月遭受重大自然灾害,并于2×15年12月20日收到了政府补助资金200万元。

2×15年12月20日,丙企业实际收到补助资金并选择按总额法进行会计处理,其账务处理如下:

借：银行存款　　　　　　　　　　　　　　　　　　　　　　2 000 000
　　贷：营业外收入　　　　　　　　　　　　　　　　　　　　　2 000 000

【例 13-8】 丁企业是集芳烃技术研发、生产于一体的高新技术企业。芳烃的原料是石脑油。石脑油按成品油项目在生产环节征收消费税。根据国家有关规定，对使用燃料油、石脑油生产乙烯芳烃的企业购进并用于生产乙烯、芳烃类化工产品的石脑油、燃料油，按实际耗用数量退还所含消费税。假设丁企业购买的石脑油单价为 5 333 元/吨（其中，消费税为 2 105 元/吨）。本期将 115 吨石脑油投入生产，石脑油转换率为 1.15：1（即 1.15 吨石脑油可生产 1 吨乙烯芳烃），共生产乙烯芳烃 100 吨。丁企业根据当期产量及所购原料供应商的消费税证明，申请退还相应的消费税。当期应退消费税为 242 075（100×1.15×2 105＝242 075）元，丁企业在期末结转存货成本和主营业务成本之前，账务处理如下：

借：其他应收款　　　　　　　　　　　　　　　　　　　　　　242 075
　　贷：生产成本　　　　　　　　　　　　　　　　　　　　　　　242 075

## 四、政府补助的退回

已计入损益的政府补助需要退回的，应当在需要退回的当期分情况按照以下规定进行会计处理：①初始确认时冲减相关资产账面价值的，调整资产账面价值；②存在相关递延收益的，冲减相关递延收益账面余额，超出部分计入当期损益；③属于其他情况的，直接计入当期损益。此外，对于属于前期差错的政府补助退回，应当按照前期差错更正进行追溯调整。

【例 13-9】 接【例 13-4】，假设 2×19 年 5 月，有关部门在对丁企业的检查中发现，丁企业不符合申请补助的条件，要求丁企业退回补助款。丁企业于当月退回了补助款 210 万元。

丁企业的账务处理如下：

方法一：丁企业选择总额法进行会计处理，应当结转递延收益，并将超出部分计入当期损益。因为以前期间计入其他收益，所以本例中这部分退回的补助冲减应退回当期的其他收益。

2×19 年 5 月丁企业退回补助款时：

借：递延收益　　　　　　　　　　　　　　　　　　　　　　1 890 000
　　其他收益　　　　　　　　　　　　　　　　　　　　　　　210 000
　　贷：银行存款　　　　　　　　　　　　　　　　　　　　　2 100 000

方法二：丁企业选择净额法进行会计处理，应当视同一开始就没有收到政府补助，调整固定资产的账面价值，将实际退回金额与账面价值调整数之间的差额计入当期损益。因为本例中以前期间实际冲减了制造费用，所以本例中这部分退回的补助补记退回当期的制造费用。

2×19 年 5 月丁企业退回补助款时：

| | |
|---|---:|
| 借：固定资产 | 1 890 000 |
| 　　制造费用 | 210 000 |
| 　贷：银行存款 | 2 100 000 |

【例13-10】甲企业于2×14年11月与某开发区政府签订合作协议，在开发区内投资设立生产基地。协议约定，开发区政府自协议签订之日起6个月内向甲企业提供300万元产业补贴资金用于奖励该企业在开发区内投资，甲企业自获得补贴起5年内注册地址不迁离本区。如果甲企业在此期限内提前搬离开发区，开发区政府允许甲企业按照实际留在本区的时间保留部分补贴，并按剩余时间追回补贴资金。甲企业于2×15年1月3日收到补贴资金。

假设甲企业在实际收到补助资金时，客观情况表明甲企业在未来5年内搬离开发区的可能性很小，甲企业应当在收到补助资金时将其计入"递延收益"科目。由于协议约定如果甲企业提前搬离开发区，开发区政府有权追回部分补助，说明企业每留在开发区内一年，就有权取得与这一年相关的补助，与这一年补助有关的不确定性基本消除，补贴收益得以实现，因此甲企业应当将该补助在5年内平均摊销结转计入损益。

甲企业的账务处理如下：

（1）2×15年1月3日甲企业实际收到补贴资金：

| | |
|---|---:|
| 借：银行存款 | 3 000 000 |
| 　贷：递延收益 | 3 000 000 |

（2）2×15年12月31日及以后年度，甲企业分期将递延收益结转入当期损益：

| | |
|---|---:|
| 借：递延收益 | 600 000 |
| 　贷：其他收益 | 600 000 |

假设2×17年1月，甲企业因重大战略调整，搬离开发区，开发区政府根据协议要求甲企业退回补贴180万元：

| | |
|---|---:|
| 借：递延收益 | 1 800 000 |
| 　贷：其他应付款 | 1 800 000 |

## 五、特定业务的会计处理

### （一）综合性项目政府补助

综合性项目政府补助同时包含与资产相关的政府补助和与收益相关的政府补助，企业需要将其进行分解并分别进行会计处理；难以区分的，企业应当将其整体归类为与收益相关的政府补助进行处理。

【例13-11】2×13年6月15日，某市科技创新委员会与乙企业签订了科技计划项目合同书，拟对乙企业的新药临床研究项目提供研究补助资金。该项目总预算为600万元，其中，市科技创新委员会资助200万元，A企业自筹400万元。政府资助的200万元用于补助设备费60万元、材料费15万元、测试化验加工费95万元、差旅费10万元、会议费

5万元、专家咨询费8万元、管理费用7万元，本例中除设备费外的其他各项费用都计入研究支出。市科技创新委员会应当在合同签订之日起30日内将资金拨付给乙企业。根据双方约定，乙企业应当按合同规定的开支范围，对市科技创新委员会资助的经费实行专款专用。项目实施期限为自合同签订之日起30个月，期满后乙企业研究项目如未通过验收，在该项目实施期满后3年内不得再向市政府申请科技补贴资金。乙企业于2×13年7月10日收到补助资金，在项目期内按照合同约定的用途使用了补助资金，其中，乙企业于2×13年7月25日按项目合同书的约定购置了相关设备，设备成本为150万元，其中使用补助资金60万元，该设备使用年限为10年，采用直线法计提折旧（不考虑净残值）。假设本例中不考虑相关税费。

本例中，乙企业收到的政府补助是综合性项目政府补助，需要区分与资产相关的政府补助和与收益相关的政府补助并分别进行处理，假设乙企业对收到的与资产相关的政府补助选择净额法进行会计处理。乙企业的账务处理如下：

（1）2×13年7月10日乙企业实际收到补贴资金时：

| | |
|---|---:|
| 借：银行存款 | 2 000 000 |
| 　　贷：递延收益 | 2 000 000 |

（2）2×13年7月25日购入设备：

| | |
|---|---:|
| 借：固定资产 | 1 500 000 |
| 　　贷：银行存款 | 1 500 000 |
| 借：递延收益 | 600 000 |
| 　　贷：固定资产 | 600 000 |

（3）自2×13年8月起每个资产负债表日（月末）计提折旧，折旧费用计入研发支出：

| | |
|---|---:|
| 借：研发支出 | 7 500 |
| 　　贷：累计折旧 | 7 500 |

（4）对其他与收益相关的政府补助，乙企业应当按照相关经济业务的实质确定是计入其他收益还是冲减相关成本费用，在企业按规定用途实际使用补助资金时计入损益，或者在实际使用的当期期末根据当期累计使用的金额计入损益，借记"递延收益"科目，贷记有关损益科目。

### （二）政策性优惠贷款贴息

政策性优惠贷款贴息是政府为支持特定领域或区域发展，根据国家宏观经济形势和政策目标，对承贷企业的银行借款利息给予的补贴。企业取得政策性优惠贷款贴息的，应当区分财政将贴息资金拨付给贷款银行和财政将贴息资金直接拨付给受益企业的两种情况，分别进行会计处理。

**1. 财政将贴息资金拨付给贷款银行**

在财政将贴息资金拨付给贷款银行的情况下，由贷款银行以政策性优惠利率向企业提供贷款。这种情况下，受益企业按照优惠利率向贷款银行支付利息，没有直接从政府取得利息补助，企业可以选择下列方法之一进行会计处理：一是以实际收到的金额作为借款的入账价值，按照借款本金和该政策性优惠利率计算借款费用。通常情况下，实际收到的金额即为借款本金。二是以借款的公允价值作为借款的入账价值并按照实际利率法计算借款费用，实际收到的金额与借款公允价值之间的差额确认为递延收益，递延收益在借款存续期内采用实际利率法摊销，冲减相关借款费用。企业选择了上述两种方法之一后，对企业所有政府补助事项应采用同样的处理方法，不得随意变更。

在这种情况下，向企业发放贷款的银行并不是受益主体，其仍然按照市场利率收取利息，只是一部分利息来自企业，另一部分利息来自财政贴息。因此金融企业发挥的是中介作用，并不需要确认与贷款相关的递延收益。

【例 13-12】 2×15 年 1 月 1 日，丙企业向银行贷款 100 万元，期限为 2 年，按月计息，按季度付息，到期一次还本。由于这笔贷款资金将被用于国家扶持产业，符合财政贴息的条件，所以贷款利率显著低于丙企业取得同类贷款的市场利率。假设丙企业取得同类贷款的年市场利率为 9%，丙企业与银行签订的贷款合同约定的年利率为 3%，丙企业按季度向银行支付贷款利息，财政按年向银行拨付贴息资金。贴息后实际支付的年利息率为 3%，贷款期间的利息费用满足资本化条件，计入相关在建工程的成本。

借款存续期间相关费用测算和递延收益的摊销如表 13-1 所示。

表 13-1 相关借款费用的测算和递延收益的摊销

| 月度 | 实际支付银行的利息① | 财政贴息② | 实际现金流③ | 实际现金流折现④ | 长期借款各期实际利息⑤ | 摊销金额⑥ | 长期借款的期末账面价值⑦ |
|---|---|---|---|---|---|---|---|
| 0 | | | | | | | 890 554 |
| 1 | 7 500 | 5 000 | 2 500 | 2 481 | 6 679 | 4 179 | 894 733 |
| 2 | 7 500 | 5 000 | 2 500 | 2 463 | 6 711 | 4 211 | 898 944 |
| 3 | 7 500 | 5 000 | 2 500 | 2 445 | 6 742 | 4 242 | 903 186 |
| 4 | 7 500 | 5 000 | 2 500 | 2 426 | 6 774 | 4 274 | 907 460 |
| 5 | 7 500 | 5 000 | 2 500 | 2 408 | 6 806 | 4 306 | 911 766 |
| 6 | 7 500 | 5 000 | 2 500 | 2 390 | 6 838 | 4 338 | 916 104 |
| 7 | 7 500 | 5 000 | 2 500 | 2 373 | 6 871 | 4 371 | 920 475 |
| 8 | 7 500 | 5 000 | 2 500 | 2 355 | 6 904 | 4 404 | 924 878 |
| 9 | 7 500 | 5 000 | 2 500 | 2 337 | 6 937 | 4 437 | 929 315 |
| 10 | 7 500 | 5 000 | 2 500 | 2 320 | 6 970 | 4 470 | 933 785 |
| 11 | 7 500 | 5 000 | 2 500 | 2 303 | 7 003 | 4 503 | 938 288 |
| 12 | 7 500 | 5 000 | 2 500 | 2 286 | 7 037 | 4 537 | 942 825 |
| 13 | 7 500 | 5 000 | 2 500 | 2 269 | 7 071 | 4 571 | 947 397 |
| 14 | 7 500 | 5 000 | 2 500 | 2 252 | 7 105 | 4 605 | 952 002 |
| 15 | 7 500 | 5 000 | 2 500 | 2 235 | 7 140 | 4 640 | 956 642 |
| 16 | 7 500 | 5 000 | 2 500 | 2 218 | 7 175 | 4 675 | 961 317 |

续表

| 月序 | 实际支付银行的利息① | 财政贴息② | 实际现金流③ | 实际现金流折现④ | 长期借款各期实际利息⑤ | 摊销金额⑥ | 长期借款的期末账面价值⑦ |
|---|---|---|---|---|---|---|---|
| 17 | 7 500 | 5 000 | 2 500 | 2 202 | 7 210 | 4 710 | 966 027 |
| 18 | 7 500 | 5 000 | 2 500 | 2 185 | 7 245 | 4 745 | 970 772 |
| 19 | 7. 500 | 5 000 | 2 500 | 2 169 | 7 281 | 4 781 | 975 553 |
| 20 | 7 500 | 5 000 | 2 500 | 2 153 | 7 317 | 4 817 | 980 369 |
| 21 | 7 500 | 5 000 | 2 500 | 2 137 | 7 353 | 4 853 | 985 222 |
| 22 | 7 500 | 5 000 | 2 500 | 2 121 | 7 389 | 4 889 | 990 111 |
| 23 | 7 500 | 5 000 | 2 500 | 2 105 | 7426 | 4 926 | 995 037 |
| 24 | 7 500 | 5 000 | 1002 500 | 837 921 | 7 463 | 4 963 | 1 000 000 |
| 合计 | | | | 890 554 | | 109 446 | |

注：(1) 实际现金流折现④为各月实际现金流③2 500元按照月市场利率0.75%（9%÷12＝0.75%）折现的金额。例如，第一个月实际现金流折现＝2 500÷（1＋0.75%）＝2 481元，第二个月实际现金流折现＝2 500÷（1＋0.75%）$^2$＝2 463元。

(2) 长期借款各期实际利息⑤为各月长期借款账面价值⑦与月市场利率0.75%的乘积。例如，第一个月长期借款实际利息＝本月初长期借款账面价值890 554×0.75%＝6 679元，第二个月长期借款实际利息＝本月初长期借款账面价值894 733×0.75%＝6 711元。

(3) 摊销金额⑥是长期借款各期实际利息⑤扣减每月实际利息支出②2 500元后的金额。例如，第一个月摊销金额＝当月长期借款实际利息6 679－当月实际支付的利息2 500＝4 179元，第二个月摊销金额＝当月长期借款实际利息6 711－当月实际支付的利息2 500＝4 211元。

按方法一的账务处理如下：

（1）2×15年1月1日，丙企业取得银行贷款100万元：

借：银行存款　　　　　　　　　　　　　　　　　　　　　　　　　1 000 000

　　贷：长期借款——本金　　　　　　　　　　　　　　　　　　　　1 000 000

（2）自2×15年1月31日起每月月末，丙企业按月计提利息，企业实际承担的利息支出为2 500元（1 000 000×3%÷12＝2 500）：

借：在建工程　　　　　　　　　　　　　　　　　　　　　　　　　　2 500

　　贷：应付利息　　　　　　　　　　　　　　　　　　　　　　　　2 500

按方法二的账务处理如下：

（1）2×15年1月1日，丙企业取得银行贷款100万元：

借：银行存款　　　　　　　　　　　　　　　　　　　　　　　　　1 000 000

　　长期借款——利息调整　　　　　　　　　　　　　　　　　　　　109 446

　　贷：长期借款——本金　　　　　　　　　　　　　　　　　　　　1 000 000

　　　　递延收益　　　　　　　　　　　　　　　　　　　　　　　　109 446

（2）2×15年1月31日，丙企业按月计提利息：

借：在建工程　　　　　　　　　　　　　　　　　　　　　　　　　　6 679

|  |  |
|---|---|
| 贷：应付利息 | 2 500 |
| 　　长期借款——利息调整 | 4 179 |

同时，摊销递延收益：

|  |  |
|---|---|
| 借：递延收益 | 4 179 |
| 　　贷：在建工程 | 4 179 |

在这两种方法下，计入在建工程的利息支出是一致的，均为 2 500 元。所不同的是，第一种方法中，银行贷款在资产负债表中反映账面价值为 1 000 000 元；第二种方法中，银行贷款的入账价值为 890 554 元，递延收益为 109 446 元，各月需要按照实际利率法进行摊销。

### 2. 财政将贴息资金直接拨付给受益企业

财政将贴息资金直接拨付给受益企业，企业先按照同类贷款市场利率向银行支付利息，财政部门定期与企业结算贴息。在这种情况下，由于企业先按照同类贷款市场利率向银行支付利息，所以实际收到的借款金额通常就是借款的公允价值，企业应当将对应的贴息冲减相关借款费用。

**【例 13-13】** 接【例 13-12】，丙企业与银行签订的贷款合同约定的年利率为 9%，丙企业按月计提利息，按季度向银行支付贷款利息，以付息凭证向财政申请贴息资金，财政按年与丙企业结算贴息资金。丙企业的账务处理如下：

（1）2×15 年 1 月 1 日，丙企业取得银行贷款 100 万元：

|  |  |
|---|---|
| 借：银行存款 | 1 000 000 |
| 　　贷：长期借款——本金 | 1 000 000 |

（2）自 2×15 年 1 月 31 日起每月月末，丙企业按月计提利息，应向银行支付的利息金额为 7 500 元（1 000 000×9%÷12＝7 500），企业实际承担的利息支出为 2 500 元（1 000 000×3%÷12＝2 500），应收政府贴息为 5 000 元：

|  |  |
|---|---|
| 借：在建工程 | 7 500 |
| 　　贷：应付利息 | 7 500 |
| 借：其他应收款 | 5 000 |
| 　　贷：在建工程 | 5 000 |

## 第三节　政府补助的列报

### 一、政府补助在利润表上的列示

企业应当在利润表中的"营业利润"项目之上单独列报"其他收益"项目（见表 13-2），计入其他收益的政府补助在该项目中反映。冲减相关成本费用的政府补助，在相关成本费用项目中列报。与企业日常经营活动无关的政府补助，在利润表的营业外收支项目中列报。

表 13-2  其他收益项目在利润表中的列报格式

| 项　　目 | 本期金额 | 上期金额 |
|---|---|---|
| 一、营业收入 | | |
| 　　减：营业成本 | | |
| 　　　　税金及附加 | | |
| 　　　　销售费用 | | |
| 　　　　管理费用 | | |
| 　　　　财务费用 | | |
| 　　　　资产减值损失 | | |
| 　　加：公允价值变动收益（损失以"-"号填列） | | |
| 　　　　投资收益（损失以"-"号填列） | | |
| 　　　　　其中：对联营企业和合营企业的投资收益 | | |
| 　　资产处置收益（损失以"-"号填列） | | |
| 　　其他收益 | | |
| 二、营业利润（亏损以"-"号填列） | | |

## 二、政府补助的附注披露

企业应当在附注中披露与政府补助有关的下列信息：政府补助的种类、金额和列报项目；计入当期损益的政府补助金额；本期退回的政府补助金额及原因。

因政府补助涉及递延收益、其他收入、营业外收入以及成本费用等多个报表项目，为了全面反映政府补助情况，企业应当在附注中单设项目披露政府补助的相关信息。参考披露格式如表 13-3、表 13-4 所示。

表 13-3  计入递延收益的政府补助明细表

| 补助项目 | 种　类 | 期初余额 | 本期新增金额 | 本期结转计入损益或冲减相关成本的金额 | 期末余额 | 本期结转计入损益或冲减相关成本的列报项目 |
|---|---|---|---|---|---|---|
| 科技项目经费 | 财政拨款 | | | | | |
| …… | | | | | | |

表 13-4  计入当期损益或冲减相关成本的政府补助明细表

| 补助项目 | 种　类 | 本期计入损益或冲减相关成本的金额 | 本期计入损益或冲减相关成本的列报项目 |
|---|---|---|---|
| 科技项目经费 | 财政拨款 | | |
| …… | | | |

1. 政府补助的特征有哪些？

2. 政府补助确认的条件是什么?
3. 运用总额法和净额法对政府补助进行会计处理时,其区别是什么?

# 参 考 文 献

[1] 中国注册会计师协会. 会计[M]. 北京：中国财政经济出版社，2020.
[2] 中国注册会计师协会. 会计[M]. 北京：中国财政经济出版社，2021.
[3] 中国注册会计师协会. 会计[M]. 北京：中国财政经济出版社，2022.
[4] 中国注册会计师协会. 会计[M]. 北京：中国财政经济出版社，2023.
[5] 耿建新，戴德明，周华. 高级会计学[M]. 北京：中国人民大学出版社，2021.
[6] 傅荣. 高级财务会计[M]. 北京：中国人民大学出版社，2021.
[7] 邹燕. 高级财务会计[M]. 北京：高等教育出版社，2022.
[8] 刘永泽，傅荣. 高级财务会计[M]. 大连：东北财经大学出版社，2021.
[9] 周华. 高级财务会计[M]. 北京：中国人民大学出版社，2016.
[10] 杨绮，任春艳. 高级财务会计[M]. 北京：高等教育出版社，2021.
[11] 储一昀. 高级财务会计[M]. 上海：上海财经大学出版社，2017.
[12] 陈信元，钱逢胜，曾庆生. 高级财务会计[M]. 上海：上海财经大学出版社，2018.
[13] 石本仁. 高级财务会计[M]. 北京：人民邮电出版社，2019.
[14] 杨金观. 高级财务会计[M]. 北京：经济科学出版社，2019.
[15] 吴娜，韩传模. 高级财务会计[M]. 厦门：厦门大学出版社，2022.
[16] 中华人民共和国财政部. 企业会计准则（2023 版）[M]. 上海：立信会计出版社，2022.
[17] 企业会计准则委员会. 企业会计准则第 33 号——合并财务报表讲解[M]. 上海：立信会计出版社，2015.
[18] 企业会计准则委员会. 企业会计准则案例讲解[M]. 上海：立信会计出版社，2015.
[19] 企业会计准则编审委员会. 企业会计准则应用指南[M]. 上海：立信会计出版社，2015.
[20] 中国证券监督管理委员会会计部. 上市公司执行企业会计准则案例解析[M]. 北京：中国财政经济出版社，2020.
[21] 深圳证券交易所创业企业培训中心. 上市公司最新并购案例解析[M]. 北京：中国财政经济出版社，2020.
[22] 中华人民共和国财政部. 企业会计准则——应用指南[M]. 北京：中国财政经济出版社，2006.
[23] 财政部会计司编写组. 企业会计准则讲解[M]. 北京：人民出版社，2008.
[24] 高顿教育 CPA 考试研究院. CPA 知识点全解及真题模拟会计（上）[M]. 上海：立信会计出版社，2020.
[25] 高顿教育 CPA 考试研究院. CPA 知识点全解及真题模拟会计（下）[M]. 上海：立信会计出版社，2020.

# 教师服务

感谢您选用清华大学出版社的教材！为了更好地服务教学，我们为授课教师提供本书的教学辅助资源，以及本学科重点教材信息。请您扫码获取。

## ▶ 教辅获取

本书教辅资源，授课教师扫码获取

## ▶ 样书赠送

**会计学类**重点教材，教师扫码获取样书

 清华大学出版社

E-mail: tupfuwu@163.com
电话：010-83470332 / 83470142
地址：北京市海淀区双清路学研大厦 B 座 509

网址：https://www.tup.com.cn/
传真：8610-83470107
邮编：100084